Lisette Model

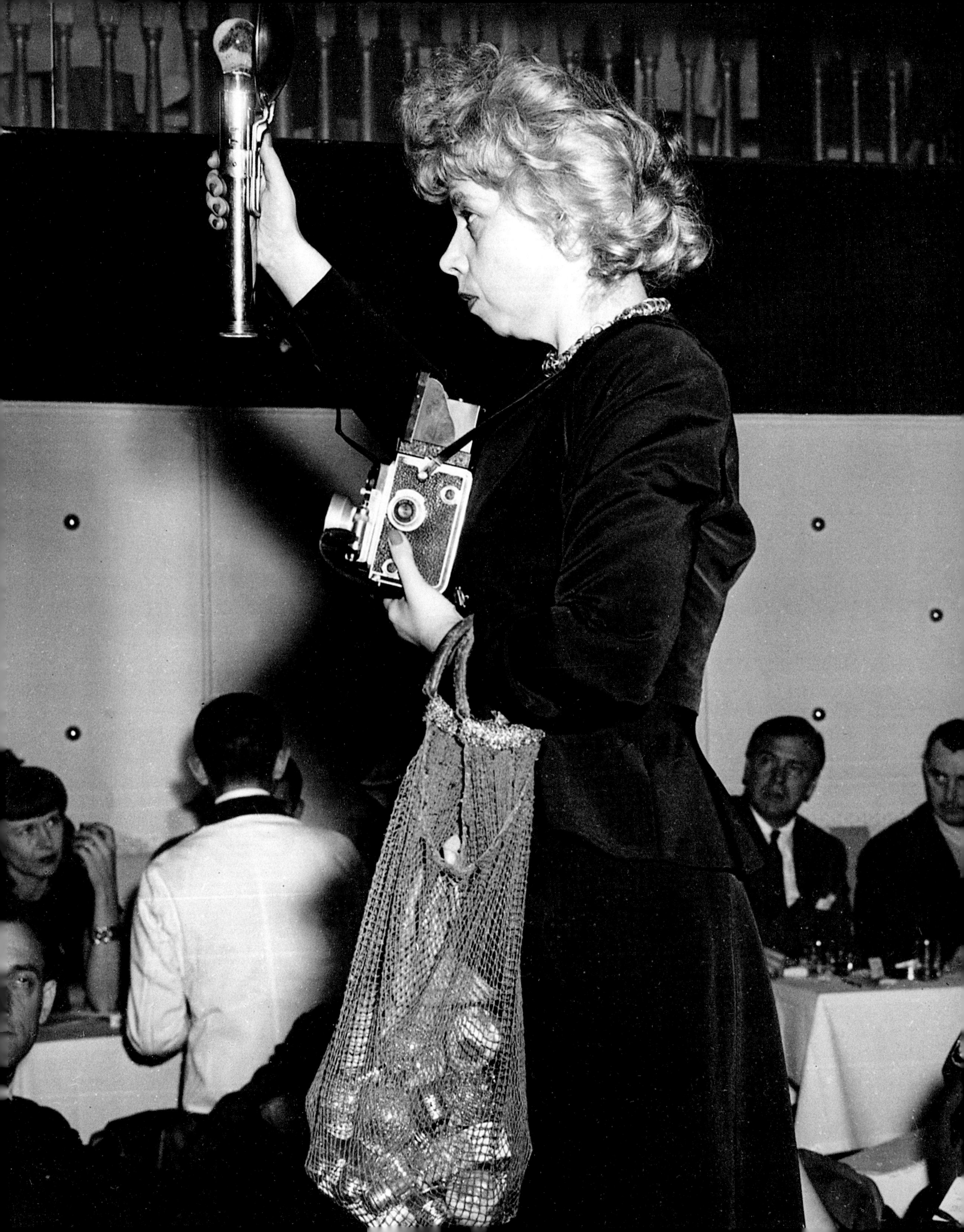

Lisette Model
Street Life

a cura di / edited by
Monica Poggi

SilvanaEditoriale

Lisette Model. Street Life

aprile / April – luglio / July 2021

MOSTRA / Exhibition

A cura di / Curated by
Monica Poggi

Cornici / Frames
Silvio Zamorani

Realizzazione grafiche in mostra / Graphics Production
Fabbricanti d'immagine

Traduzioni / Translation
Bennett Bazalgette-Staples

Trasporti / Shipping
Giorgio Ghilardini

Ufficio Stampa / Press Office
Studio Esseci

Con il patrocinio di / Under the Patronage of
Regione Piemonte
Città di Torino

In collaborazione con / In Collaboration with
galerie baudoin lebon, Parigi
Keitelman Gallery, Bruxelles
mc2 Gallery, Milano/Montenegro

CATALOGO / Catalogue

A cura di / Edited by
Monica Poggi

Testi / Texts
Claudio Composti
Larry Fink
Walter Guadagnini
Monica Poggi

Apparati / Appendix
Alessandra Azzola

Riproduzioni fotografiche / Photographic Reproductions
Dynamix Italia

CAMERA
Centro Italiano per la Fotografia

Presidente / Chairman
Emanuele Chieli

Direttore / Director
Walter Guadagnini

Segretario Generale / Secretary-General
Carlo Spinelli

Progettazione e Sviluppo / Project Development

Mostre / Exhibitions
Monica Poggi

Progetti di ricerca / Research Projects
Giangavino Pazzola

Attività educative / Educational Activities
Cristina Araimo

Archivi / Archives
Barbara Bergaglio

Promozione e Marketing / Promotion and Marketing

Comunicazione e Ufficio stampa / Communication and Press Office
Giulia Gaiato

Social Media
Cristina Campanella

Grafiche e Segreteria organizzativa /
Graphic Design and Organising Secretary
Silvia Macioce

Organizzazione e Gestione / Organisation and Management

Amministrazione / Administration
Mariella Brignolo

Libreria e biglietteria / Bookshop and Ticketing
Emanuele Peluffo

Allestimenti e manutenzioni / Exhibition Preparation and Maintenance
Gianluca Giachino

Tecnologie e infrastrutture / Technology and Infrastructure
Edoardo Prato

Tirocinio / Internship
Alessandra Azzola

CAMERA desidera ringraziare:
Claudio Composti della mc2 Gallery di Milano/Montenegro, Baudoin Lebon e Judith Peyrat della galerie baudoin lebon di Parigi, Avi Keitelman della Keitelman Gallery di Bruxelles, senza i quali questa mostra non sarebbe stata possibile; Larry Fink per la sua amicizia e per aver condiviso il racconto della propria esperienza con Lisette Model; Živa Kraus per i preziosi consigli; Ettore Molinario e Sandro De Sanctis che hanno generosamente prestato alcune opere dalle loro collezioni.

CAMERA would like to thank:
Claudio Composti of the mc2 Gallery in Milan/Montenegro, Baudoin Lebon and Judith Peyrat of the galerie baudoin lebon in Paris, Avi Keitelman of the Keitelman Gallery in Brussels, without whom this exhibition would not have been possible; Larry Fink for his friendship and for sharing his experience with Lisette Model; Živa Kraus for valuable advice; Ettore Molinario and Sandro De Sanctis who generously lent some works from their collections.

Partners istituzionali / Institutional Partners

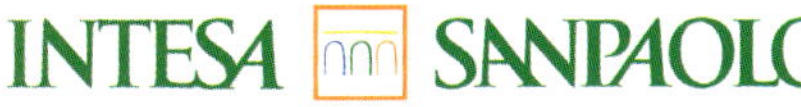

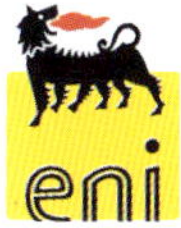

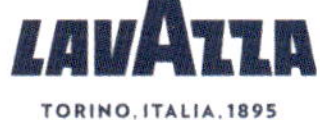

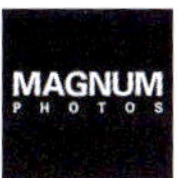

Con il contributo di / With the Contribution of

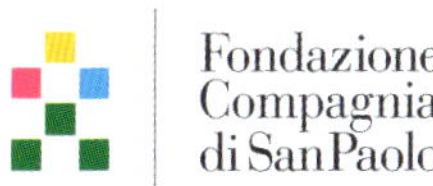

Partners tecnici / Technical Partners
Reale Mutua
Mit
Cws

Mecenati / Sponsors
Tosetti Value
Mpartners
Synergie Italia

Radio ufficiale / Official Radio

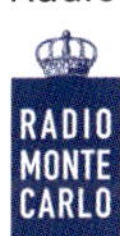

Presentazione
Foreword

Emanuele Chieli, presidente / Chairman, CAMERA
Walter Guadagnini, direttore / Director, CAMERA

Ricominciare, ripartire, sono alcuni dei verbi più utilizzati negli ultimi mesi del 2020 e nei primi di questo 2021, verbi che indicano insieme una speranza e una necessità, quelle di lasciarsi alle spalle l'esperienza drammatica della pandemia e di guardare al futuro, in una forma il più possibile propositiva. Ora, non cade per caso la scelta della mostra di Lisette Model e di questo catalogo che la accompagna, perché la fotografa di origini mitteleuropee ha dovuto affrontare – per altre e ben più tragiche ragioni – un'analoga condizione di interruzione della pratica quotidiana per reinventarsi una vita, e persino un nome, in un territorio sconosciuto. Model abbandona la vecchia Europa sull'orlo del baratro, nel 1938, per raggiungere il nuovo continente, il luogo che per tanti europei del tempo rappresentava il futuro, la speranza di un avvenire non certo, ma sicuramente migliore di quello garantito dal luogo che si stava lasciando. Model lo fa con una macchina fotografica, attraverso la quale costruirà la sua seconda esistenza, diventando una figura di riferimento per tutti coloro i quali cercheranno nelle strade e nei volti che le attraversano il motivo ispiratore per la loro ricerca. Le sue immagini sono di straordinaria umanità, raccontano una vicinanza all'individuo capace di alternare ironia e *pietas*, in ogni caso animate da una curiosità nei confronti dell'esistenza nelle sue mille sfaccettature che ci fa comprendere la ricchezza della vita sociale e delle metropoli nelle quali essa si svolge. Ecco, in

"Beginning again" and "starting afresh" are some of the most often-used words of 2020 and early 2021. Words that convey what we both hope for and need: to leave behind the traumatic experience of the pandemic and look towards the future as constructively as possible. Thus, this exhibition of works by Lisette Model with its accompanying catalogue didn't come about by chance: the photographer of Middle-European origins found herself facing – for different and far more tragic reasons – a similar condition wherein her daily life was suddenly interrupted and she had to reinvent her life (and her name!) in an unknown land. Model left Europe on the edge of the abyss in 1938 to move to the New World which, for so many fellow Europeans of her time, symbolised the hope of a future that may have been uncertain, but was sure to be better than what they were leaving behind. Model brought over her camera and the already-won fame upon which she would build her second life, becoming a leading figure in 20th-century fashion photography. A master whose images condense compositional skill and elegance. Horst's images are at once depictions of a dreamlike world and records of his time, cross-sections of a jet set portrayed within ambiences unavailable to ordinary people, yet no less real. A lesson in style, first and foremost – a style born and bred against its ambience, the fruit of a sense of curiosity towards the world in its many facets. And so, in this time of waiting, with an almost total loss of our social relations (and, in some cases, of our

questo tempo di attesa e di perdita quasi totale della nostra socialità, proporre la mostra di Model per CAMERA significa non solo dare continuità al proprio programma espositivo, al proprio compito di diffondere la cultura fotografica in tutti i suoi aspetti, ma anche, e forse più, lanciare un segno che la ripartenza è davvero possibile e che essa deve fondarsi, innanzitutto, sulla ricostruzione della nostra vita sociale attraverso quei rapporti umani che nessuna macchina, nessun dispositivo elettronico potrà mai sostituire.

dreams), proposing this exhibition of Model's works means, for CAMERA, not only lending continuity to the centre's exhibition programme with its task of promoting every aspect of photographic culture, but also – and perhaps even more so – signalling that it is actually possible to start afresh. And this fresh start must be founded, first and foremost, on the rebuilding of our social life through the human relations that no machine, no electronic device, can ever replace.

Sommario
Contents

10
Specchi, finestre e sipari
Mirrors, Windows and Curtains
Monica Poggi

26
Lisette Model. Lo sguardo sul mondo
Lisette Model. Gazing at the World
Claudio Composti

34
La mia Lisette
My Lisette
Larry Fink

40
La *Promenade des Anglais* e i primi scatti
The *Promenade des Anglais* and the first shots

56
La bellezza delle autostrade, la poesia dei grattacieli
The beauty of highways, the poetry of skyscrapers

102
La vita è uno spettacolo
Life's a show

124
Sing, sing, sing

148
Apparati / Appendix

Specchi, finestre e sipari
Mirrors, Windows and Curtains

Monica Poggi

"I ritratti di Model sono una finestra e uno specchio."[1] Con queste parole R. H. Cravens conclude l'appassionato articolo con il quale cerca di raccontare la fotografa viennese, poi naturalizzata americana, sulle pagine del numero estivo di "Aperture" del 1982, dunque un anno prima della sua scomparsa. In quell'occasione il giornalista aveva dovuto sottostare alle rigide condizioni di Model: "Scrivi un mio ritratto se devi, tesoro, ma lasciamene fuori! Ci devono essere: nessun dettaglio biografico, nessuna citazione, nessuna opinione".[2] Ancora oggi, tracciare un percorso preciso e puntuale sulla vita di Lisette Model non è affatto facile[3]. Questa difficoltà è in parte dovuta all'attenzione marginale dedicatale nella compilazione delle vicende fotografiche di quegli anni, in parte alla narrazione lacunosa e a volte fuorviante che lei stessa ha fatto della sua vita. Nonostante Cravens non abbia avuto altra scelta se non quella di un approccio inevitabilmente soggettivo e coinvolto, le metafore da lui utilizzate per descrivere le immagini della fotografa sono particolarmente puntuali e significative. Oltre al fatto che, fin dalla comparsa dei primi dagherrotipi, quelle della finestra e dello specchio sono state forse le figure associate con maggiore frequenza al linguaggio fotografico, proprio pochi anni prima, nel 1978, John

[1] R. H. Cravens, *Notes for a Portrait of Lisette Model*, "Aperture", n. 86, Millerton (New York), primavera 1982, p.52.

[2] *Ibidem*.

[3] Il volume che approfondisce in maniera più completa questo aspetto è: A. Thomas, *Lisette Model*, Musée des Beaux-Arts du Canada, Ottawa 1990.

"Model's portraits are windows and mirrors."[1] With these words R.H. Cravens ended a passionate article he dedicated to the naturalised-American photographer born in Vienna on the pages of the 1982 *Aperture* summer issue, published one year before Lisette Model's death. On that occasion, the journalist had to abide by the strict conditions set by Model: "You can write an article about me if you must, honey, but leave me out of it! I don't want any biographical details, quotes, nor opinions."[2] Today it is still hard to provide a clear and exact portrayal of Lisette Model's life.[3] A difficulty that, on the one hand, is partly due to the little attention dedicated to her work in compiling the developments of the history of photography of those years, and on the other, to the patchy and sometimes misleading narrative that she herself produced. Despite the fact that Cravens had no choice other than opting for an inevitably subjective and participative editorial, the metaphors he uses to describe Model's pictures are particularly perceptive and meaningful – in as much as windows and mirrors have probably been the most common metaphors for photographic language since the early days of daguerreotypes. In 1978, only a few years before the *Aperture* article, John Szarkowski had entitled an exhibition at the Museum of Modern Art of New York *Mirrors and Windows: American Photogra-*

[1] R.H. Cravens, "Notes for a Portrait of Lisette Model", *Aperture*, Aperture, n.86, Millerton (New York), Spring 1982, p. 52.

[2] Ibidem

[3] For an in-depth study of this aspect see A. Thomas, *Lisette Model*, Musée des Beaux-Arts du Canada, Ottawa 1990

Szarkowski aveva intitolato *Mirrors and Windows: American Photography since 1960* la mostra al Museum of Modern Art di New York nella quale individuava due diverse tendenze della fotografia degli ultimi decenni. La sua tesi suggeriva la presenza di una dicotomia fondamentale nell'atteggiamento dei fotografi scelti, dividendoli tra chi intendeva l'immagine come espressione del sé e chi invece la vedeva come metodo di esplorazione del mondo. Nel suo saggio Szarkowski indica i tre momenti che a suo vedere avevano preparato il clima culturale dei decenni presi in esame: la fondazione della rivista "Aperture" nel 1952, diretta da Minor White[4], la mostra *The Family of Man* organizzata da Edward Steichen nel 1955, e la pubblicazione del libro *The Americans* di Robert Frank nel 1959. L'impressionante successo avuto dalla mostra di Steichen rivelava esplicitamente quale fosse il genere fotografico più diffuso e apprezzato in America (e nel mondo intero) nel corso degli anni cinquanta. Una fotografia rivolta a tematiche socialmente e politicamente rilevanti, nata dalla convinzione (e talvolta presunzione) di essere onesta testimonianza di un mondo in tumulto, ma fondamentalmente unito e in armonia. Nell'ottica di Szarkowski, i lavori di White e Frank, seppur con evidenti differenze, possono essere considerati la risposta antitetica a questo pensiero. Uno declinandola in chiave misticistica, l'altro antropologica, in ogni caso entrambi intenti a dar voce a una visione personale del mondo, senza pretese di oggettività, esaustività o autorevolezza[5].

[4] Gli altri fondatori di "Aperture", oltre a White, sono Ansel Adams, Melton Ferris, Dorothea Lange, Beaumont e Nancy Newhall, Ernest Louie, Barbara Morgan e Dody Warren.

[5] In un'ottica di individuazione degli autori che hanno saputo riformulare il linguaggio fotografico in questi anni è importante ricordare anche Weegee che nel 1945 pubblica *Naked City* e William Klein con *New York* del 1955. In maniera differente ma con la stessa forza, insieme a *The Americans*, questi volumi hanno saputo infrangere i due grandi cliché della fotografia del tempo: quello moralistico rappresentato dalla mostra *The Family of Man* e quello stilistico dell'istante decisivo di Cartier-Bresson.

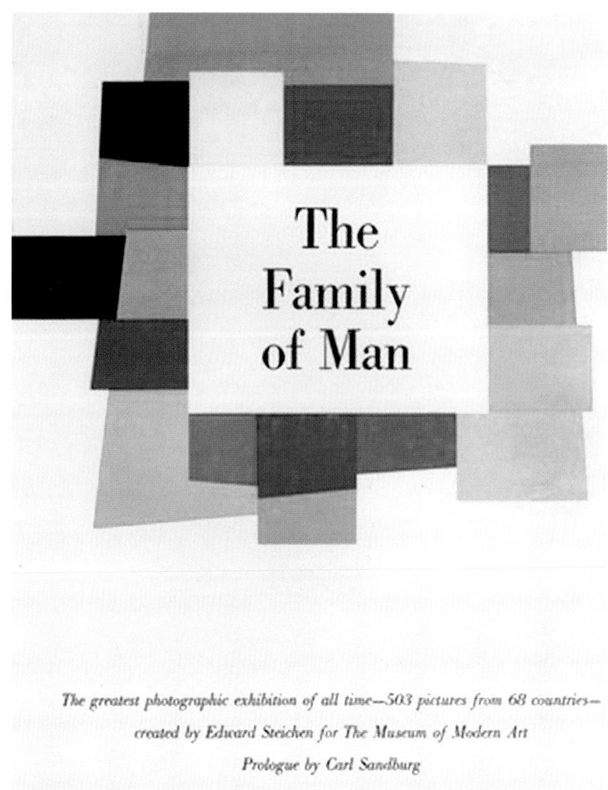

Catalogo della mostra *The Family of Man* al Museum of Modern Art di New York, 1955 / Exhibition catalogue *The Family of Man* at Museum of Modern Art, New York, 1955

phy since 1960, identifying two different trends in the photography of the previous decades. This exhibition project suggested the presence of a fundamental dichotomy in the attitudes of the photographers whose work was displayed: those who understood images as a form of self-expression and those who understood them as a means to explore the world. In his essay Szarkowski identifies the three moments that in his opinion prepared the cultural setting for the decades he examined: the founding of *Aperture* in 1952 directed by Minor White,[4] *The Family of Man* exhibition organised by Edward Steichen in 1955, and the publication of *The Americans* by Robert Frank in 1959. The great success enjoyed by Steichen's exhibition revealed what was

[4] Besides White, the other founders of *Aperture* are Ansel Adams, Melton Ferris, Dorothea Lange, Beaumont and Nancy Newhall, Ernest Louie, Barbara Morgan and Dody Warren.

Alla luce di queste considerazioni, la mostra *Mirrors and Windows* risponde al quesito su cui si poggia – *[la fotografia] è uno specchio che riflette un ritratto dell'artista che l'ha fatta, o una finestra, attraverso la quale si può conoscere meglio il mondo?*[6] – presentando due possibili approcci, i cui confini rimangono dichiaratamente sfumati. Da un lato una fotografia evocativa, tendente all'astratto e dalle aspirazioni universali, dall'altro immagini maggiormente narrative, radicate nel presente e aneddotiche.

Con una produzione iniziata nella prima metà degli anni trenta a Parigi, e proseguita a New York nei due decenni successivi, riconosciuta nell'ambiente artistico e presente all'interno di diverse importanti esposizioni, Lisette Model non è però, sorprendentemente, fra i numerosi autori selezionati per *Mirrors and Windows*. Una causa possibile per questa esclusione è da ricercarsi nel fatto che verso la fine degli anni cinquanta avesse iniziato a fotografare sempre meno, non riuscendo a portare mai compiutamente a termine i diversi progetti a cui si era dedicata. Le motivazioni di questa difficoltà possono essere molteplici: da un lato l'intensa attività di insegnamento – sia alla New School for Social Research (avviata nel 1951 e destinata a proseguire fino al 1982) sia attraverso numerosi corsi privati – assorbiva gran parte delle sue energie; dall'altro la tensione creata dalla caccia alle streghe condotta dal Senatore Joseph McCarthy, fonte di ansia e preoccupazione, dovuta soprattutto ad alcuni interrogatori a cui era stata sottoposta. Nel 1949, inoltre, nonostante una lusinghiera lettera di raccomandazione di Ansel Adams, non aveva ottenuto quella Guggenheim Fellowship che le avrebbe consentito di portare avanti la ricerca, liberandola

[6] J. Szarkowski, *Mirrors and Windows: American Photography since 1960*, Museum of Modern Art, New York 1978. Trad. ita in M. A. Pellizzari (a cura di), *Documenti e finzioni. Mostre americane anni '60 e '70*, Quaderni di cultura fotografica III, Agorà editrice, Torino 2006, p. 59.

the most widespread and appreciated photographic genre in America (and in the rest of the world) during the 1950s: a type of photography focusing on social and political issues, unfolding from the conviction (and sometimes the presumption) of this media being an honest testimony to the tumultuous – yet at the core harmonious – nature of the world.

In Szarkowski's view, White's and Frank's outputs, beyond their apparent differences, can be read as the two antithetical manifestations of this same line of thought: the first through the lens of mysticism, the latter through that of anthropology, yet both committed to voicing a personal vision of the world, with no presumption of objectivity, exhaustiveness or authority.[5] In the light of these considerations, the exhibition *Mirrors and Windows* provides an answer to the question informing the exhibition project itself – *is it [photography] a mirror, reflecting a portrait of the artist who made it, or a window, through which one might better know the world?*[6] – laying out two possible approaches whose boundaries remain declaredly blurred: an evocative photography, nearing abstract figurations and universal aspirations on one side, and more narrative, anecdotical, rooted-in-the-present pictures on the other.

Lisette Model's photographic production, whose worth was acknowledged by the contemporary art scene, as the inclusion of her work in many major exhibits confirms, started in the first half of the 1930s in Paris and continued in New York for the following two decades. Yet surprisingly her photos were not among those selected for *Mirrors and Windows*. One possible

[5] From the point of view of identifying the authors who were able to reformulate the language of photography in these years, it is also important remember *Weegee's Naked City* (1945) anf William Klein's *New York* (1955). From a different angle but sharing the same drive, along with *The Americans*, these volumes were able to break the two great clichés of photography of the time: the moralistic vision translated by *The Family of Man* and the stylistic vision of Cartier-Bresson's decisive moment.

[6] J. Szarkowski, *Mirrors and Windows: American Photography since 1960*, Museum of Modern Art, New York 1978.

almeno parzialmente dai problemi economici in cui versavano lei e il marito. Inoltre, in quegli anni Model puntava a realizzare un libro con le proprie fotografie, senza tuttavia aver mai trovato l'appoggio di un editore. In questo periodo anche il rapporto con le riviste per le quali collaborava proficuamente fin dal suo arrivo a New York, come "PM's Weekly" e "Harper's Bazaar", iniziava a vacillare. Poco incline ai compromessi, la fotografa rimane bloccata nella propria rigida impostazione personale, senza riuscire ad adeguarsi alle nuove esigenze redazionali. Utilizzando l'esempio di *Mirrors and Windows*, e più precisamente confrontandola con i fotografi individuati da Szarkowski come i capofila delle due diverse inclinazioni, tuttavia, risulta chiara l'importanza che Model ha avuto come precorritrice degli sviluppi del linguaggio fotografico – non solamente come insegnante ma anche, e soprattutto, come autrice – che negli anni sessanta troverà poi pieno compimento nella poetica degli autori di *New Documents*, altra fondamentale mostra su cui si tornerà più avanti.

Sulle pagine del primo numero di "Aperture", a chiosa del proprio articolo *Exploratory Camera: A Rational for the Miniature Camera* (illustrato da una delle immagini che Model aveva realizzato all'interno del Sammy's Bar), Minor White la ringrazia sentitamente, sottolineando come i suoi scatti e osservazioni abbiano influenzato e aiutato la costruzione del pensiero che ha guidato la nascita di questa importante impresa editoriale. Al di là della reciproca ammirazione, è evidente che stile e linguaggio dei due abbiano davvero poco in comune: dove White si concentra su una natura evocativa e densa di suggestioni simboliche, controllando perfettamente anche la resa formale delle stampe, le immagini sporche e sgranate della Model ci mostrano grotteschi abitanti di New York che fanno sfoggio della loro imperfetta umanità. Con Robert Frank il confronto sembra meno stridente. Lei, viennese, arri-

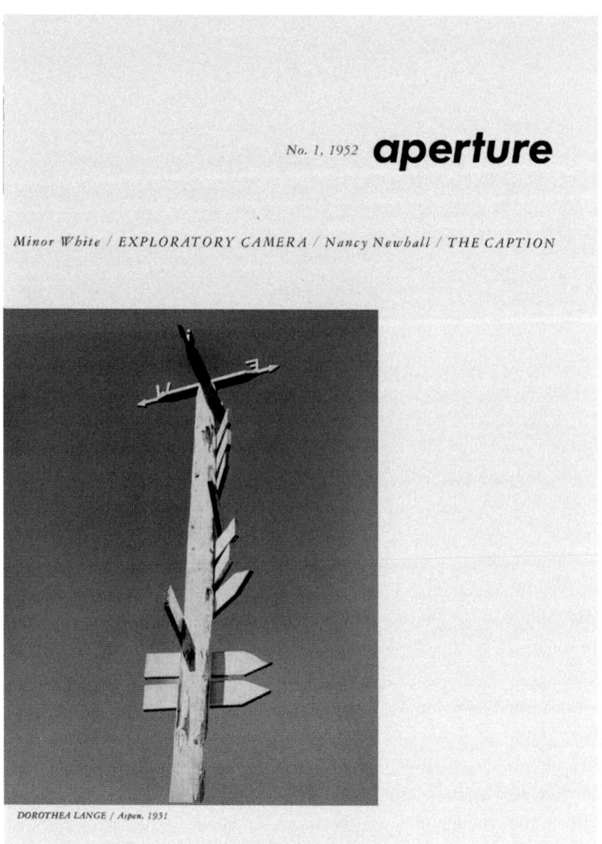

Primo numero di "Aperture" uscito nel 1952 con in copertina una fotografia di Dorothea Lange / First issue of *Aperture* released in 1952 with a photograph by Dorothea Lange on the cover

reason for this exclusion could be that towards the end of the 1950s her photographic activity had dwindled and the various projects she had engaged in had not been completed. The reasons for these difficulties can be multiple: on the one hand, she was highly committed to teaching, an activity that absorbed most of her energies and which she took on at the New School for Social Research from 1951 to 1982 and also privately, organising her own courses; on the other, there was the pressure she was subject to due to Senator Joseph McCarthy's persecutory actions and the interrogations she had to withstand which caused her great anxiety and worry. Furthermore, in 1949, despite a flattering letter of recommendation by Ansel Adams, Model did not obtain the Guggenheim Fellowship that would have allowed her to continue her research, free-

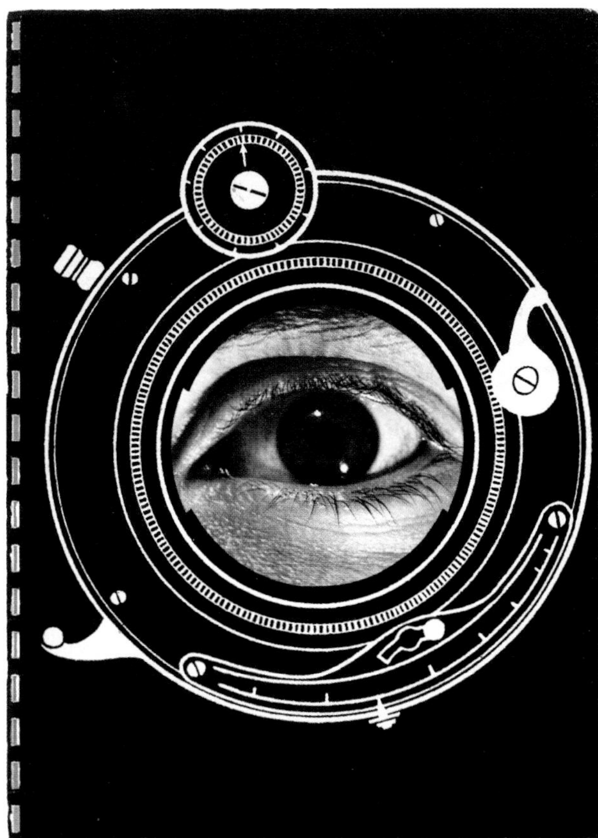

Copertina di *40 Fotos* di Robert Frank, autopubblicato nel 1946 / Cover of *40 photos* by Robert Frank, self-published in 1946

va negli Stati Uniti nel 1938, dopo aver passato gli ultimi anni a fotografare in Francia, realizzando nel 1934 la sua famosa serie *Promenade des Anglais*. Lui, svizzero, è in America dal 1947, dopo essersi autofinanziato l'uscita del primo libro, *40 Fotos*, nel quale mescola immagini dal sapore modernista e scatti di reportage realizzati in diversi stati europei. Entrambi vengono notati da Alexey Brodovitch e, in tempi differenti, lavorano per "Harper's Bazaar". Le loro immagini si inseriscono nel filone della fotografia documentaria, ritraendo spesso soggetti affini. Entrambi hanno rivelato il volto nascosto di un'America che, abbagliata dalla luce di un'illusoria promessa di progresso e prosperità, si lanciava verso uno sfrenato consumo di massa, pur essendo profondamente divisa al suo interno da grandi

ing her at least partially from the financial difficulties she and her husband were experiencing. During those years Model also worked towards publishing a book with her own photographs, but she never found a publisher willing to undertake the project. In those years even her professional rapport with the magazines she had been working with profusely ever since her arrival in New York, such as *PM's Weekly* and *Harper's Bazaar*, started to become unsteady: reluctant to make any compromises, Model remained firmly anchored to her own personal conception failing to tune in with the new editorial trends and requirements.

However, taking the example of *Mirrors and Windows* and more specifically comparing Model's work with that of the authors chosen by Szarkowski as representative of the two different photographic trends, it is clear to see Model's crucial role as a forerunner of the future developments of photographic language, not only as a teacher but also, most importantly, as an author herself. Future developments that in the 1960s would find full expression in the work of those authors chosen for the *New Documents* exhibition, another fundamental display of which we will say more later.

On the pages of the first issue of *Aperture*, in his article "Exploratory Camera: A Rational for the Miniature Camera", Minor White heartfeltly thanked Model by publishing one of her Sammy's Bar photographs, underlining how her shots and vision had influenced and helped shape that mindset that had led to the birth of the important editorial enterprise he was directing. Besides the mutual admiration White and Model had for each other, it is clear to see how their style and language truly have very little in common: White focuses on an evocative nature replete with symbolic reverberations with a masterful control of the formal outcome of his prints, while Model's grainy coarse takes show us the grotesque inhabitants of New York boasting their imperfect humanity. Comparing Model's photographs to Robert Frank's, however, the con-

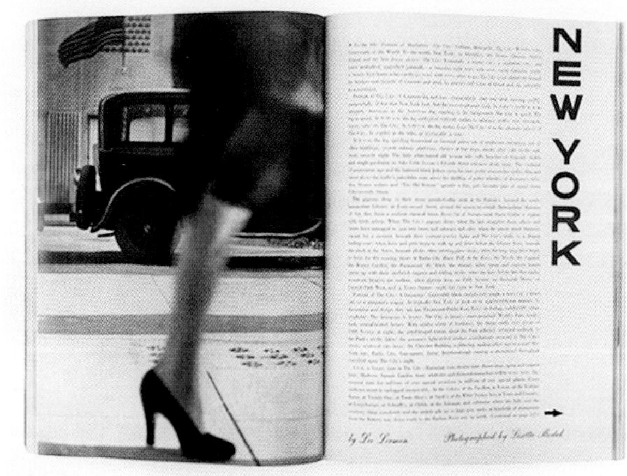

Pagine del numero di "Harper's Bazaar" del febbraio 1946 con una fotografia della serie Runnign Legs di Lisette Model / Pages of *Harper's Bazaar*, issue of February 1946, with a photograph of the Running Legs series by Lisette Model.

squilibri sociali e dalle forti limitazioni della libertà di pensiero causate dalle politiche maccartiste, oltre che dalle tensioni della Guerra Fredda. Frank lo fa grazie alla Guggenheim Fellowship ottenuta nel 1955, viaggiando lungo tutti gli Stati Uniti per raccontarli attraverso immagini dalla forte connotazione narrativa. La precisione formale di queste inquadrature, in cui un microcosmo sociale si condensa e rivela in tutte le sue contraddizioni, nelle fotografie di Model è deliberatamente rifiutata. I suoi ambienti, quando non completamente tagliati fuori dall'immagine, sono troppo in ombra perché possano raccontare qualcosa. Soprattutto negli scatti realizzati negli anni quaranta nei nightclub 'per poveri', che lei stessa frequentava assieme al marito, i soggetti sono gli abitanti di New York, non la città in quanto tale. Colti di sorpresa e abbagliati dal flash che li blocca nelle pose e nelle smorfie più ridicole, i protagonisti non possono che stare al gioco e rivelare sé stessi. Sono tendenzialmente brutti, grassi, vecchi, stanchi, sregolati e grotteschi. Le inquadrature li schiacciano, i contrasti ne enfatizzano le rughe, le smorfie e gli eccessi. Sono l'opposto dei protagonisti dell'*American Dream*. "Li

trast is not so stark. Born in Vienna, Model arrived in the United States in 1938 after having spent the last few years taking photos in France where in 1934 she delivered her famous *Promenade des Anglais* series. Frank, originally from Switzerland, arrived in America since 1947 after having self-published his first book *40 fotos* combining modernist-like pictures and photo-reportage takes from his travels across Europe. Both are noticed by Alexey Brodovitch and at different times work for *Harper's Bazaar*. Model and Frank's outputs fall into the category of documentary photography and often cover similar subjects, both revealing the hidden face of America, a country that, blinded by the misleading promise of progress and prosperity, was rushing headlong towards unrestrained mass consumerism, despite its deep internal divide stemming from social unbalance and strong freedom limitations brought about by McCarthysm and the Cold War. Frank was able to develop his work thanks to the Guggenheim Fellowship he was granted in 1955, travelling extensively across the United States describing the country with images informed by a markedly narrative vision. The formal precision of Frank's takes, in which a condensed social microcosm reveals itself in all its contradictions, in Model's photographs is deliberately set aside.

Her photos in fact contain very little or no context and settings. Especially in her 1940s photographs of the nightclubs for "the less affluent" which she and her husband frequented, the subject are the people of New York, not the city itself. Captured unawares, blinded by the light of Model's flash freezing them in the most ridiculous poses and expressions, the protagonists can only play along and reveal themselves. Model's subjects are generally ugly, overweight, tired, excessive and grotesque people, flattened in high-contrast pictures highlighting their wrinkly grimacing faces and over-the-top countenances. These people are the opposite of the American-Dream character, "I can photograph them be-

posso fotografare perché sono una di loro"[7] dice. Ben prima di Diane Arbus, la sua allieva più celebrata, Model ci ricorda che siamo tutti come loro, tutti dall'altra parte di quelle vetrine all'interno delle quali viene esposta una bellezza sintetica e la perfezione diventa un sogno a cui aspirare. L'idea di un'indagine sull'*antiglamour* è alla base anche del progetto grazie al quale ottiene finalmente la Guggenheim Fellowship nel 1965, senza riuscire però a portare a termine la ricerca a causa dell'insorgenza di un tumore all'utero. Il glamour delle vetrine lo aveva già ritratto non appena arrivata nella Grande Mela, facendo propria la lezione di Eugène Atget e utilizzando queste superfici riflettenti per condensare in un'unica inquadratura le differenti stratificazioni di una città da cui si sentiva al tempo stesso attratta e intimorita, sensazioni che si traducono in *Reflections* e *Running Legs*, i suoi primi lavori americani. Così come i *Reflections*, le sue immagini sono al contempo specchio e finestra. Se volessimo inserirla a posteriori nella ricognizione di Szarkowski, lei si troverebbe al centro del campo, in equilibrio fra un'indagine critica e pungente sulla società di metà secolo e l'evocativa resa psicologica dell'assurda cerchia di personaggi che ritrae. Nei loro volti ritroviamo l'espressionismo dei quadri di Egon Schiele, Richard Gerstl e Oskar Kokoschka, che aveva sicuramente visto da giovanissima frequentando l'ambiente artistico e musicale d'avanguardia di Vienna, ma anche la profondità drammatica ed esasperata dei ritratti di Helmar Lerski.[8] È lei stessa ad affermare che la macchina fotografica, pur essendo un mezzo di rilevamento, "non si limita a mostrare

[7] A. Thomas, *Lisette Model*, Musée des Beaux-Arts du Canada, Ottawa 1990, p. 84.

[8] In questo caso è pressappoco impossibile sapere se Lisette Model ne conoscesse il lavoro, potrebbe tuttavia esserne entrata in contatto attraverso gli studi sul volto umano che il fotografo Philippe Halsman ha realizzato a Parigi alla fine degli anni trenta ispirandosi proprio alle opere di Lerski.

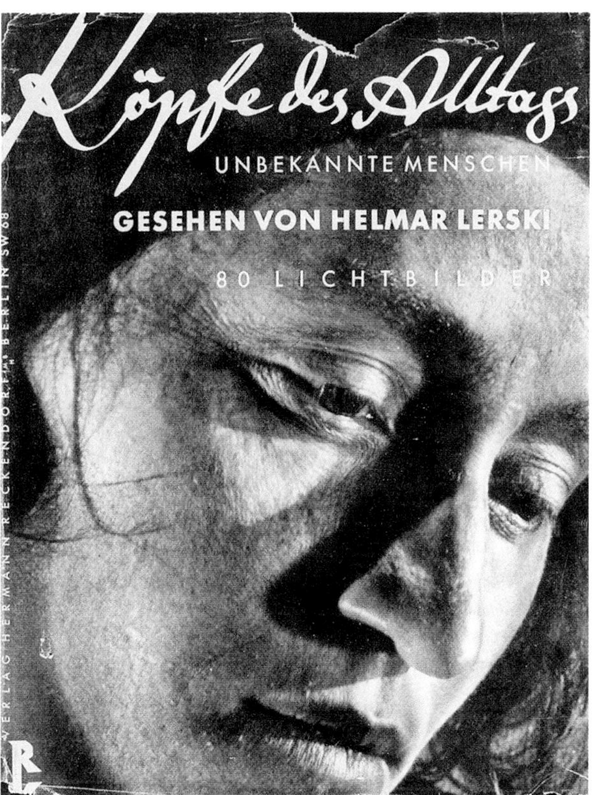

Copertina di *Köpfe des Alltags* di Helmar Lerski, pubblicato da Verlag Hermann Reckendorf a Berlino nel 1931 / Cover of *Köpfe des Alltags* by Helmar Lerski, published by Verlag Hermann Reckendorf in Berlin in 1931

cause I am one of them" Model affirmed.[7] So before her most celebrated pupil Diane Arbus came along with her work, Lisette Model's photos were already pointing out that we are all just like these people, we are all there on the other side of those shop windows with their display of synthetic beauty and perfection to aspire to. Anti-glamour was also the key for the project that eventually granted her access to the Guggenheim Fellowship in 1965, although she was never able to complete the research due to a uterus cancer she suffered from. Glamorous shop windows had been among the first subjects she focused on upon arriving in the Big Apple, making Eugène Atget's lesson her own using those reflective surfaces to condense in one single shot the different

[7] A. Thomas, *Lisette Model*, Musée des Beaux-Arts du Canada, Ottawa 1990, p. 84.

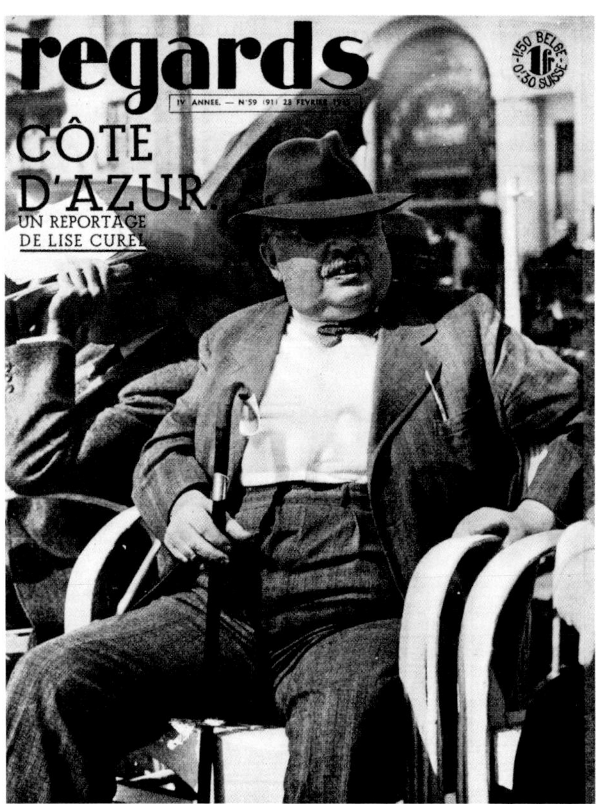

Quarta di copertina del numero di "Regards" del febbraio 1935 con una fotografia di *Promenade des Anglais* di Lisette Model / Back cover of *Regards*, issue of February 1935, with a photograph of the Promenade des Anglais by Lisette Model

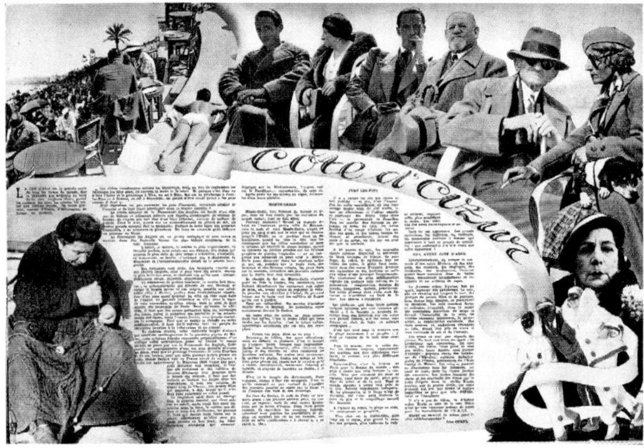

Pagine del numero di "Regards" del 28 febbraio 1935 con l'articolo di Lise Curel illustrato dalle fotografie di Lisette Model / Pages from the *Regards*, issue of 28 February 1935, with an article by Lise Curel illustrated with the photographs by Lisette Model

ciò che sappiamo, ma permette di esplorare nuovi aspetti di un mondo in continua evoluzione. Nuove immagini ci circondano da ogni parte. Ed è solo a causa della sterilità della routine, delle convenzioni

layers of a city that attracted and intimidated her, as mirrored in her *Reflections* and *Running Legs* series, the first projects she developed in America. Just like in *Reflections*, her images are both mirror and window. In retrospect, if we were to include Lisette Model among Szarkowski's selected photographers we would have to place her at the centre of the group, with her photos finding a balance between a poignant critical analysis of mid-century society and an evocative psychological description of the absurd characters she portrays. In their faces we see the expressionism of Egon Schiele, Richard Gerstl and Oskar Kokoschka that she certainly must have taken in during her youth while frequenting the avant-garde Viennese art and music milieus, as well as the dramatic and exasperated depth of Helmar Lerski's portraits.[8] She herself affirmed that the camera, despite being an instrument of detection "does not only show what we know, but also what we do not know, allowing us to explore new aspects of an ever-evolving world. New images surround us everywhere. They are invisible only because of sterile routine, convention, and fear. To find these images is to dare to see, to be aware of what there is and how it is."[9] With Lerski, Model not only shares the same psychological conception of portraiture but also and most importantly the same inclination towards a markedly theatrical representation of the world. The idea of creating photographs with a theatrical quality to them and more specifically reflecting a gaze exploring the relationship between spectacle and spectator is perhaps the key subject of her entire production, as we can see since her early Parisian shots mostly capturing poor people on the streets often unaware of the photographer's gaze because ei-

[8] It is almost impossible to determine whether Lisette Model was familiar with Lerski's work, but she may have been exposed to it through the studies on the human face that photographer Philippe Halsam carried out in Paris in the late 1930s, inspired by Lerski's work.

[9] Transcript of a talk prepared for the symposium entitled *What is Modern Photography?*, organized on 20 October 1950 at the Museum of Modern Art by Edward Steichen and published in *American Photography*, XLV:3, March 1951, p. 153. During the symposium Model was so agitated that she asked Steichen to read what she had written for her, emphasizing to do so "with emphasis!".

e della paura che queste immagini sfuggono al nostro sguardo. Trovarle è osare vedere, essere sensibili alla realtà in tutte le sue forme."[9] Con Lerski non condivide solamente la concezione psicologica del ritratto, ma anche e soprattutto l'inclinazione a una rappresentazione del mondo spiccatamente teatrale. L'idea di teatralità e, più precisamente di uno sguardo che indaga il rapporto fra spettacolo e spettatore è forse la tematica dominante in tutta la sua produzione. A partire dai primi scatti parigini, raffiguranti principalmente poveri per strada – colti spesso nell'impossibilità di ricambiare lo sguardo della fotografa, perché addormentati o ciechi[10] –, oppure animali allo Zoo de Vincennes, in un luogo quindi per sua natura finalizzato alla contemplazione.

Con *Promenade des Anglais* la logica si inverte. L'anziana borghesia francese intenta ad ammirare il paesaggio e a scrutare con aria altezzosa i passanti, si trasforma nell'oggetto dell'attenzione di un'invadente fotografa che ne turba l'ozio. Abbandonato definitivamente il pudore iniziale, Model non fa niente per nascondere la sua presenza, come si nota dai volti infastiditi e sorpresi di alcuni dei soggetti ritratti. Più che una collaborazione, come quella che c'era, ad esempio, fra August Sander e i suoi soggetti, Model impone il proprio sguardo. Chi fino a pochi minuti prima stava osservando, ora si

[9] Trascrizione dell'intervento preparato in occasione del simposio *What is Modern Photography?*, organizzato il 20 ottobre 1950 al Museum of Modern Art da Edward Steichen e pubblicato su "American Photography", XLV:3, marzo 1951, p. 153. Durante il simposio, tuttavia, Model era talmente agitata che chiese a Steichen di leggere per lei ciò che aveva scritto, sottolineando di farlo "with emphasis!".

[10] Il mendicante cieco con al collo un cartello che sottolinea la propria condizione è uno dei classici della fotografia di quegli anni, sulla falsa riga della donna ritratta nel 1916 da Paul Strand. La cecità è una elemento ricorrente anche della produzione più impegnata di Dora Maar che, intorno alla metà degli anni trenta, ritrae poveri e mendicanti per le strade di Parigi, Londra e Barcellona, spinta dalla volontà di denunciare le diseguaglianze sociali esasperate dalla crisi economica. Model tornerà più avanti, e con una maggiore maturità su questo soggetto, con il reportage realizzato presso la LightHouse for Blind, associazione che si occupa del reinserimento nel mondo del lavoro di persone non vedenti.

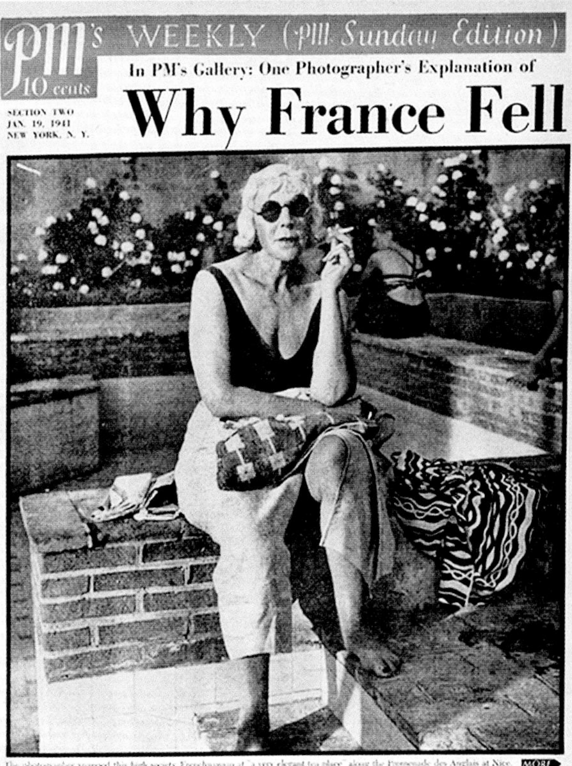
PM's WEEKLY (PM Sunday Edition)
PM 10 cents
SECTION TWO
JAN. 19, 1941
NEW YORK, N. Y.
In PM's Gallery: One Photographer's Explanation of
Why France Fell
The photographer snapped this high society Frenchwoman at "a very elegant tea place" along the Promenade des Anglais at Nice. MORE

Copertina del numero di "PM's Weekly" del 19 gennaio 1941 con una fotografia di *Promenade des Anglais* di Lisette Model / Cover of *PM's Weekly*, issue of January 19 1941, with a photograph of the *Promenade des Anglais* by Lisette Model

ther blind or asleep,[10] or animals in the Vincennes Zoo – a setting purposedly designed for the contemplation of its living exhibits. With *Promenade des Anglais*, however, these parameters are reversed. The old-aged French aristocracy busying itself admiring the landscape while snobbishly looking down on passers-by, becomes the subject of interest of an intrusive photographer who dares disturb their idle pastime. Leaving her shyness behind her, Model no longer hid her presence, as the annoyed and surprised expressions of her sitters attest. More than a collaboration, such as the one Sander

[10] The blind beggar – with a sign around his neck underlining his condition – was a classic photographic subject in those years, in the wake of the woman portrayed in 1916 by Paul Strand. Blindness is also a recurring element in Dora Maar's most committed production who, in the mid-1930s, portrayed poor people and beggars on the streets of Paris, London and Barcelona, driven by the desire to denounce the social inequalities exacerbated by the economic crisis. Model would return to this subject later on in her career and with greater maturity in her reportage for Lighthouse for the Blind, an association for the employment of the blind.

scopre osservato. A volte anche in maniera improvvisa, come quando utilizzerà il flash per rompere il buio di locali di New York come Sammy's, Nick's o Gallagher's. I loro avventori, però, sembrano essere decisamente meno a disagio di fronte al suo obbiettivo, al punto da assumere atteggiamenti deliberatamente enfatici, nonostante lei abbia sempre sostenuto di non aver mai chiesto il permesso di fotografarli, né di aver interagito con loro. Questi scatti vennero pubblicati su "U.S. Camera" e su "Harper's Bazaar", ed esposti alla mostra *New Workers* al MoMA nel 1944. Qui John Adam Knight, critico fotografico del "New York Post", li nota e si lancia in una sprezzante critica nei suoi riguardi, definendo le pose dei soggetti teatrali e pseudo-spontanee, insinuando che "sotto la sua direzione, abbiano interpretato attori dilettanti".[11] Model si difende con una risposta sarcastica sulle pagine di "U.S. Camera", sottolineando come in realtà avesse usato un'altra tipologia di macchina fotografica rispetto a quella indicata da Knight, senza però entrare nel merito delle sue osservazioni[12]. Il critico considera queste immagini un mero tradimento alla purezza della fotografia documentaria, che in quanto tale non si dovrebbe allontanare dal tracciato della veridicità, ma la teatralità delle fotografie di Model non è altro che la conseguenza di un preciso modo di vedere il mondo. Dalla finestra al palcoscenico il passo è breve: quando nei suoi taccuini parla della realtà, infatti, l'associa a un teatro popolato da molteplici personaggi, che lei utilizza per imbastire una propria commedia umana. Così come sul palcoscenico i gesti, le espressioni e le pose devono essere esagerati perché possano

[11] J. A. Knight, *Acting Makes Photos Better*, "New York Post", 13 luglio 1944, p. 25. In A. Thomas, *Lisette Model*, Musée des Beaux-Arts du Canada, Ottawa 1990, p. 82.

[12] Lisette Model, *On the Firing Line*, "U.S. Camera", VII:7, New York, ottobre 1944, p. 51. Sullo stesso numero della rivista anche W. Eugene Smith pubblica una lettera in difesa di Model.

established with his subjects, Model imposed her gaze on her sitters. Those who had been looking, abruptly found themselves being observed. The sudden nature of this inversion is particularly evident when Model uses the flash to pierce through the darkness of New York night clubs, such as Sammy's, Nick's, and Gallagher's. In this context however, Model's subjects seem far more at ease in front of the camera, deliberately taking on emphatic attitudes, although Model has always maintained she never asked her subjects for permission to photograph them nor to have had any interaction with them. These pictures were published in *U.S. Camera* and *Harper's Bazaar* and showcased at the MoMA *New Workers* in 1944. Photography critic for the *New York Post* John Adam Knight noticed Model's work, harshly criticising her, defining the poses of her subjects theatrical and pseudo-spontaneous, insinuating that they were "amateur actors directed by the photographer herself." [11] Model replied sarcastically on the pages of *U.S. Camera*, stating how she had not used the camera indicated by Knight, without however addressing his comments directly.[12] The critic believed her images to be a betrayal of the pureness of documentary photography, that should not distance itself from truth. Yet the theatrical nature of Model's photographs is the consequence of the photographer's specific way of seeing the world. Window and stage are not that far apart. When in her notes she talks about reality, in fact, Model associates reality with a theatre inhabited by multiple characters through which she outlines her personal *comedie humaine*. Just like on stage, gestures, expressions, and poses must be exaggerated for the spectators to see them even from a distance. Therefore, Model takes advantage of the potential of her equipment (accentuating and manipulating her pictures in the dark room) to highlight the characteristics of each

[11] J. A. Knight, "Acting Makes Photos Better", *New York Post*, 13 July 1944, p. 25. In A. Thomas, *Lisette Model*, Musée des Beaux-Arts du Canada, Ottawa 1990, p. 82.

[12] Lisette Model, "On the Firing Line", *U.S. Camera*, VII: 7,New York, October 1944, p. 51. The same issue also includes a letter by W. Eugene Smith defending Model.

essere visti anche in lontananza, Model sfrutta le potenzialità della sua attrezzatura (esasperando e manipolando le stampe anche in camera oscura) per esaltare le caratteristiche di ciascun soggetto, facendolo diventare caricatura di sé stesso. In questi scatti, tuttavia, manca l'opprimente tensione delle fotografie di Diane Arbus, che fra tutti gli allievi di Model ha saputo coglierne più profondamente gli insegnamenti, facendoli propri per elaborare la sua intensa visione della società americana degli anni sessanta. Le fotografie di Model trasmettono invece un sincero senso di stupore di fronte alla realtà, compresa quella drammatica della povertà del Lower East Side, tipico anche delle immagini di un altro grande autore di quegli anni, Weegee, all'anagrafe Arthur Fellig. Con lui si incontrava spesso nei locali e agli eventi della mondanità newyorkese, come nel caso dell'inaugurazione della stagione del Metropolitan Opera, tanto che alcuni degli scatti da loro realizzati in quest'occasione appaiono quasi indistinguibili. Seppur Alexey Brodovitch, direttore di "Harpers's Bazaar" abbia raccontato che Weegee ha cercato più volte di prendere il suo posto all'interno della rivista, fino a dirgli: "Hai già lavorato a lungo con Lisette Model. Lasciala e prendi me", fra i due intercorreva un rapporto di stima reciproca, tanto che Weegee le regala una copia di *Naked City* dedicandola "alla mia fotografa preferita".[13] Con alcuni anni di anticipo sull'uscita della *Società dello spettacolo*, pubblicato nel 1967 da Guy Debord, Model e Weegee indagano la forte componente voyeuristica che già pervadeva ogni ambito dell'esistenza negli anni in cui la comunicazione di massa andava imponendosi definitivamente come uno dei nuclei portanti della società occidentale. Weegee agisce sulle scene degli eventi di cronaca

[13] A. Thomas, *Lisette Model*, Musée des Beaux-Arts du Canada, Ottawa 1990, p. 83.

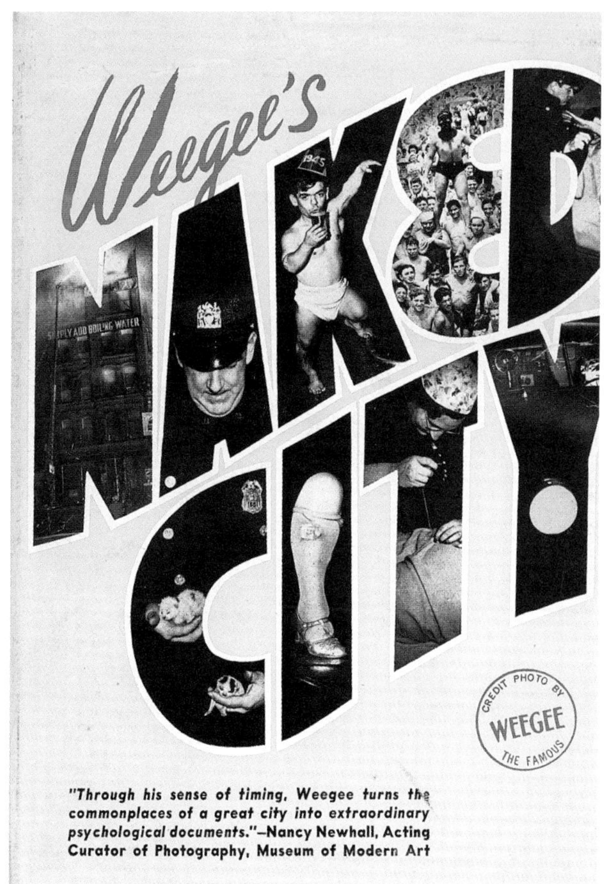

Copertina di *Naked City* di Weegee, pubblicato da *Essential Books* a New York nel 1945 / Cover of Weegee's *Naked City*, published by Essential Books in New York in 1945

subject, turning them into caricatures of themselves. These pictures however are free of the oppressive tension of the photos by Diane Arbus, the photographer who, among Model's pupils, was the one that more than any other was capable of intimately understanding and absorbing her teachings, thus elaborating her own penetrating vision of 1960s American society. Model's photographs on the other hand channelled a sincere sense of wonder before reality, including the dramatic poverty of the Lower East Side, the same that can be found in the work by another great author of those years, Arthur Fellig, aka Weegee. Model and Weegee would often meet in the same New York clubs and at social events, as in the case of the inauguration of the Metropolitan Opera season, and in some cases, it is hard to tell who, between

nera, dove, oltre a realizzare le fotografie che avrebbe poi inviato ai giornali e alle agenzie di stampa, ritrae le folle di curiosi che si accalcano di fronte a incidenti e omicidi come se si trovassero ad assistere a un avvincente spettacolo d'intrattenimento. Esemplare è il sorriso di una giovane donna che si mette in posa per il suo obbiettivo nel bel mezzo di un disperato tentativo di salvataggio di un annegato. Ad attirare l'attenzione di Model sono invece gli spettacoli circensi, i concerti, le corse di cavalli all'ippodromo di Belmont Park, le esposizioni canine, gli zoo e gli acquari. Tutti luoghi e situazioni nelle quali l'azione del guardare si trasforma in un rito collettivo, con regole comportamentali specifiche, accettate e reiterate da tutti i partecipanti. In alcuni casi ad attirarla è la magia di un acrobata che si staglia nel buio di un tendone, altre volte è la maestosità di giganteschi cetacei che fluttuano in un ambiente di cui si scorgono i confini. Nella maggior parte dei casi, però, l'obbiettivo punta sugli spettatori, che diventano a loro volta spettacolo da osservare. Model non è di certo la prima ad avere questa intuizione, basti pensare alla celebre *Eclipse* di Atget del 1912 o al reportage realizzato da Henri Cartier-Bresson durante l'incoronazione di Giorgio VI nel 1937, all'interno del quale spicca l'immagine di un uomo che, senza riuscire a resistere all'attesa, si lascia andare a un pisolino fra i fogli di giornale abbandonati a terra. Nella sua produzione, tuttavia, questo aspetto assume un ruolo centrale, tanto che molte delle sue immagini potrebbero essere divise secondo le categorie di 'spettacolo' e 'spettatore'. Culmine di questo suo sguardo oscillante fra palcoscenico e spalti, è il lavoro dedicato al mondo del jazz all'inizio degli anni cinquanta. Fra il 1952 e il 1956, infatti, sull'onda del successo ottenuto con la pubblicazione su "Harper's Bazaar" degli scatti dei nightclub, Model decide di realizzare un volume sui concerti jazz, ritraendo sia gli artisti sia gli

the two of them, is the author of a photograph. Although Alexey Brodovitch, director at *Harpers's Bazaar* said that Weegee on several occasions tried to take her place at the magazine even saying "You've been working with Lisette Model for a long time. Let her go and take me," the two photographers mutually respected each other. Weegee in fact gave a copy of *Naked City* to Model signing it off to "my favourite photographer."[13] A few years prior to the publication of Guy Debord's *The Society of the Spectacle* in 1967, Model and Weegee were both exploring the strong voyeuristic component that was already pervading all ambits of existence, at a time when mass communication was definitely imposing itself as one of the pillars of Western society. Weegee focused on crime scenes where – besides taking those photos he would then send to newspapers and press agencies – he would also capture the crowds of curious passers-by who would stop to look at accident- and murder-scenes as if they were looking at an entertaining show of some kind. Exemplary in this respect is the photo of a young woman smiling into the camera while a drowning victim is being resuscitated just next to her. Model's attention instead is attracted by circus shows, concerts, horse races at Belmont Park, dog shows, zoos and antique shops – all places and situations where the action of looking transforms into a collective ritual, with specific behavioural rules accepted and adopted by all participants. In some cases, she is attracted by a magical performance of an acrobat whose figure she captures against the dark surface of the circus tent, in others it's majestic cetaceans fluctuating in a habitat of which we can just about make out the boundaries. In most cases, however, the camera is directed towards the viewers who in turn become the show to be observed. Model certainly is not the first to have had this intuition, one only needs to think of Atget's *Eclipse* of 1912 or of Henri Cartier-Bresson's feature on King George VI's coronation in 1937, with the picture of a

[13] A. Thomas, *Lisette Model*, Musée des Beaux-Arts du Canada, Ottawa 1990, p. 83.

spettatori intenti ad ascoltarli. Ad accompagnare le immagini dovevano esserci le poesie di Langston Hughes e un testo introduttivo del critico musicale Rudi Blesh, entrambi entusiasti di questa possibile collaborazione. Nel corso di questi anni Model realizza più di ottocento negativi, fotografando alcuni dei grandi nomi della scena musicale del periodo come Dizzy Gillespie, George Lewis, Bunk Johnson, Bud Powell e Billie Holiday, per non citarne che alcuni, cercando parallelamente un finanziatore che producesse il libro, senza però mai riuscire a trovarlo. Anche in questo caso le inquadrature ritagliate in fase di sviluppo e stampa, i toni scuri su cui si delineano le silhouettes degli artisti fanno sì che la rappresentazione si allontani dal puro resoconto visivo dell'evento musicale, per evocare l'aria rarefatta e densa di ambienti in cui Model dice di aver trovato l'anima vera degli Stati Uniti. Anche gli spettatori che assistono al Newport Jazz Festival sotto uno scrosciante temporale sembrano uscire da un momento di surreale bellezza sospesa nel tempo. Dopo questo lavoro, Lisette Model faticherà a portare a termine altri progetti. La sua influenza, tuttavia, proseguirà attraverso l'insegnamento, formando autori come Larry Fink, Eva Rubinstein, Rosalind Solomon e, ovviamente, Diane Arbus, contribuendo anche in questo modo a porre le basi per la nascita di un nuovo stile documentario[14].

Quando nel 1967 Szarkowski inaugura al MoMA la fondamentale mostra *New Documents*, scrive: "La maggior parte di quelli che venivano chiamati fotografi documentari una generazione fa, quando questa etichetta era una novità, realizzava fotografie al servizio di una causa sociale. Il loro obiettivo era quello di mostrare quello che c'era di sbagliato

[14] Fu sua allieva anche Helen Gee, che nel 1954 aprì la prima galleria e coffe shop dedicata esclusivamente alla vendita di fotografie, anticipando la nascita di un mercato fotografico che avrebbe iniziato il suo sviluppo nei decenni successivi.

man who – unable to stand up while waiting – takes a nap on the ground among sheets of newspaper lying around. In Model's production however, this aspect takes on a central role, to the point that most of her photographs could fall into two categories: "spectacle" and "spectator". The apex of this gaze oscillating between stage and seats, was reached in her early-1950s photographic exploration of the world of jazz. Between 1952 and 1956, in the wake of the success obtained with her *Harper's Bazaar* publication of nightclub photos, Model decided to create a book about the jazz music scene, portraying both artists and spectators. Her photographs were to be accompanied by the poems of Langston Hughes with an introduction by music critic Rudi Blesh who were both enthusiastic at the prospect of this collaboration. Over the years, Model produced over 800 negatives, capturing some of the great names of the jazz scene of the day – Dizzy Gillespie, George Lewis, Bunk Johnson, Bud Powell and Billie Holiday, to name but a few – while searching for a patron who would sponsor her book. A patron that she never found. As in her other works, in this series the dark-room cropping and the dim tones of the performers' silhouettes turn her photos into something different from a pure visual description of a musical event, and evoke the rarefied and palpable atmospheres of those settings where Model said she had found the true soul of America. Even the spectators at the Newport Jazz Festival standing under the rain seem to be emerging from a moment of surreal timeless beauty. After this project, Lisette Model struggled to accomplish other projects. Her influence however continued through teaching, by training authors such as Larry Fink, Eva Rubinstein, Rosalind Solomon and obviously, Diane Arbus, and by doing so, contributing to laying the foundations for the birth of a new style of documentary photography. [14]

In 1967, for the inauguration of the ground-breaking

[14] Another of her pupils was Helen Gee, who in 1954 opened the first gallery and coffee shop dedicated exclusively to photography, prefiguring the birth of the photographic market that would start to develop in the following decades.

nel mondo e di persuadere le altre persone ad agire e aggiustare le cose. [...] Nell'ultimo decennio una nuova generazione di fotografi ha portato l'approccio documentario verso conclusioni più personali. Il loro obiettivo non è stato quello di trasformare le cose, ma di conoscerle, non di persuadere ma di comprendere. Il loro lavoro rivela una certa partecipazione – quasi dell'affetto – nei confronti delle imperfezioni e delle fragilità della società".[15] Gli autori scelti a rappresentare questo cambiamento sono Diane Arbus, Lee Friedlander e Garry Winogrand. Se è già stato evidenziato il debito di Diane Arbus nei confronti di Lisette Model, in maniera più o meno diretta le sue immagini hanno contribuito a creare il clima di sperimentazione che ha aperto la strada a tutte queste espressioni. Lo vediamo nei riflessi di Friedlander, con molteplici dimensioni che si accavallano per creare l'orizzonte complesso e stratificato della vita contemporanea, e nell'incisività degli *snapshot* di Winogrand, che denotano un'attrazione istintiva verso gli aspetti più disparati della vita. Se Frank e Klein sono all'unanimità considerati i padri di questi nuovi documentaristi, è quindi forse giusto che Lisette Model ne venga considerata la madre.

[15] J. Szarkowski, *New Documents*, testo introduttivo alla mostra, Museum of Modern Art, New York, 28 febbraio - 7 maggio 1967, ora in https://www.moma.org/calendar/exhibitions/3487. Trad. ita in F. Zanot, *New Documents*, in W. Guadagnini (a cura di), *La fotografia. Dalla Stampa al Museo 1941-1980*, Skira, Milano 2013, p. 159.

exhibition *New Documents* Szarkowski wrote: "The majority of those who were considered documentary photographers one generation ago, when this definition was still a novelty, took photos at the service of a social cause. Their objective was to show what was wrong in the world and persuade the other people to act and do something to fix things [...]. In the past decade, this new generation of photographers has redirected the technique and aesthetic of documentary photography to more personal ends. Their aim has been not to reform life but to know it, not to persuade but to understand. Their work reveals a certain participation – almost fondness – towards the imperfections and frailties of society."[15] The authors who were chosen to represent this change were Diane Arbus, Lee Friedlander and Garry Winogrand. Besides its previously mentioned influence on Diane Arbus' work, Lisette Model's photographic production has to various degrees contributed to the creation of the experimental framework that paved the way to all these expressions. We see glimpses of it in Friedlander with multiple dimensions that overlap to create the complex and multi-layered horizon of contemporary life, and in Winogrand's poignant snapshots that denote an instinctive attraction towards the most diverse aspects of life. If Frank and Klein are unanimously considered the fathers of this new generation of documentary photographers, it might be only right to consider Lisette Model the mother.

[15] J. Szarkowski, *New Documents*, introduction to the exhibition, Museum of Modern Art, New York, 28 February - 7 May 1967, now on https://www.moma.org/calendar/exhibitions/3487.

Lisette Model.
Lo sguardo sul mondo

Lisette Model.
Gazing at the World

Claudio Composti

A volte succede, i maestri vengono messi in ombra dalla luce di allievi che, per vari motivi, pur meritatamente, la storia ricorda al posto loro: Diane Arbus, Larry Fink, Bruce Weber, tra loro. Tutti allievi della stessa maestra, pioniera della fotografia del XX secolo: Lisette Model (1901-1983) viennese di nascita ma americana per adozione.

Nata in Austria nel 1901 in una colta e agiata famiglia ebrea, al secolo Élise Amélie Félicie Stern, a causa delle leggi antisemite fu costretta a cambiare cognome in *Seybert*. La sua fu una formazione raffinata: studiò privatamente lingue, arte, pittura e si interessò all'espressionismo e alla musica, la sua vera passione: fu allieva di Arnold Schönberg, amico di famiglia. L'interesse per la fotografia iniziò invece tardi, verso i 30 anni. Per i suoi primi scatti Lisette usò la Rolleiflex di sua sorella Olga, seguendo i consigli della sua amica e fotografa Rogi André, prima moglie di Kertész, ma fu a Parigi, dove si era trasferita dopo la morte del padre, dal 1926, che cominciò a fotografare seriamente, spinta dalla necessità di guadagnarsi da vivere. Lì conobbe anche il suo futuro marito, il pittore di origini russe Evsa Model. In quegli anni Lisette era una donna inquieta, insoddisfatta, solitaria. Si inserì perciò perfettamente nella Parigi folle degli anni venti, quando ancora era un crogiuolo di artisti che arrivavano da tutto il mondo: dipingeva, frequentava i caffè dove gli artisti dialogavano, si confrontavano, bevevano, imparavano uno dall'altro e si detestavano, litigando spesso violentemente. Un fertile humus cultura-

Masters are sometimes overshadowed by their pupils who, for various meritorious reasons, may take their place in history: Diane Arbus, Larry Fink, Bruce Weber. They all had the same teacher: twentieth-century Austrian-born American photography pioneer Lisette Model (1901–1983).

Born in Vienna in 1901 into a sophisticated wealthy Jewish family, Élise Amélie Félicie Stern was forced to change her surname to Seybert after the antisemitic laws were issued. During her youth she benefitted from a refined well-rounded private education that included languages and painting, developing an interest in Expressionism and in music, the latter being her true passion which she was able to cultivate with family-friend Arnold Schonberg who tutored her. Her interest for photography emerged later on, when she was around thirty. Her earliest photos were taken with her sister Olga's Rolleiflex, following the tips her photographer-friend Rogi André – Kertész' first wife – had given her. However, it was only in Paris, when she needed to provide for herself, that she seriously took on photography. In 1926, following her father's death, she had in fact moved to the French capital, where she then met her future husband, Russian painter Evsa Model. At that time Lisette was a troubled, unhappy, solitary woman who found her place in the Roaring-Twenties Parisian scene with its lively melting pot of artists from all over the world: Model was into painting and used to frequent the cafes where artists would meet to talk, drink, learn from each other as well as argue fiercely. Paris became a thriving cultural and visual background for Model, just as New

le e visivo per lei, proprio come sarà New York, un decennio più tardi. Le prime foto importanti però le scattò nel 1934 sulla Promenade des Anglais a Nizza, dove si era trasferita a vivere la madre. Nel 1941, queste furono pubblicate sul giornale newyorkese "PM's Weekly" sotto il titolo *Why France Fell*. Fu subito un successo. Il soggetto era la borghesia francese in tutta la sua inettitudine, mentre si intratteneva pigramente sul lungomare della Costa Azzurra, simbolo di un mondo ormai decaduto e ignaro della devastante imminente tragedia che avrebbe travolto tutto e tutti: la Seconda guerra mondiale.

Questa serie sancì la fotografia come compagna di tutta la sua vita. La violenza ormai intollerabile e sempre più pericolosa del Nazismo la spinse nel 1938 a emigrare in America con la famiglia, come altri grandi artisti e intellettuali europei, il che definì lo spostamento dell'asse culturale da Parigi a New York, che divenne il loro rifugio. Come a Parigi, anche lì trovò nuova ispirazione: Lisette girava per le strade caotiche e piene di gente, frequentava gli artisti alla Cedar Tavern, i club del jazz e i bar notturni, come il Nick's night club. Si fece presto notare dai redattori delle riviste "Harper's Bazaar", "Cue" e "PM's Weekly" per il suo approccio diretto e la sua capacità di realizzare immagini anti-glamour ma comunque di grande effetto. La borghesia della *Promenade des Anglais* e la miseria del Lower East Side a Manhattan in fondo furono per lei realtà speculari e, paradossalmente, corrispondenti, boriosa e tronfia la prima, tragica e umana la seconda. Ma accomunate da un destino di decadenza ineluttabile. Per lei, la fotografia doveva essere disvelamento, eliminando i filtri che abbelliscono la realtà, per poter "vedere". La fotografia rivela qualcosa del soggetto, ma anche del fotografo, se è vero che nello sguardo c'è l'incontro con l'altro, come ad un appuntamento fondamentale. Saper guardare è un

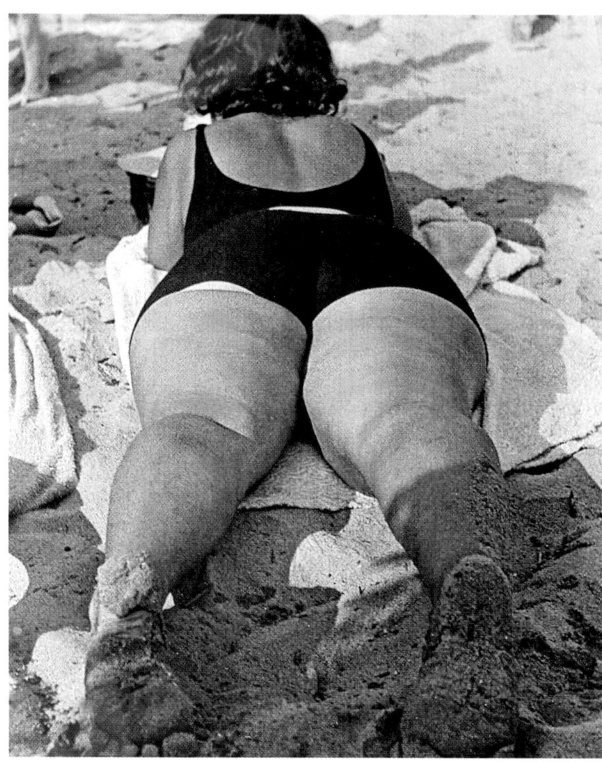

French Riviera, 1934

York would be a decade later. Her first important photos, however, were taken in 1934 on the Promenade des Anglais in Nice where she had moved to with her mother. These pictures were published in the New York paper called *PM's Weekly*. Titled *Why France Fell*, the feature was an immediate success. The subject was the ineptitude of the French middle-class idly basking on the French Riviera – a crumbling world oblivious to the looming tragedy about to hit humanity: World War II.

This series marked the beginning of Model's lifelong relationship with photography. The unbearable and increasingly dangerous violence of the Nazis induced her and her family to emigrate to America in 1938 – a decision that was shared by many other major European artists and intellectuals and which caused the centre of international culture to move from Paris to New York. As it had happened in Paris, New York became for Model a new source of inspiration: walking around busy streets, she frequented artists' rendezvous venues such as

atto amoroso per definizione. E il suo sguardo fin da subito si posò su ciò che ai suoi occhi era attraente, cioè non perfetto. Vale a dire l'essere umano, nella sua quotidianità. Ne è prova la sua foto più famosa, conosciuta come *Coney Island Bather*, scattata intorno al 1940, per il suo primo lavoro commissionato da "Harper's Bazaar": è il ritratto di una donna obesa e sorridente, in costume intero da bagno. Ritratta in piedi o stesa sulla spiaggia, questa immagine divenne anche la copertina del catalogo edito nel 1979 da "Aperture", la rivista fondata nel 1952 da un consorzio di fotografi come Minor White, Ansel Adams, i Newhall (Beaumont e Nancy) e Dorothea Lange, che a lei dedicò un lungo articolo. Si dice che Lisette scattasse fotografie con tutto il corpo, attratta da soggetti che metteva poi al centro fino a occupare tutto lo spazio nelle sue stampe fuori misura, rare a suo tempo, "sporche" anch'esse nella grana e sempre fedele a quell'amore per l'imperfezione, come confermò nella sua risposta a Weston quando le chiese come ottenesse quella particolare grana nelle stampe: "Odio le stampe troppo belle" rispose. Riuscì a cogliere il volto multistrato di New York. Ne colse la bellezza, ma anche la povertà, curiosa del lato crudo e genuino della vita. Senza paura di mostrare il lato scomodo della Grande Mela, da Coney Island al Lower East Side, alla Bowery. Il suo sguardo ravvicinato indagava la quotidianità delle frenetiche strade di New York, come nella serie *Running Legs* (1940-41) o riflessa nelle vetrine dello shopping, nella serie *Reflections* (1939-45), attraverso le quali si moltiplicava il caotico ritmo della città che non dorme mai, come in uno spartito musicale ideale e dove vivevano, come anime in pena o assetate di vita, i protagonisti di quell'umanità che amava. Non va dimenticato che New York tra gli anni trenta e cinquanta, al pari di Parigi dieci anni prima, fu un polo cosmopolita di attrazione per gli artisti. Erano gli anni dell'emi-

the Cedar Tower, jazz clubs, and night bars like Nick's Night Club. Her work soon started to get noticed by the *Harper's Bazaar, Cue* and *PM Weekly* editors – for her straight approach and flair for anti-glamour yet highly effective pictures. The wealthy French middle-class on the Promenade des Anglais and poverty-stricken Lower East Side Manhattan ultimately became two specular and paradoxically matching realities: boastful and conceited the first, tragic and human the latter, yet sharing an inescapable destiny of decadence; for Model photography was a way of uncovering, stripping reality of those filters that embellish it, in order for her to "see". If we agree on the notion that our gaze is where we meet with the other, a photograph can be read as an all-important appointment revealing something about the subject and also about the photographer. Knowing how to harness our gaze is an act of love. And Model's eyes immediately settled on what was attractive to her, that is lack of perfection and human beings in their everyday lives. Her most famous photo, *Coney Island Bather* of around 1940 is an example of this. Taken for her first *Harper's Bazaar* assignment, the picture captures a generously proportioned smiling woman in a bathing costume on the beach. This image was chosen for the cover of the 1979 catalogue published by *Aperture*, the periodical founded in 1952 by a group of photographers, including Minor White, Ansel Adams, Beaumont and Nancy Newhall, and Dorothea Lange, who dedicated a long article to Lisette Model's work. It has been said that Model used to take photos with all her body, attracted by subjects she placed at the centre of the photo occupying most of her large-format prints, which were so uncommon at the time. Always true to her love for imperfection, when Weston asked her how she obtained that particular grainy quality in her pictures: "I hate pretty prints" Model answered. Driven by her curiosity for the genuine and raw side of life, Model captured the multi-layered identity of New York, its beauty and its misery, with no fear of showing the more

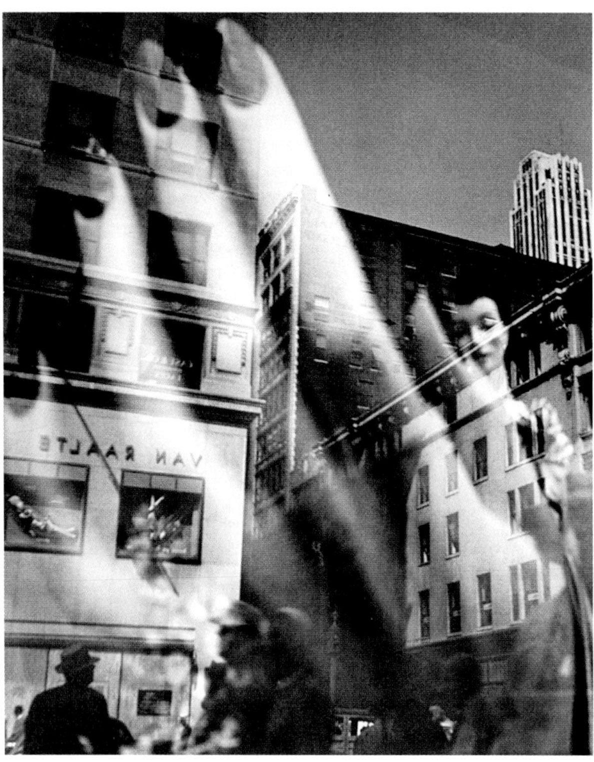

Reflections, New York, c. 1939-1945

grazione dall'Europa degli esuli artisti ebrei e degli intellettuali che portarono nuova linfa nella cultura americana. C'erano figure come Peggy Guggenheim o Ileana Sonnabend e Leo Castelli. Era l'America dell'esperienza del Black Mountain College, in cui la cultura libera e sperimentale creò un crossover di stili e influenze reciproche tra le arti, dove il jazz di Gerry Mulligan, Miles Davis, John Coltrane si mischiava alla letteratura e ai pittori dell'espressionismo astratto dell'olandese Willem de Kooning, insieme al russo Mark Rothko e all'armeno Arshile Gorky, alla violenza pittorica di Jackson Pollock e a figure come Robert Motherwell, Clyfford Still, o Barnett Newman e Lee Krasner, primo nucleo della cosiddetta "Scuola di New York", che si svilupperà negli anni cinquanta; artisti che esprimevano nella loro ricerca una liberazione dal provincialismo ed erano profondamente attratti dal lato oscuro, irrazionale, imprevedibile della natura umana. La

troublesome side of the Big Apple, from Coney Island to the Lower East Side and the Bowery. With her closeup gaze she searched for everyday life on the streets of New York, like in her 1940–41 *Running Legs* series or in the shop windows of her 1939–45 *Reflections*, multiplying the chaotic rhythm of the city that never sleeps, as in an ideal music score inhabited by those tormented souls, thirsty for life, that are the protagonists of the humanity she loved. Between the 1930s and 50s, just as it had been for Paris ten years before, New York became a cosmopolitan centre that attracted artists: during those years Jewish artists and intellectuals were emigrating from Europe infusing new life into American culture. There were Peggy Guggenheim, Ileana Sonnabend and Leo Castelli; the Black Mountain College experience with its free and experimental culture was in full swing giving rise to a crossover of styles and mutual influences in which Gerry Mulligan, Miles Davis, and John Coltrane's jazz could mix with literature and the Abstract Expressionism of Willem de Kooning, Mark Rothko, and Arshile Gorky (originally from the Netherlands, Russia, and Armenia respectively), as well as with the pictorial violence of Jackson Pollock and the creations of artists such as Robert Motherwell, Clyfford Still, Barnett Newman and Lee Krasner, the first members of the so-called School of New York that developed in the 1950s; artists who with their research went beyond provincialism, becoming deeply attracted by the dark, irrational and unpredictable side of human nature. The same nature that Lisette Model explored with her photography. It was this stimulating environment that made her a pioneer of street-photography, intended as a portrayal of the aesthetics of everyday ordinary life, with no artifices and filters, true and fragile. "And you cannot imagine how fantastically boring it can be to look hour after hour at a beautiful body. But an ugly body can be fascinating" she used to say when she was still studying painting in Paris. As early as 1940, Lisette Model was already counted in a group of

stessa natura che cercava Lisette con la sua fotografia. Fu questo ambiente stimolante che ne fece una pioniera della *Street Photography*, intesa come fotografia che si interessa e si focalizza sull'estetica del comune, su un'umanità priva di artifici e di filtri. Vera e fragile. "È facile immaginare quanto sia noioso dipingere un bel corpo. Ma un corpo brutto è molto affascinante" soleva dire quando ancora studiava da pittrice a Parigi.

A New York già nel 1940 Lisette Model fu inclusa nel gruppo di fotografi della collettiva *Sixty Photographs: A Survey of Camera Aesthetics*, storica mostra inaugurale del Dipartimento di Fotografia del MoMA, un passo importante per l'affermazione della fotografia come linguaggio artistico, tra cui figuravano fotografi come Berenice Abbott, Man Ray e Ansel Adams, responsabile insieme a Newhall della nascita del Dipartimento.

La sua passione per la musica trovò l'ambiente ideale nei jazz club, ma le costò, nei primi anni cinquanta, l'attenzione delle autorità statunitensi nel periodo nero del maccartismo, sospettata insieme a noti registi di Hollywood e scrittori di essere filocomunista, per la sua vicinanza agli ambienti afroamericani e per la collaborazione con giornali di sinistra. Attraverso il suo obiettivo fotografò i grandi jazzisti come Bud Powell, Percy Heath, Louis Armstrong, Ella Fitzgerald, Billie Holiday ed Erroll Garner. Avrebbe voluto raccogliere questi scatti dedicati al jazz in un volume insieme alle poesie dello scrittore Langston Hughes, frequentatore dei locali jazz dove componeva le sue poesie, ma non trovò finanziatori disposti a pubblicarlo. A causa di quelle indagini, Lisette abbandonò l'attività fotografica e la Photo League, che aveva iniziato a frequentare appena arrivata negli Stati Uniti, e si concentrò sull'insegnamento, praticandolo fino alla sua morte nel 1983. Divenne un'insegnante molto impegnata e richiesta, che formò e ispirò, appunto, alcuni di

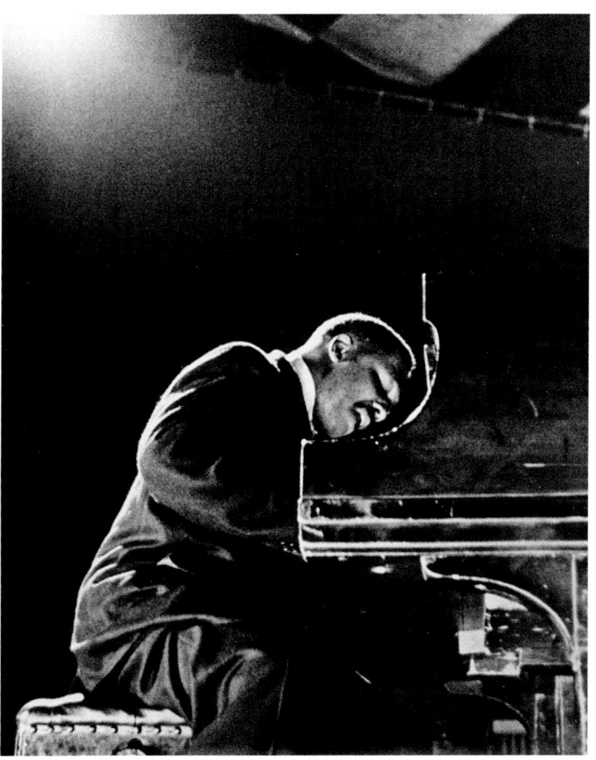

Jazz, Bud Powell, New York Jazz Festival, c. 1956-1958

photographers selected for *Sixty Photographs: A Survey of Camera Aesthetics*, the historic exhibition held at the inauguration of the MoMA Department of Photography, a momentous step towards affirming photography as an artistic language. Also part of the group were Berenice Abbott, Man Ray and Ansel Adams, who – along with Newhall – can be credited for the creation of the Department.

Model's passion for music found an ideal environment in jazz clubs. This type of activity however attracted the attention of the early-1950s American authorities – those were the dark days of McCarthyism – and, like other famous Hollywood film directors and writers, she was suspected of being in favour of communism due to her relations with the Afro-American community and collaborations with left-wing papers. With her camera she captured the great names of jazz, such as Bud Powell, Percy Heath, Louis Armstrong, Ella Fitzgerald, Billie Holiday and Erroll Garner. Model intended to collect her

quegli allievi che avrebbero segnato la fotografia del XX secolo. Neanche i reumatismi alle mani riuscirono a tenerla lontana dalla fotografia. I nostri corpi possiedono la capacità di trasformare e conservare i luoghi e le cose in immagini, che vengono immagazzinate nella memoria, in uno scambio tra esperienza e ricordo, tra mondo reale e proiezione. Era proprio lì, in quel confine tra realtà e visione, che Lisette Model produceva le sue splendide fotografie. Innamorata della vita e dei soggetti che catturava, creò una galleria di figure umane archetipiche. Come scrisse anche l'amica fotografa Berenice Abbott, nella prefazione a quel primo catalogo di Lisette edito da Aperture: "Una delle prime reazioni che si hanno guardando le immagini di Lisette Model è che ti fanno sentire bene. Le percepisci come reali perché le persone raffigurate esprimono un po' di quella umanità universale presente in noi tutti".

jazz photos in one volume pairing them with poems by Langston Hughes, who would do his poetic writing while at the jazz clubs. But the photographer never found patrons willing to support her project. Due to the investigations she was subjected to, Lisette dropped her photographic activity, left the Photo League, which she started frequenting as soon as she arrived in the United States, and focused on teaching, an activity she devoted herself to until her death in 1983. She became a very committed and requested teacher who trained and inspired young students that would then go on to make the history of twentieth-century photography. Not even arthritis in her hands kept her away from photography. Our bodies possess the capacity to transform and preserve places and things in pictures that are then stored in our memory, stemming from a marriage between experience and reminiscence, reality and projection. Right there, on the border between reality and vision, was where Lisette Model captured her beautiful photographs. In love with life and with the subjects she immortalised, she created a gallery of archetypical human figures. As her friend photographer Berenice Abbott wrote in the preface to that first Lisette Model catalogue published by Aperture in 1979: "One of the first reactions when looking at Model's pictures is that they make you feel good. You recognize them as real because real people express a bit of the universal humanity in all of us".

La mia Lisette
My Lisette

Larry Fink

"Nello sguardo effimero del dopo, mentre – sospesi dalla memoria – oscilliamo appesi alle travi del tempo, possediamo ciò che significava essere. Ciò che significava essere vivi in presenza di altri, essere connessi, essere protetti, protratti e spinti in avanti su un viale di sicurezza intuitiva e dentro a un ignoto artistico e intellettuale. Lei era lì seduta davanti a me, avvolta in quella che sarebbe presto divenuta un'eleganza fuori moda. Aveva 58 anni, io 17. Va detto che, a 17 anni, percepivo ancora la realtà come un bambino, per cui, sebbene avere 58 anni non significhi essere vecchi, per me significava essere decrepiti. Era come sempre vestita di nero, con qualche gioiello, una spilla, un fermaglio, segnali di un gusto classico ed elegante. Il viso tondo, con un sensuale labbro inferiore che trasmetteva una sensazione di pulsante vulnerabilità. Sopra la sua schiena appena ricurva, gli occhi brillavano di un potere intuitivo. Sembravano bisturi intenti a sondare l'anima – rimuovendo la carne superflua, mondando l'osso. Non erano occhi freddi né caldi: erano, semplicemente, strumenti profondamente umani di percezione intuitiva. Detto questo, quando sorrideva i suoi occhi scintillavano magnificamente."

È stato Walter Guadagnini a chiedermi di scrivere *My Lisette* (*La mia Lisette*), un ricordo intimo della sua persona. Certo, non è possibile possedere qualcuno, se non nella memoria. Lei ci ha lasciati, ma vive ancora potentemente nel presente attraverso le sue immagini, i suoi insegnamenti, e nel ricordo che

"In the passing glance of after, as we all swing from the rafters of time, suspended by memory, we possess what it was to be. What it was to be alive in the presence of another, to be related, to be protected, protracted and pushed forward into an avenue of intuitive surety and within an intellectual artistic unknown. She sat there in front of me within her soon to be dowdy elegance. She was 58, I was 17. Mind you, my perceptions at the age of 17, were that of a mere child, so while 58 is not old, to me it was ancient. She was dressed as always in black, some jewelry, a broach, a pin, hints of elegant, classy taste. Her face rounded with a sensual lower lip, which possessed a vulnerable pulsing sensation. Above her slightly hunched back, were glinting eyes of intuitive power. They seemed to be scalpels, probing the inner soul, cutting away the unnecessary flesh, paring the bone. Those eyes were not cold, nor were they warm, they simply were deeply human tools of intuitive perception. That said, when she smiled, her eyes twinkled magnificently."

My Lisette is what Walter Guadagnini asked me to write, an intimate recollection of her being. Of course, one never possesses anyone, except within memory. She has passed on, but lives powerfully in the present by her images, her teaching, and in my and others' memories of her presence and cutting verve. "Darling" she said many times through out the day. Clothed in a black loose fitting dress, which could have been the dress of a mourning village peasant. Mourning for all that has passed, experiences that we will never forget. For Lisette, what had passed was the world in its en-

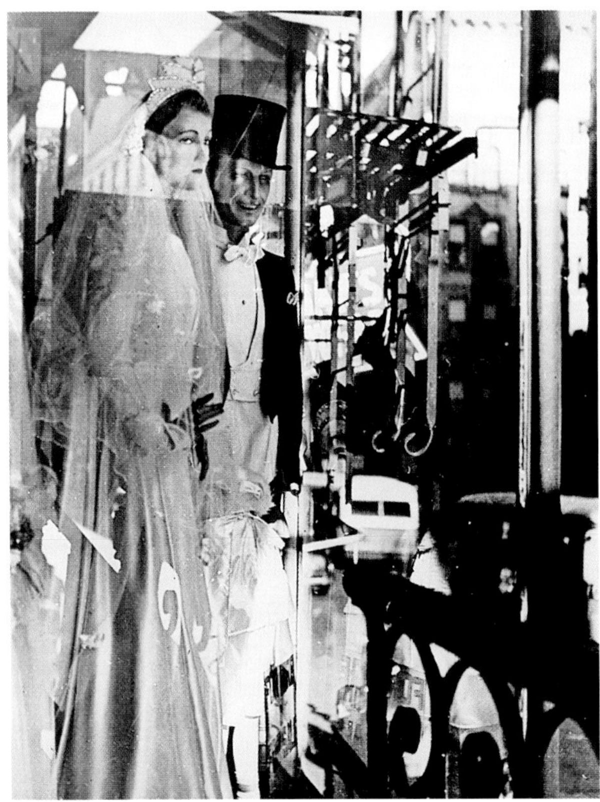

Window, Bridal Couple, New York, c. 1939-1945

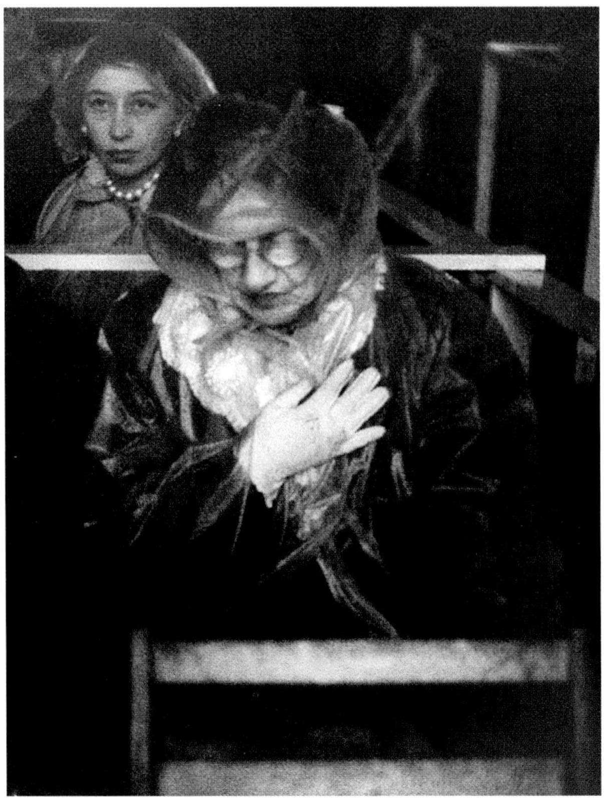

Newport Jazz Festival, Opening in Rain, c. 1954-1957

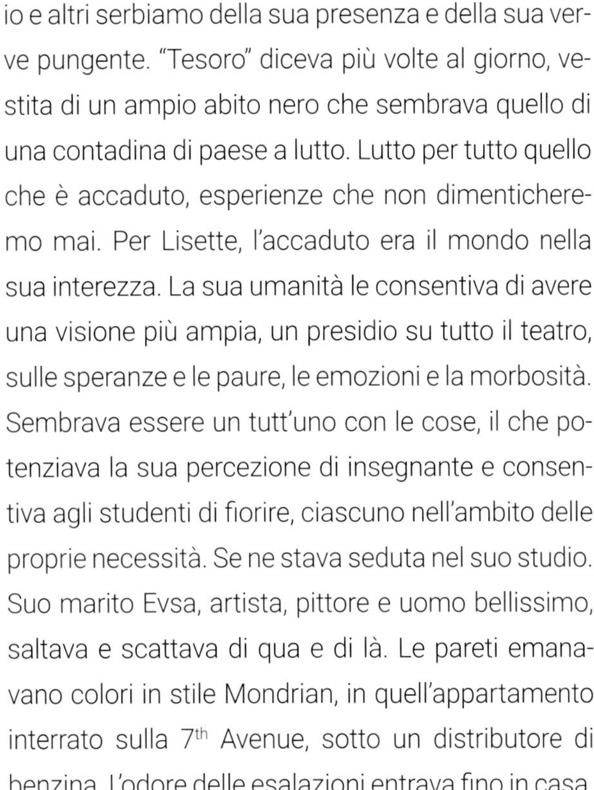

io e altri serbiamo della sua presenza e della sua verve pungente. "Tesoro" diceva più volte al giorno, vestita di un ampio abito nero che sembrava quello di una contadina di paese a lutto. Lutto per tutto quello che è accaduto, esperienze che non dimenticheremo mai. Per Lisette, l'accaduto era il mondo nella sua interezza. La sua umanità le consentiva di avere una visione più ampia, un presidio su tutto il teatro, sulle speranze e le paure, le emozioni e la morbosità. Sembrava essere un tutt'uno con le cose, il che potenziava la sua percezione di insegnante e consentiva agli studenti di fiorire, ciascuno nell'ambito delle proprie necessità. Se ne stava seduta nel suo studio. Suo marito Evsa, artista, pittore e uomo bellissimo, saltava e scattava di qua e di là. Le pareti emanavano colori in stile Mondrian, in quell'appartamento interrato sulla 7th Avenue, sotto un distributore di benzina. L'odore delle esalazioni entrava fino in casa.

tirety. Her humanity possessed the larger picture, the presidium of all theatre, the hopes and the dreads, the romance, the morbidity. She seemed to be unified with all things, which of course enabled her perception as a teacher, and allowed each student to thrive within their own subjective needs.
She would sit in her studio. The artist painter, her husband Ypsa, a handsome man, darting and flitting about. The walls emanated Mondrianesque colors, it was a bright basement flat on 7th Avenue underneath a gas station. You could smell the fumes. Lisette and I would look at photo books; Henri Cartier-Bresson, Brassaï, Brandt. Never were any of her pictures shown to me. She would simply ask questions. I was young, she was tender and attentive. It was private.

From time to time, I would pick her up in New York and she would come to visit my home in Long Island.

Lisette e io sfogliavamo libri fotografici: Henri Cartier-Bresson, Brassaï, Brandt. Non mi mostrava mai le sue fotografie. Semplicemente, faceva domande. Io ero giovane, lei tenera e attenta. Era un momento privato.

Ogni tanto passavo a prenderla a New York e la portavo in visita a casa mia a Long Island. Era affascinata da mia madre, borghese ma comunista. Mia madre era una donna priva di paure, e a Lisette questo piaceva. Io, invece, ero pieno di paure, così Lisette mi faceva coraggio e, ovviamente, si prendeva cura del mio occhio. Quando mi usciva un buono scatto, lo coglieva come un fiore. Mi restituiva il mio premio come se la vita potesse essere colma di significato. Era la madre del mio talento; io ero figlio di mia madre.

Continuano a fioccare storie a ogni ricordo che scrivo; i singoli episodi irrompono nella mia mente. Le ho voluto molto bene.
Ecco un episodio sulla schiettezza di Lisette che merita di essere raccontato. Passeggiavo sulla 6th Avenue con Mary, la mia prima fidanzatina seria; ci crogiolavamo nel nostro amore. Era qualcosa di palpabile, evidente. A un certo punto arrivò Lisette, "Che sorpresa!", ridacchiammo Mary e io, un po' imbarazzati ma contenti del suo arrivo travolgente. Ci guardò, ci studiò e poi se ne uscì con una domanda a bruciapelo. "Avete intenzione di sposarvi?" Mary e io, imbarazzati e innamorati, iniziammo a parlare, svolazzando di qua e di là come due teneri uccellini. Allora Lisette esclamò: "Non fatelo, non sarebbe saggio". Distrutti e col cuore in frantumi, Mary e io accusammo il colpo. Sei mesi dopo, ci lasciammo. Doveva andare così, Lisette non c'entrava nulla.

Un altro episodio che mi torna in mente riguarda Diane Arbus e Lisette. Erano molto unite. Nel giro,

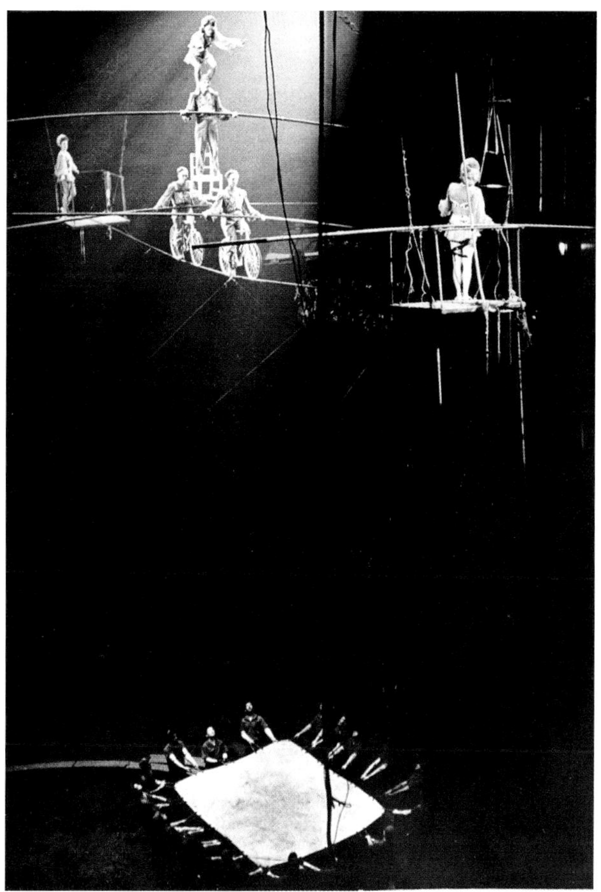

Circus, New York, 1945

She was fascinated by my bourgeois, but communist mother. My mother had no fear. Lisette liked that. I had lots of fear. Lisette bolstered my courage and obviously tended to my eye. When I would land a good picture she would harvest it like a flower. Giving back my prize as if life could be ripe with meaning. She was the mother of my talent; I was my mother's son.

Stories could go on and on as I write each memory, each episode is flooding into my mind. I loved her.
A story to be told about Lisette's directness is this one: Once on 6th Ave, Mary, my first serious girlfriend and I were walking, cuddling our love. It was palpable and obvious. Along came Lisette, "What a surprise!", Mary and I tittering and slightly embarrassed enjoying the immersion of Lisette. She looked at us, took us in,

una comunità che ruotava intorno a Lisette, si parlava molto del fatto che Diane era in terapia. Erano tutti nervosi, perché Diane era un'anima tormentata. A volte durante la terapia, quando ci si trova sul precipizio di un cambiamento personale profondo, è facile ricadere nelle vecchie paludi della depressione. E Lisette era spaventata per Diane. Il giorno dopo, o giù di lì, il suicidio di Diane era realtà. Si poteva avvertire un terribile, tragico urlo di dolore attraversare l'intera comunità. Lisette si sentiva responsabile. Le storie riverberavano da una parte e dall'altra, ma l'epilogo era definitivo. Il senno di poi e la lungimiranza sono due cose diverse.

Lisette era una veggente, ma non c'era in lei traccia di ipocrita stregoneria, il suo approccio era diretto, sfrontato, aveva fame della tua essenza, ed era capace di attivarla. Sapeva vederti, e ti aiutava a diventare te stesso. Quella è la ragione di essere – la vita, con tutte le sue vicissitudini, è la ragione di essere.

and then popped a very direct question. "Will you two marry?" Mary and I embarrassed and loving began to speak, fluttering to and from like small tender birds. Just then Lisette exclaimed: "Do not do it, it will not be wise". Shattered and scattered, Mary and I fell back. Six months later, we separated; it was organic of its own accord. Lisette had no part within it.

Another episode which comes to mind is about Diane Arbus and Lisette. They were as close as anybody could be. Within the community, which we followed around Lisette, there was a lot of talk about Diane being in therapy. People were nervous, as Diane was a troubled soul. Sometimes in therapy, when on the precipice, of deep personal change, one can fall backwards into the established depressive mire. So Lisette was frightened for Diane. The next day or so, Diane's suicide was a fact. You could hear the horrific, tragic, moan throughout the community. Lisette felt responsible. The stories reverberated back and forth, but the end was absolute. Hindsight is not foresight.

Lisette was a seer, but there was no phony sorcery, her approach was direct, blunt, enabling and hungry for your essence. She saw you and allowed you to become yourself. That indeed is the reason for being, life within all its vicissitudes is the reason for being.

La *Promenade des Anglais* e i primi scatti
The *Promenade des Anglais* and the first shots

Muovendo i primi passi con la macchina fotografica in mano, Lisette Model si dedica ai soggetti classici di chi si avvicina al fotogiornalismo con l'intenzione di farne, eventualmente, una professione: poveri, senzatetto, pescatori, spettacoli aerei e talvolta eventi politici. La vita in strada nelle sue diverse sfaccettature, che si manifesta, in queste prime immagini di Parigi, con una teatralità che nel tempo diventerà poi la sua cifra stilistica. A prescindere dalle diverse estrazioni sociali, i soggetti sembrano sempre colti in un momento di pausa e ozio, in una statuaria contemplazione di qualcosa che non ci è dato sapere, oppure addirittura sdraiati a dormire per strada, come nel caso di *Man Sleeping near the Seine* o *Sleeping on Montparnasse*. Questo aspetto trova piena realizzazione nel 1934 quando, durante un soggiorno a Nizza in visita alla madre e alla sorella Olga, Model realizza la serie *Promenade des Anglais*, grazie alla quale otterrà i primi importanti riconoscimenti. Lungo gli oltre sette chilometri della passeggiata che affaccia sul mare, ritrae la ricca borghesia francese in villeggiatura che, vestita di tutto punto, non ha altro da fare se non godere della vista e crogiolarsi nella propria noia. Il sole alto che ritaglia i volumi enfatizza le pose rilassate e gli sguardi strafottenti di chi sa di non doversi guadagnare da vivere. Se è evidente l'intenzione di Model di raccontare in chiave critica questo particolare microcosmo sociale, con la pubblicazione sulla rivista comunista "Regards" questa serie assume una connotazione decisamente più politicizzata di quanto probabilmente non lo fosse nelle sue intenzioni iniziali. Il numero di febbraio del 1935, infatti, associa ad alcune di queste immagini un articolo di Lise Curel in cui si legge "la *Promenade des Anglais* è un giardino zoologico dove sono venuti a sguazzare in poltrone bianche gli esemplari più orribili della bestia umana." Anche il quotidiano americano "PM's Weekly" le pubblica nuovamente alcuni anni dopo offrendone la stessa lettura. All'inizio degli anni trenta la città di Nizza stava attraversando un periodo di grave crisi economica, alle prese con il crollo del turismo e agitata da diverse manifestazioni operaie, di cui "Regards" aveva dato larga testimonianza. Alla luce di ciò, appare evidente quanto le immagini di Model fossero il pretesto perfetto per una feroce critica sociale che nelle sue inquadrature, in realtà, è sempre velata.

Taking her first steps, camera in hand, Lisette Model focuses on the classic subjects of those who approach photojournalism with the aim of eventually turning it into a profession: the poor, the homeless, fishermen, aerial shows, and occasional political rallies. Life on the streets in its multiple facets, which in these early pictures of Paris manifests itself with a theatricality that, in time, would become the hallmark of her style. Regardless of their different social backgrounds, the subjects always appear to be captured on a break or in a moment of idleness, statuelike, contemplating something unknown to us, or even laying asleep in the street as is the case in *Man Sleeping Near the Seine* or *Sleeping on Montparnasse*. This trait comes to full fruition in 1934 when, during a sojourn in Nice to visit her mother and sister Olga, Model creates the series *Promenade des Anglais*, thanks to which she would receive the first significant accolades. Along the esplanade stretching over seven kilometres by the sea, she portrays tourists from the wealthy French bourgeoisie, with their elegant attire, who have nothing to do but take in the view and bask in their own ennui. The high sun carving out the volumes emphasises the carefree poses and haughty glances of those conscious of not having to earn a living. If Model's intention to criticise this specific social microcosm is clear, in publishing it in the communist magazine, *Regards*, the series acquires decidedly more political gravitas than might have been originally intended. In fact, alongside some of these images, the 1935 February issue runs an article by Lise Curel that reads: "*The Promenade des Anglais* is a zoo in which the most horrible specimens of human animal have come to wallow on white armchairs." The American newspaper, *PM's Weekly*, also publishes them again a few years later offering the same reading. In the early 1930s, the city of Nice experienced a period of serious economic downturn, struggling with the collapse of the tourist industry and the disruptions of multiple workers' protests, which received ample coverage in *Regards*. In light of this, it is clear just how much Model's images were the perfect pretext for fierce social criticism, although in her frames, this is always veiled.

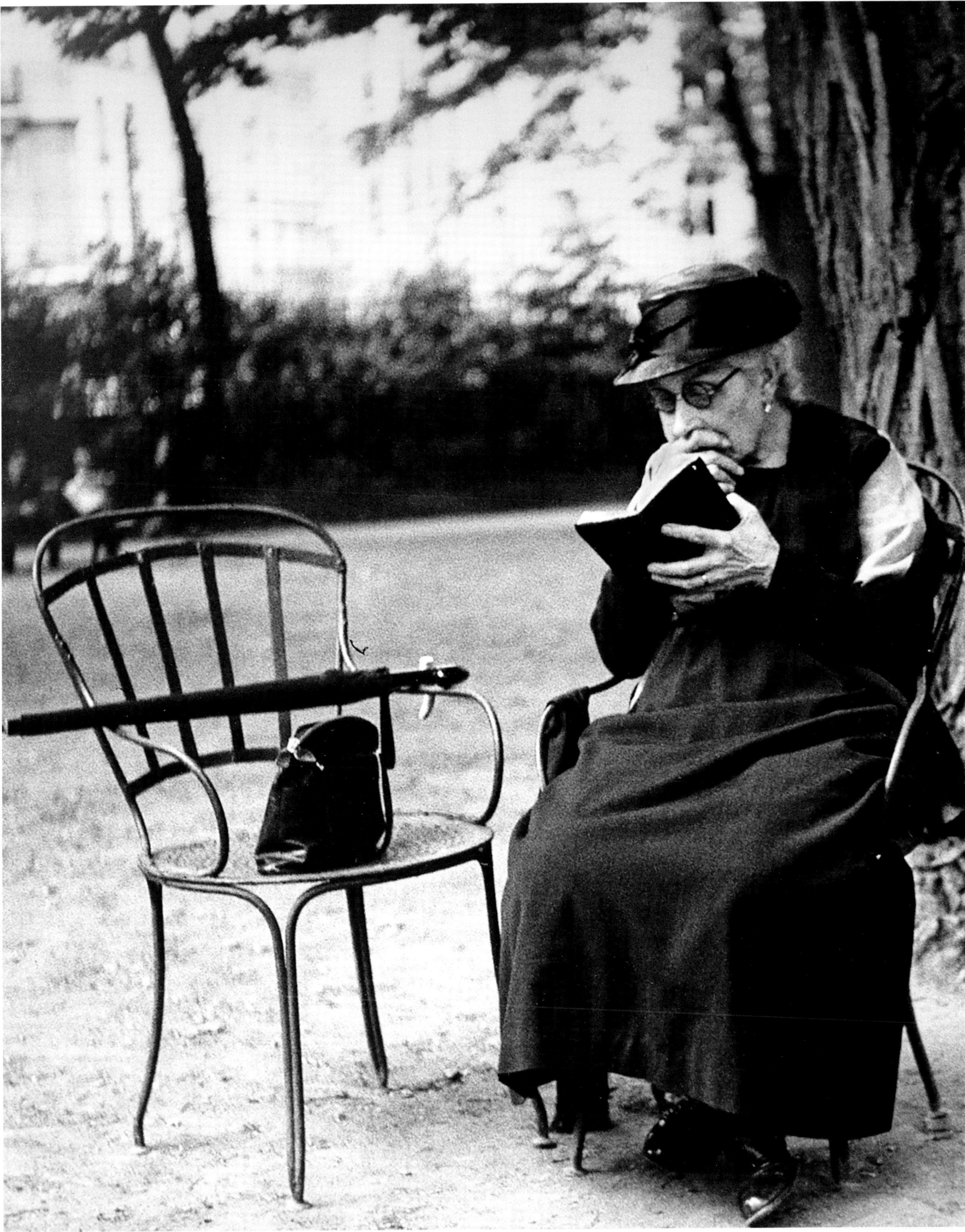

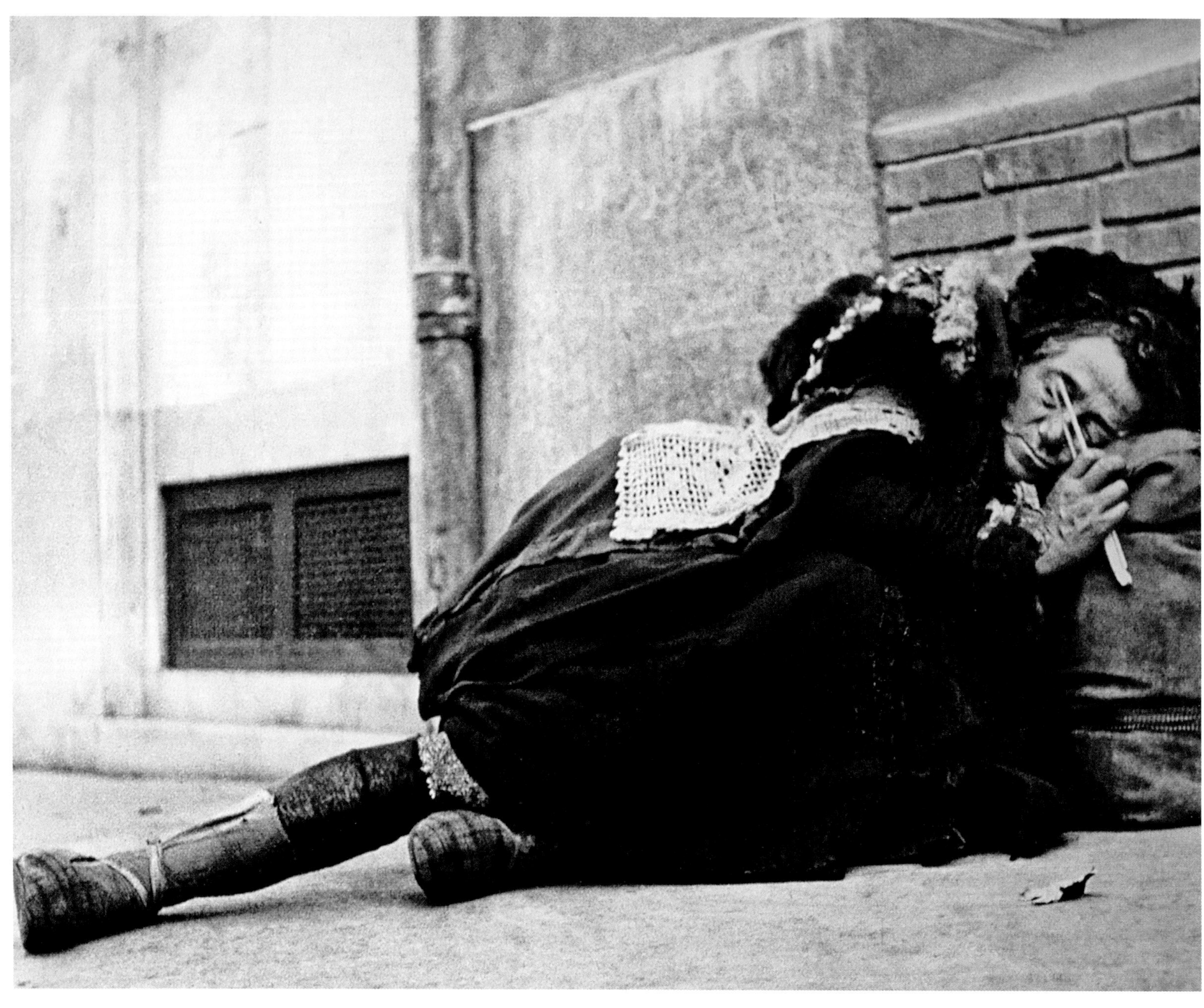

p. 41
Bois de Boulogne, Paris
1937

Sleeping on Montparnasse, Paris
c. 1933-1938

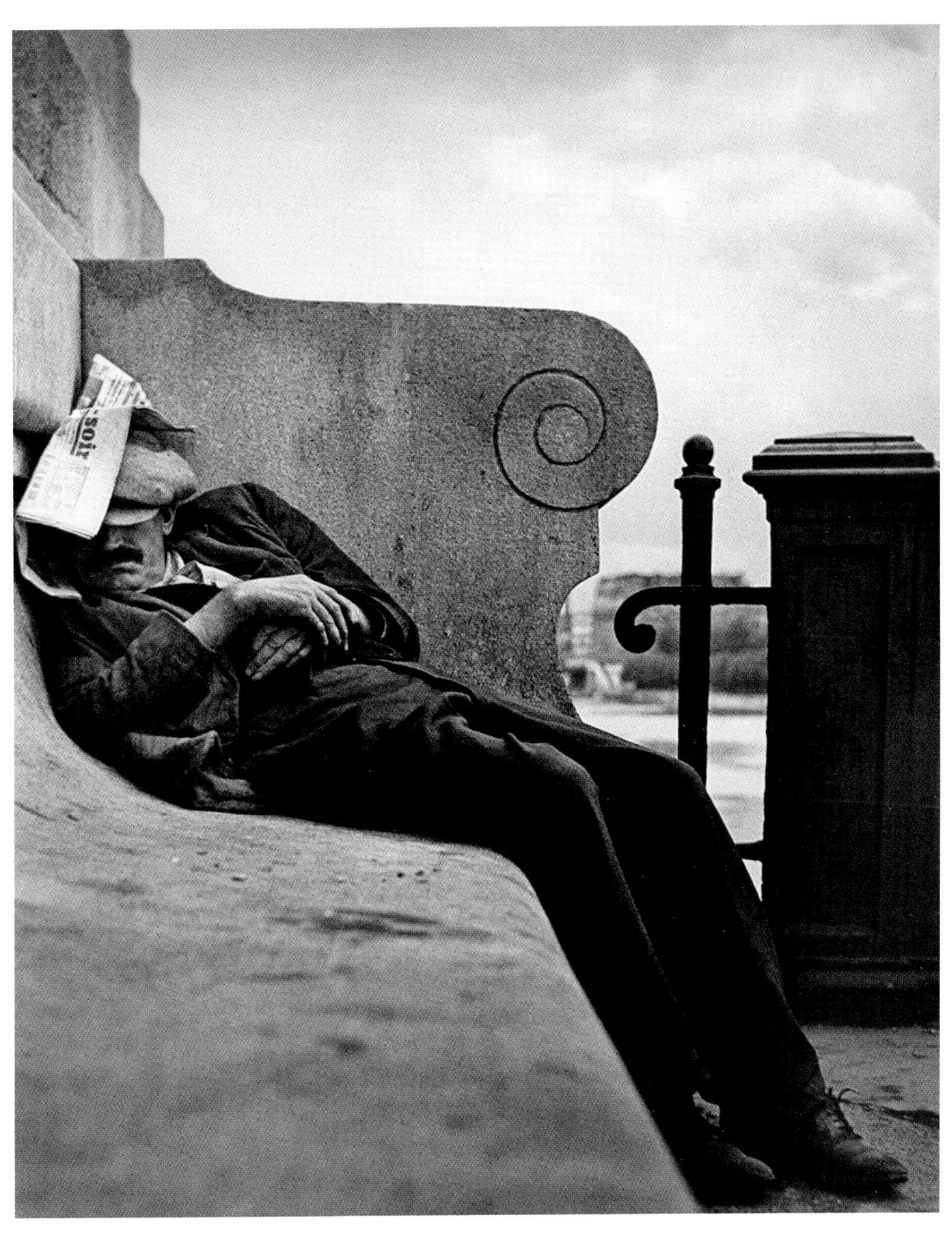

Man Sleeping near the Seine, Paris
c. 1933-1938

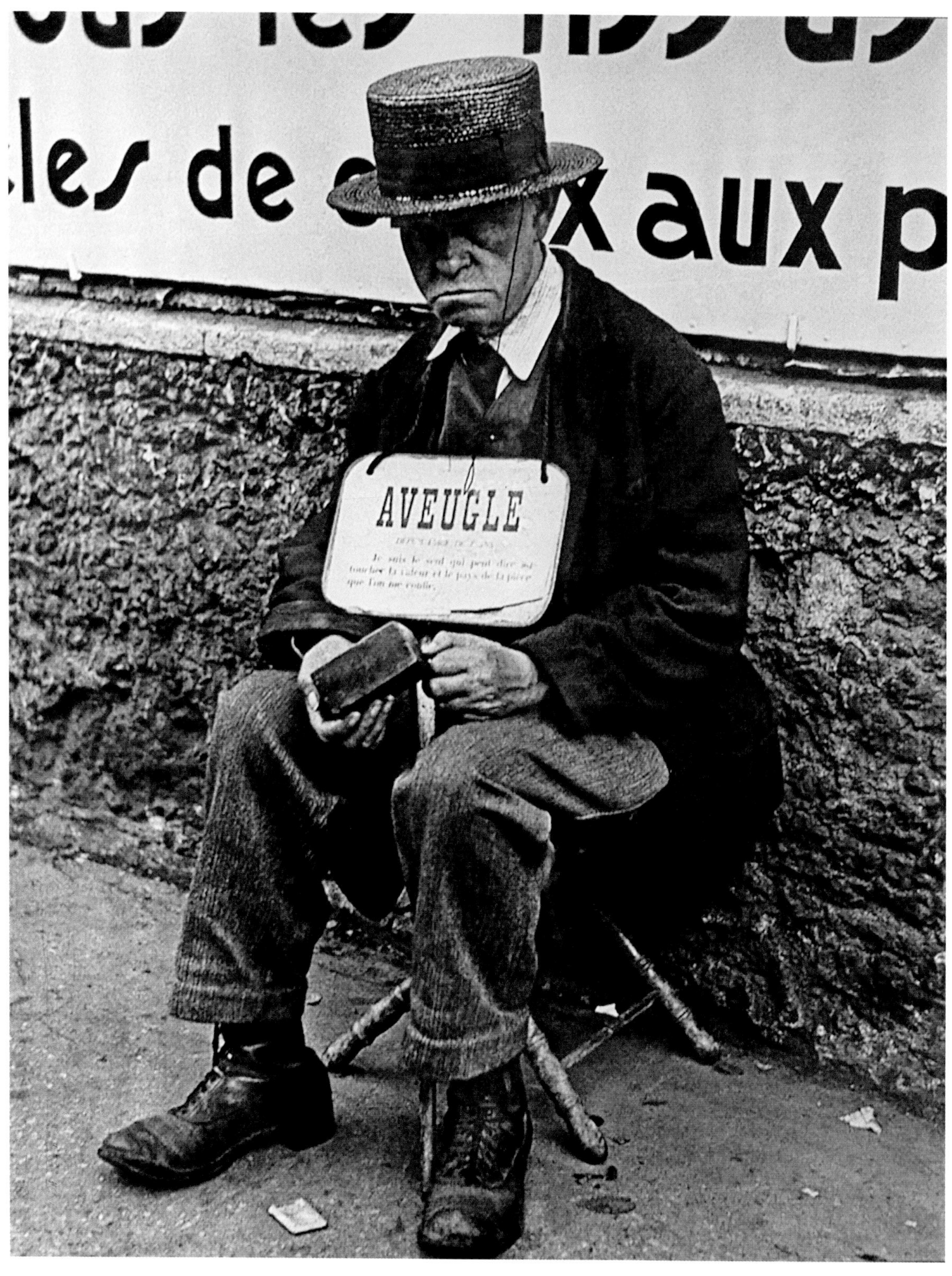

Blind Man in front of Billboards, Paris
c. 1933-1936

Man with Pamphlets, Paris
c. 1933-1938

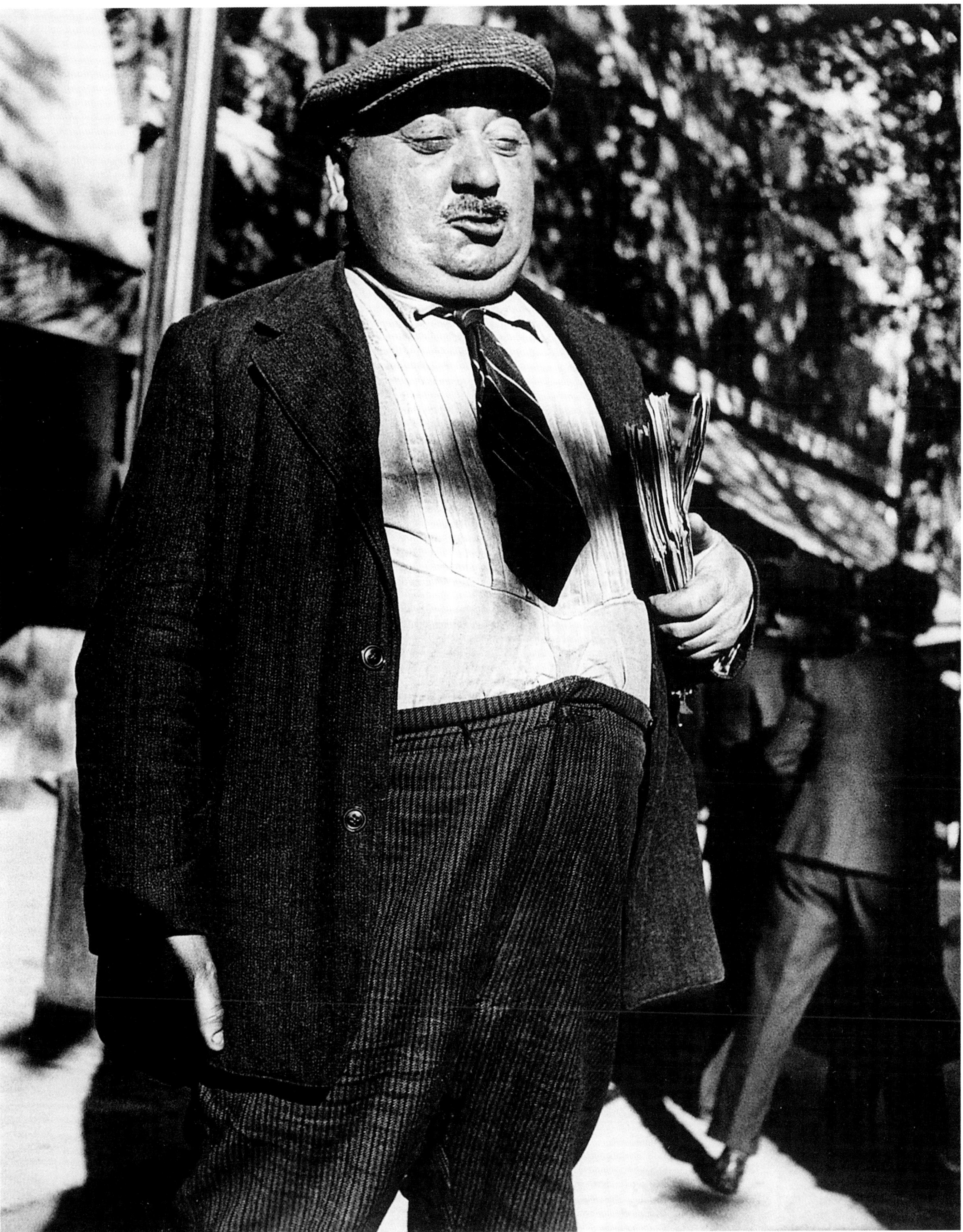

Circus Man, Nice
c. 1933-1938

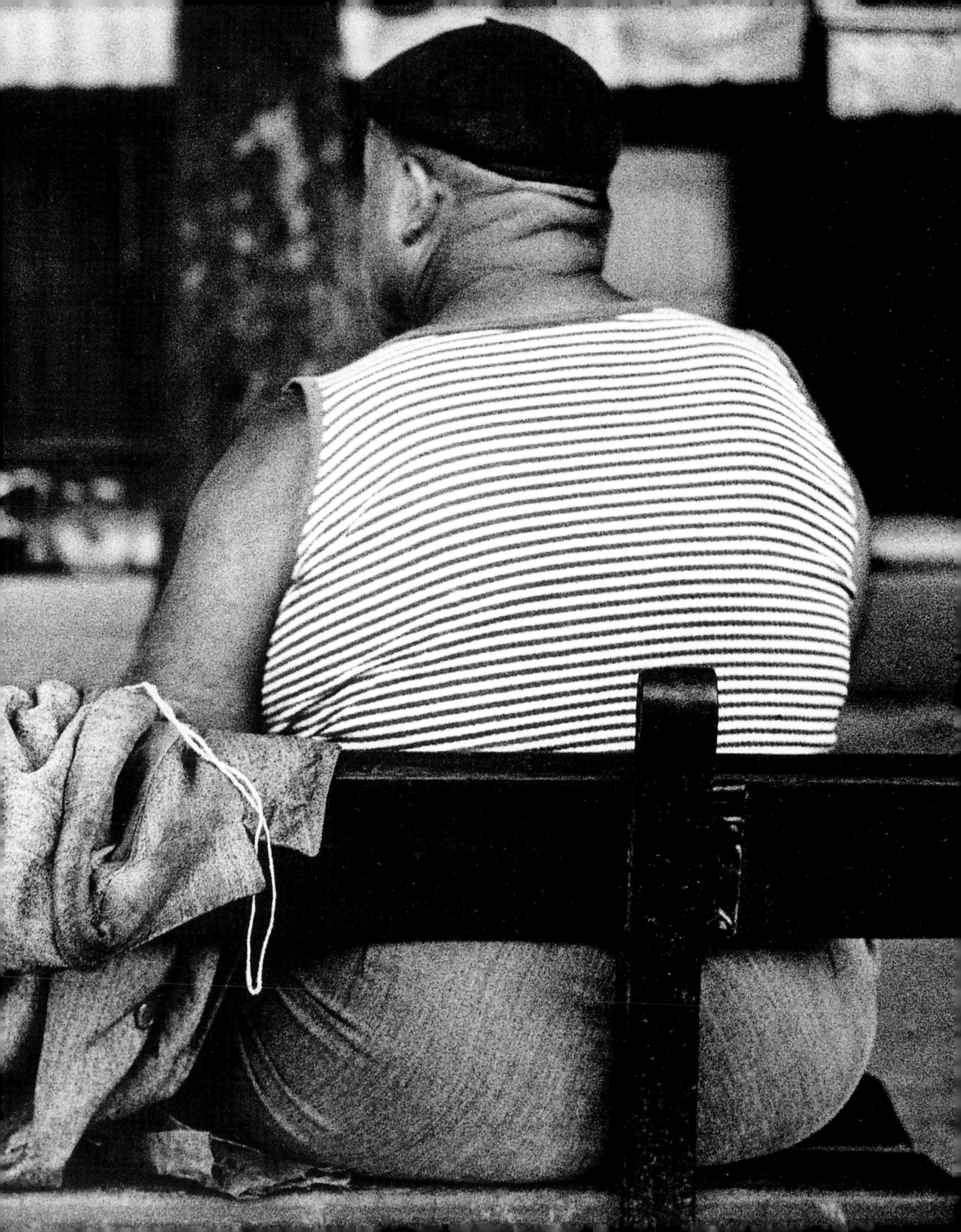

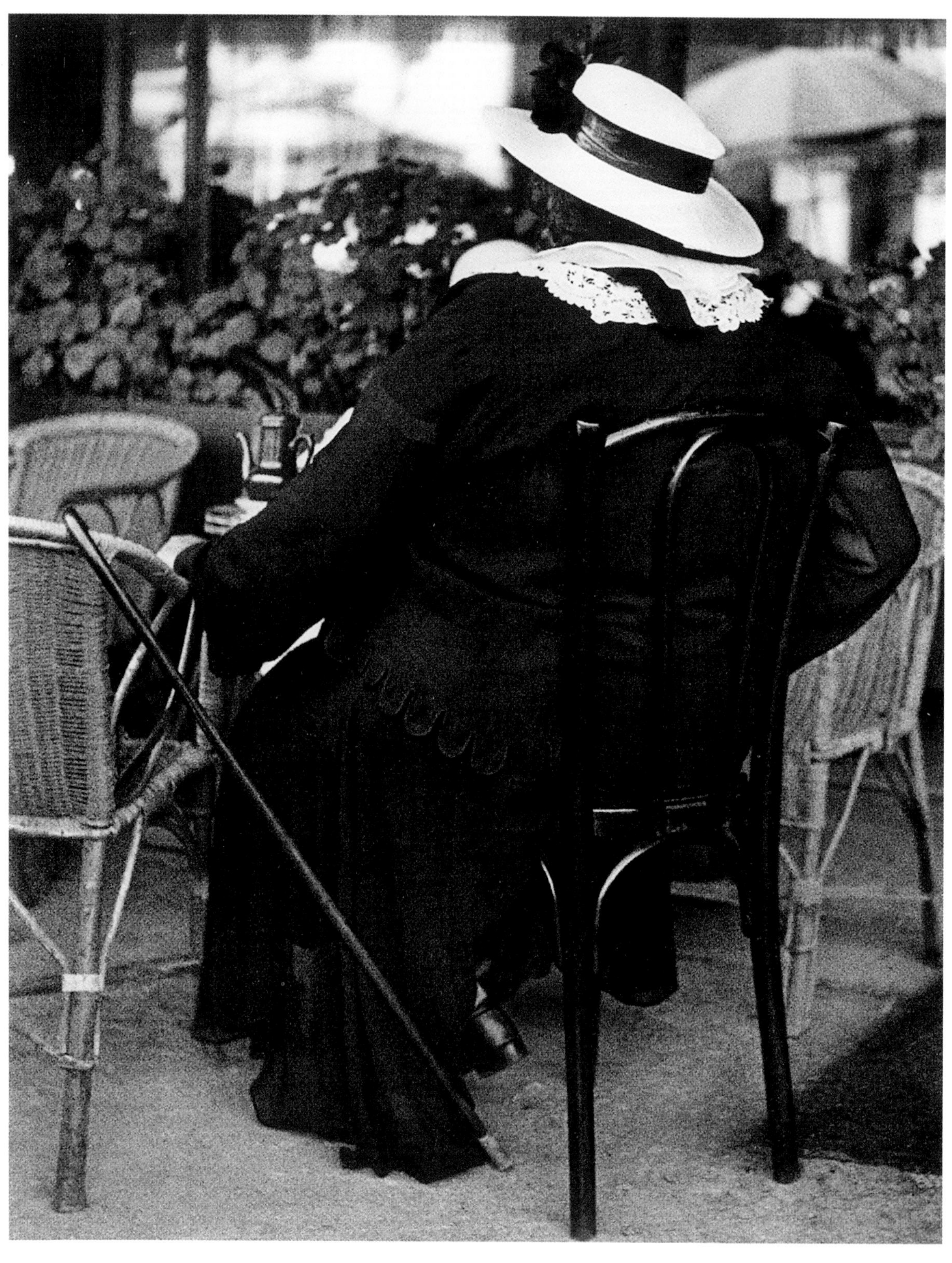

Famous Gambler, Monte-Carlo
c. 1934

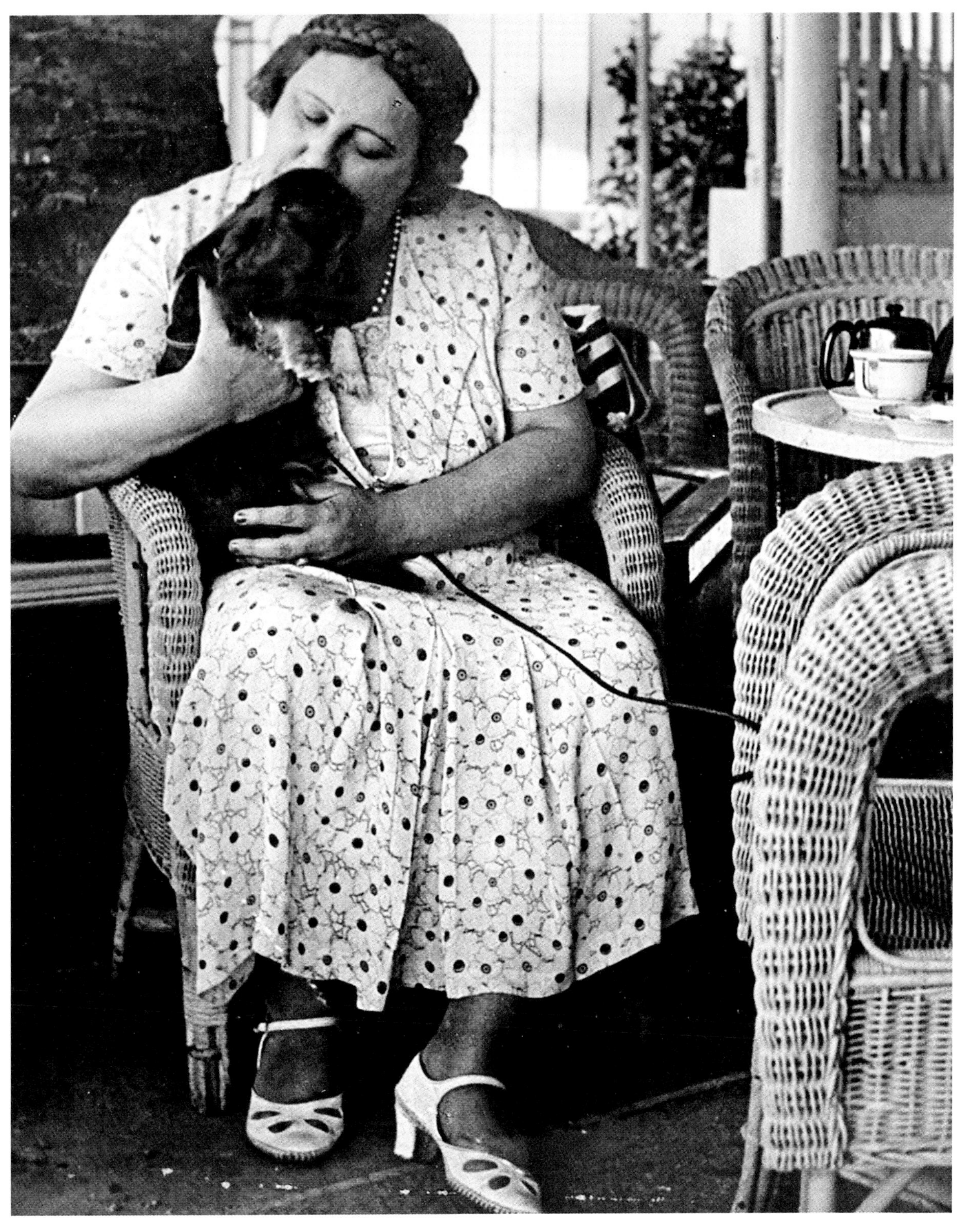

Promenade des Anglais, Nice
1934

Promenade des Anglais, Nice
c. 1934-1937

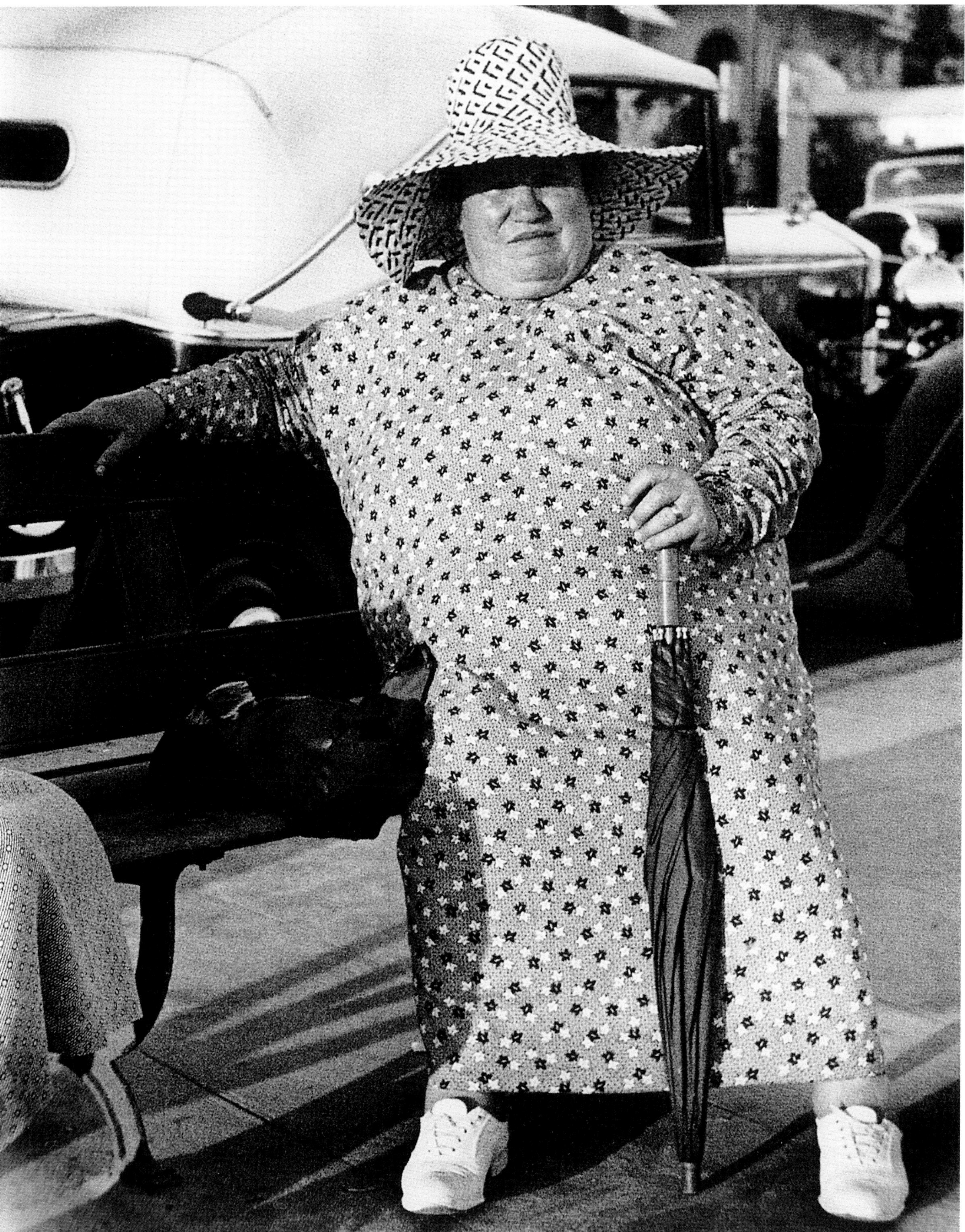

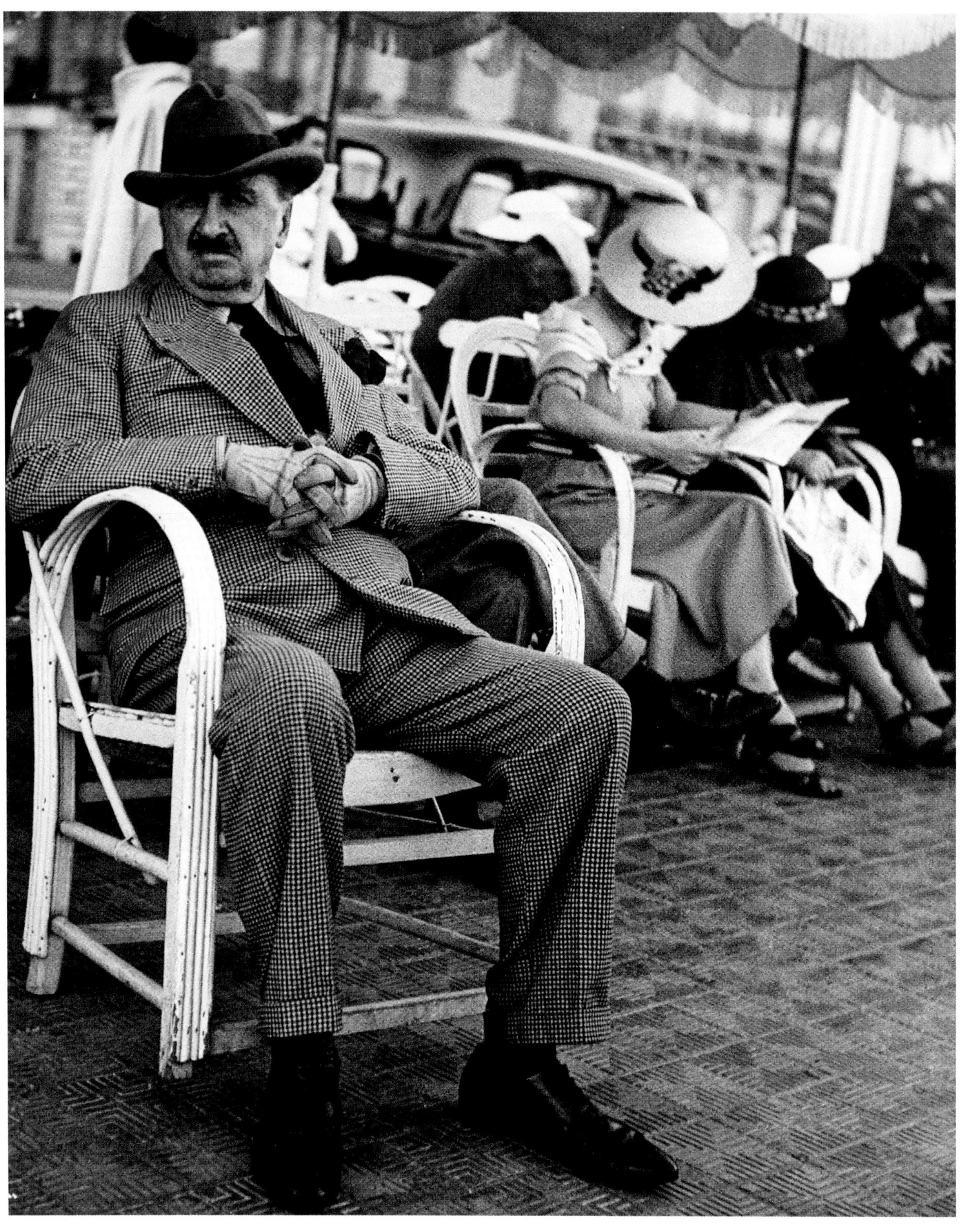

Promenade des Anglais, Nice
c. 1934-1937

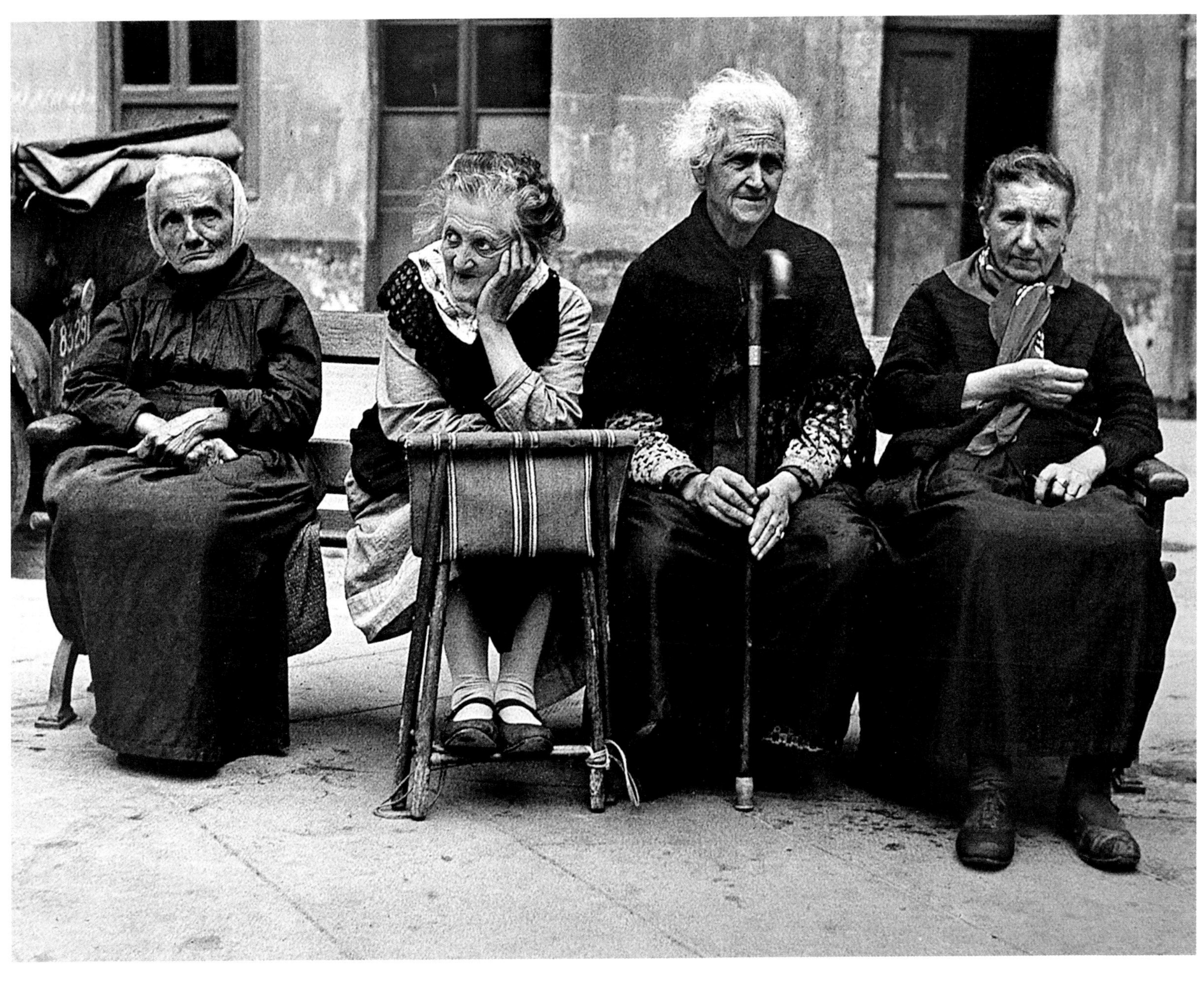

Four Women of Nice
c. 1933-1938

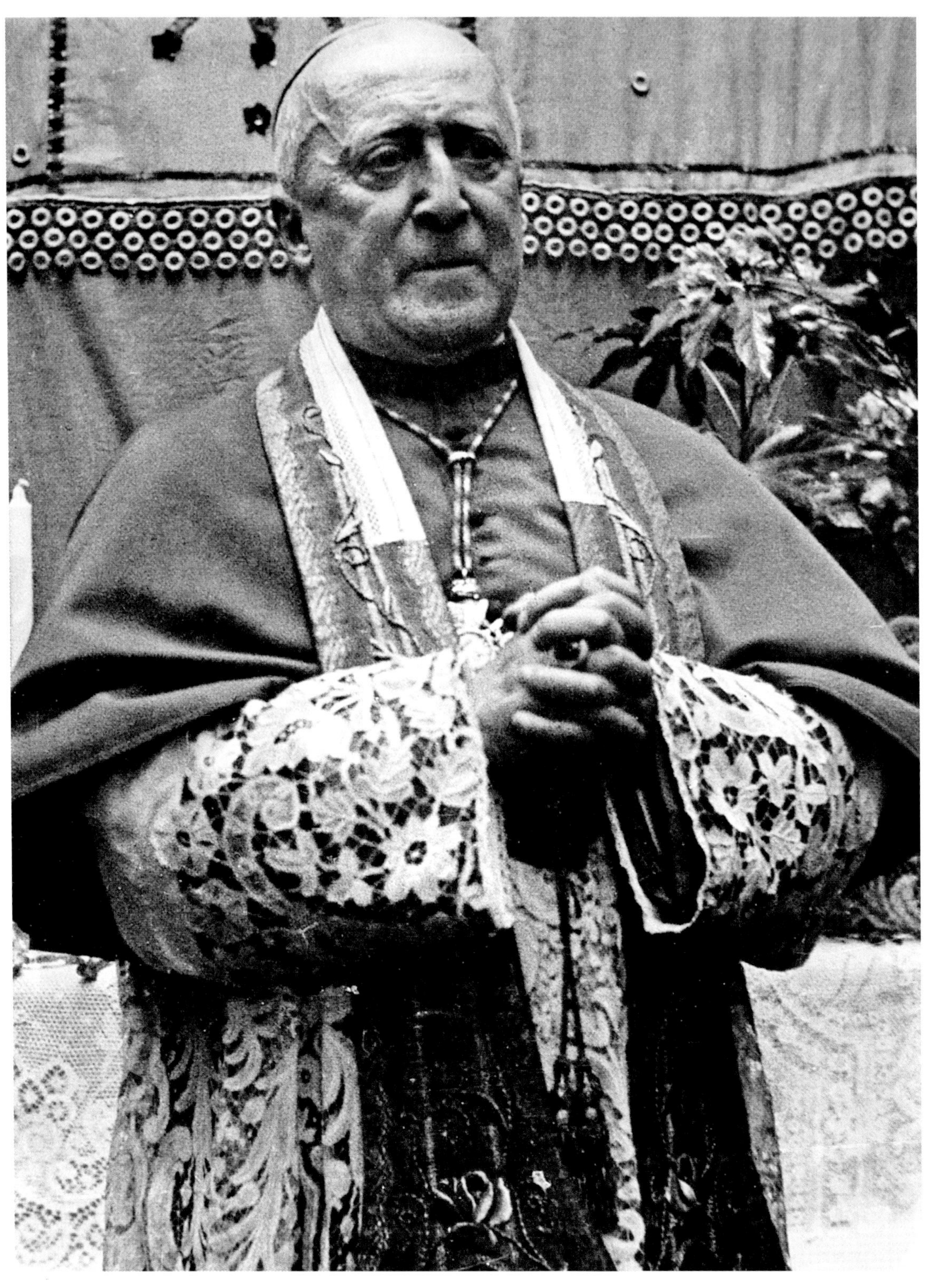

Archevêque, Nice
c. 1933-1938

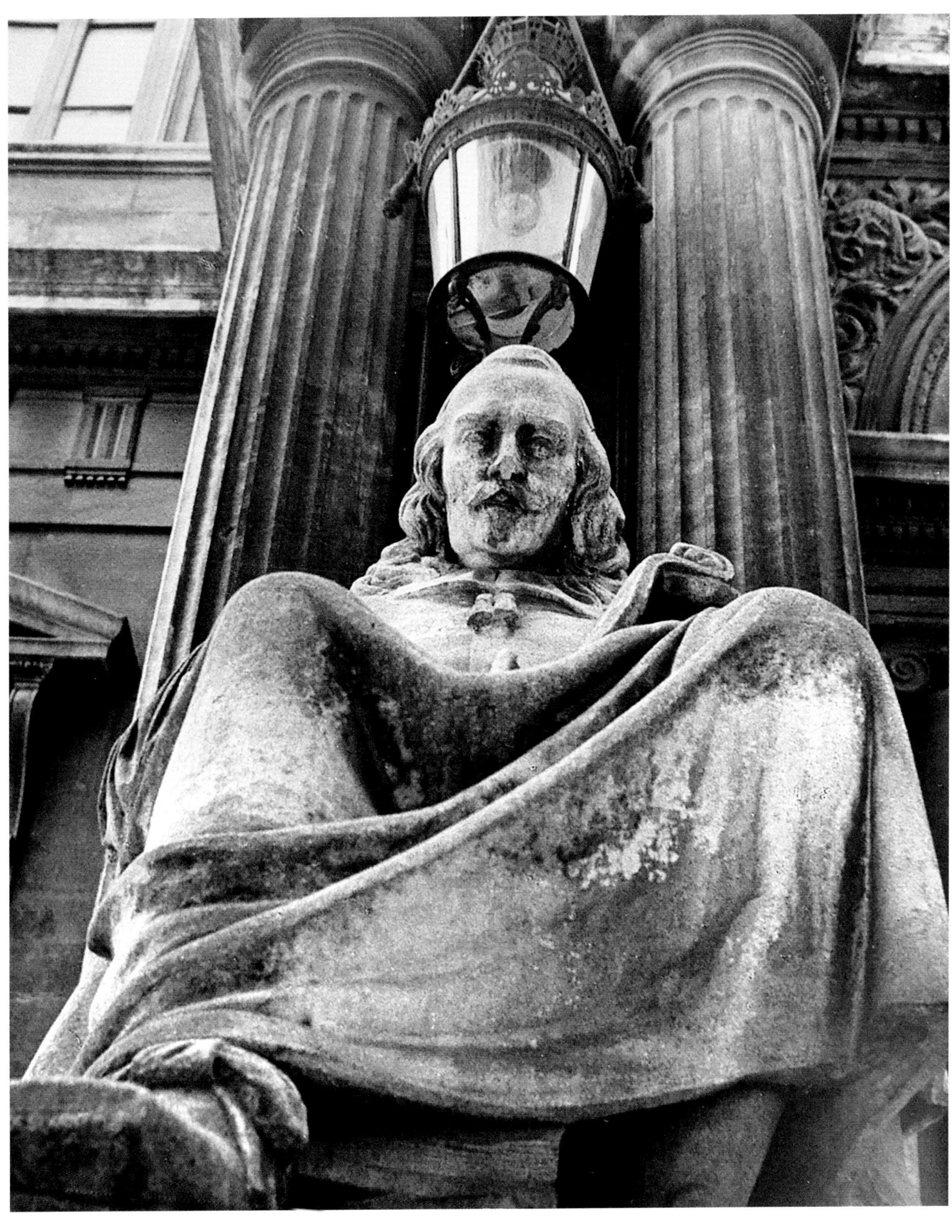

Racine, Avignon
1966

La bellezza delle autostrade, la poesia dei grattacieli
The beauty of highways, the poetry of skyscrapers

Arrivati negli Stati Uniti nel 1938, Evsa e Lisette Model rimangono folgorati da New York, innamorandosene subito. Come i dipinti del marito, le fotografie che Lisette realizza in quei primi anni americani rispecchiano una sensazione di smarrimento e attrazione di fronte a un modo di vivere decisamente diverso da quello di un'Europa ormai sull'orlo della Seconda guerra mondiale. Con un richiamo al lavoro di Eugène Atget, che ritrae gli aspetti più surreali e ambigui della Parigi dell'800, Model fotografa la Grande Mela concentrandosi sugli elementi che maggiormente la colpiscono: le vetrine in cui si specchia la città e la folla che quotidianamente si riversa per le strade. Da un lato, la ricchezza abbagliante del commercio e la bellezza sintetica dei manichini esposti si fondono con il cemento degli edifici circostanti, dall'altro la frenesia di un luogo che sembra non fermarsi mai si manifesta nella moltitudine di piedi che calpestano la Fifth Avenue.
Se in queste due serie, *Reflections* e *Running Legs*, la vera protagonista è la città e i suoi abitanti non sono altro che ombre o sagome che ne riempiono gli spazi, nelle immagini che Model realizza a Lower East Side ritroviamo alcuni dei soggetti della sua prima produzione. I poveri ritratti per strada o i partecipanti ai laboratori della Lighthouse, un'associazione che si occupa di reintrodurre persone con cecità nel mondo del lavoro, ne sono un esempio. In questi scatti emerge un'attenzione nei confronti di tematiche socialmente impegnate, probabllmente stimolata anche dalla frequentazione della Photo League, associazione che nel 1947 era stata inserita nella lista nera del governo, tacciata di diffondere la propaganda comunista e da cui l'autrice dove allontanarsi proprio per evitare ripercussioni in quanto immigrata. Di questo periodo Model dirà: "Era terribile. Non sapevi cosa fotografare"[1]. Non mancano però gli scatti realizzati per "Harper's Bazaar" a eventi mondani, dove ricche signore imbellettate presenziano a lussuose serate di gala, o quelli all'interno di nightclub come Sammy's, Nick's o Gallagher's. La timidezza iniziale è ormai superata.
I tagli si fanno sempre più ravvicinati mentre i contrasti spinti esasperano le pose grottesche e le imperfezioni di chi viene ritratto. Lo sguardo è deliberatamente rivolto a persone che non rispondono agli ideali classici di bellezza, abbandonando anche quell'indulgenza nei confronti dei propri soggetti tipica di un certo tipo di fotografia documentaria che in quegli anni era la più diffusa.

1 H. Gee, *Photography of the Fifties*, Center for Creative Photography, University of Arizona, Tucson 1980, p. 4.

Arriving in the United States in 1938, Evsa and Lisette Model are dazzled by New York and immediately fall in love with it. Like her husband's paintings, Lisette's photographs in those early American years reflect feelings of bewilderment and enticement before a lifestyle so decidedly different from the one in Europe, by now on the brink of World War II. Echoing the work of Eugène Atget, which depicts the most surreal and ambiguous aspects of Paris in the 1800s, Model photographs The Big Apple focussing on the elements that most affect her: the shop windows in which the city is reflected and the crowds that daily pour into the streets. On one hand, the glittering riches of business and the artificial beauty of the mannequins on display merge with the surrounding concrete buildings; on the other hand, the frenzy of a place that never seems to sleep is manifest in the multitude of feet stomping along Fifth Avenue.
If in these two series, *Reflections* and *Running Legs*, the real protagonist is the city, its inhabitants are nothing more than shadows or silhouettes filling its spaces; in the pictures that Model takes in the Lower East Side, we find some of the subject matter of her early work. The poor portrayed in the streets, or the Lighthouse workshop participants, an association that procures employment for the blind, are such examples. These shots express an interest in socially engaged themes, possibly also inspired by attending the Photo League, an association that in 1947 was blacklisted by the government and accused of spreading communist propaganda and from which the artist, being a migrant, had to distance herself to avoid repercussions. Of this period Model would state: "It was terrible. You didn't know what to photograph."[1] Though there is no shortage of shots at social events for *Harper's Bazaar*, where rich ladies caked in make-up preside over luxurious gala evenings, or from inside nightclubs such as Sammy's, Nick's or Gallagher's. The initial bashfulness has now been overcome. The settings keep getting closer, while harsh contrasts exaggerate the grotesque poses and the imperfections of those being portrayed. The gaze is deliberately aimed at people who do not represent the classic beauty ideal, and it even relinquishes the indulgence before her subjects that is typical of a certain kind of documentary photography, which in those years was the most widespread.

1 H. Gee, *Photography of the Fifties*, Center for Creative Photography, University of Arizona, Tucson 1980, p. 4.

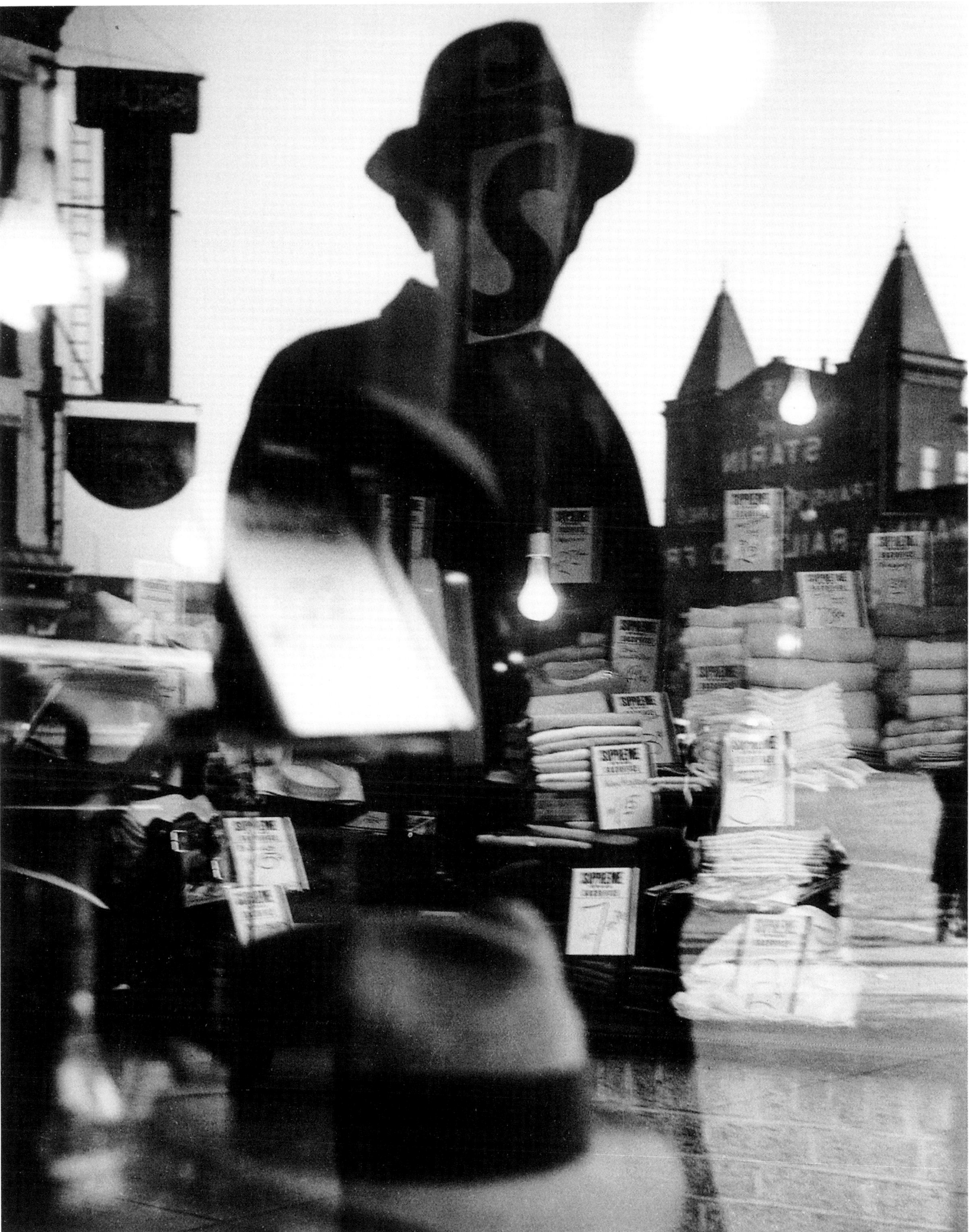

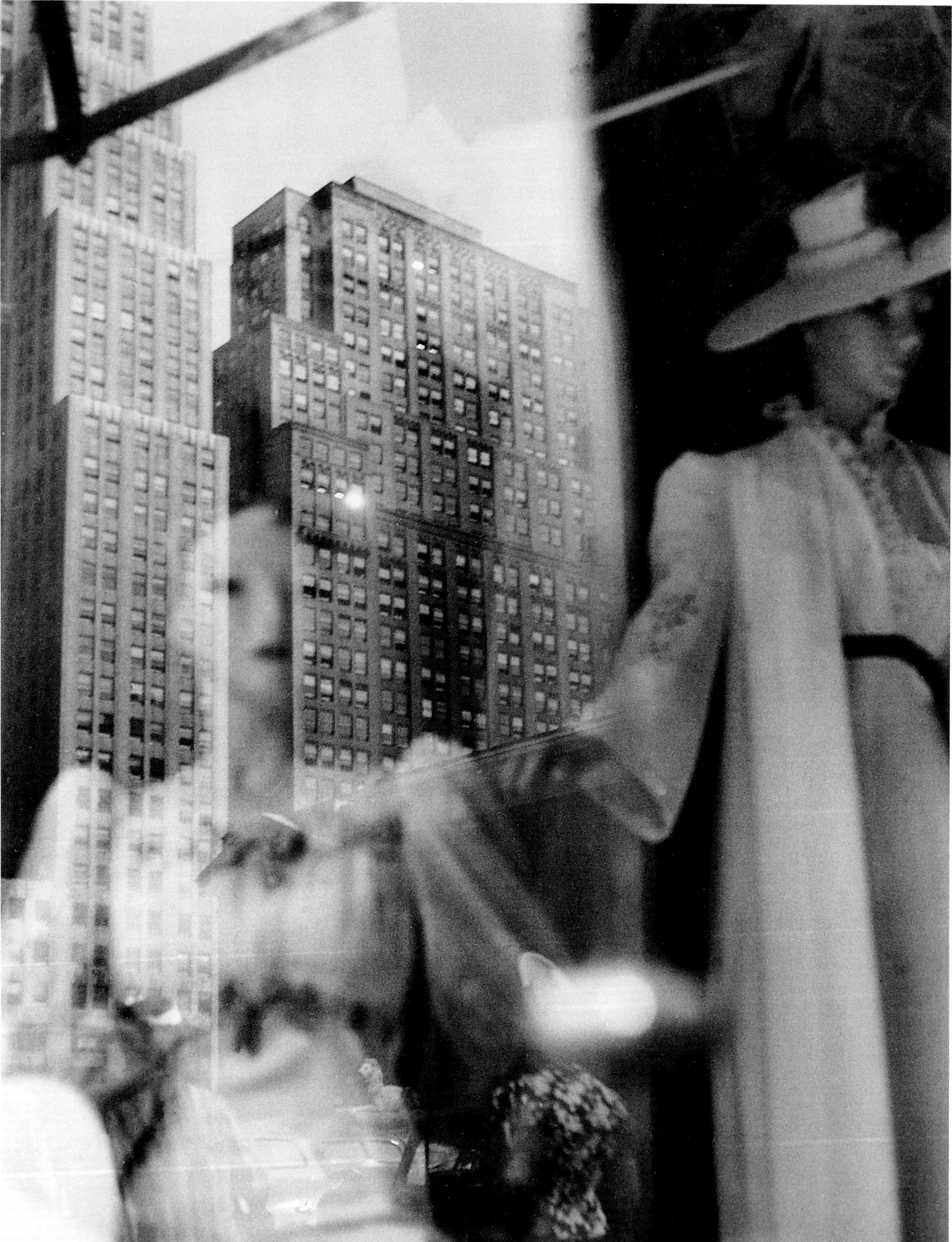

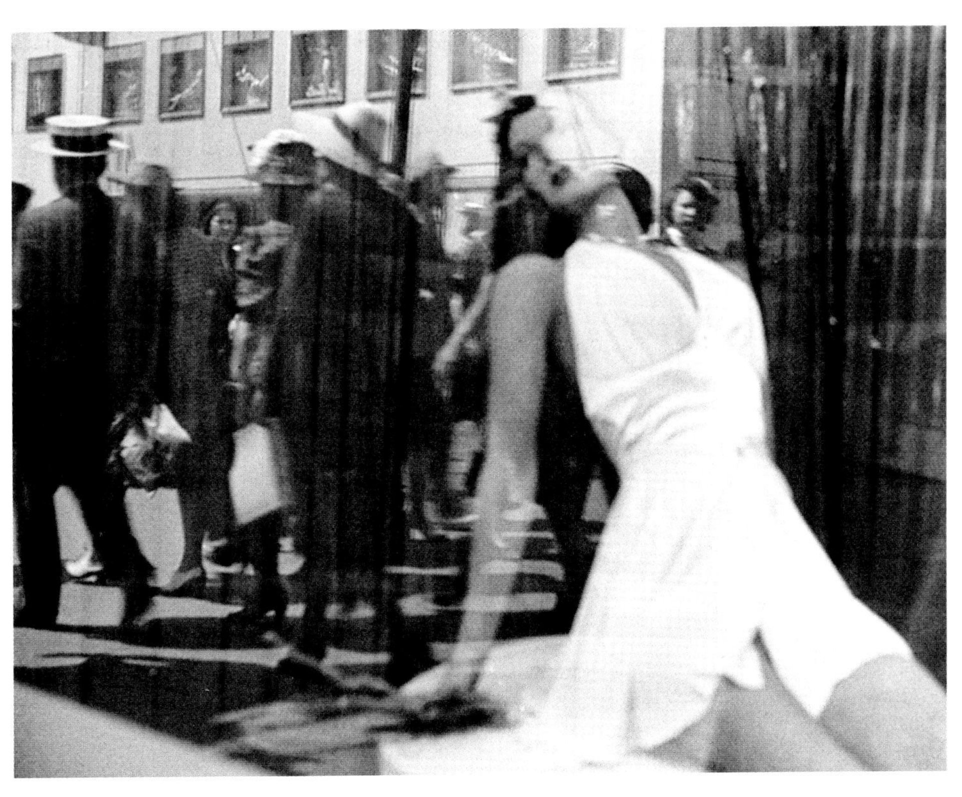

p. 57
First Reflections, New York
c. 1939-1940

Reflections, 5th Avenue, New York
c. 1939-1945

Reflections, New York
c. 1939-1940

Reflections, New York
c. 1939

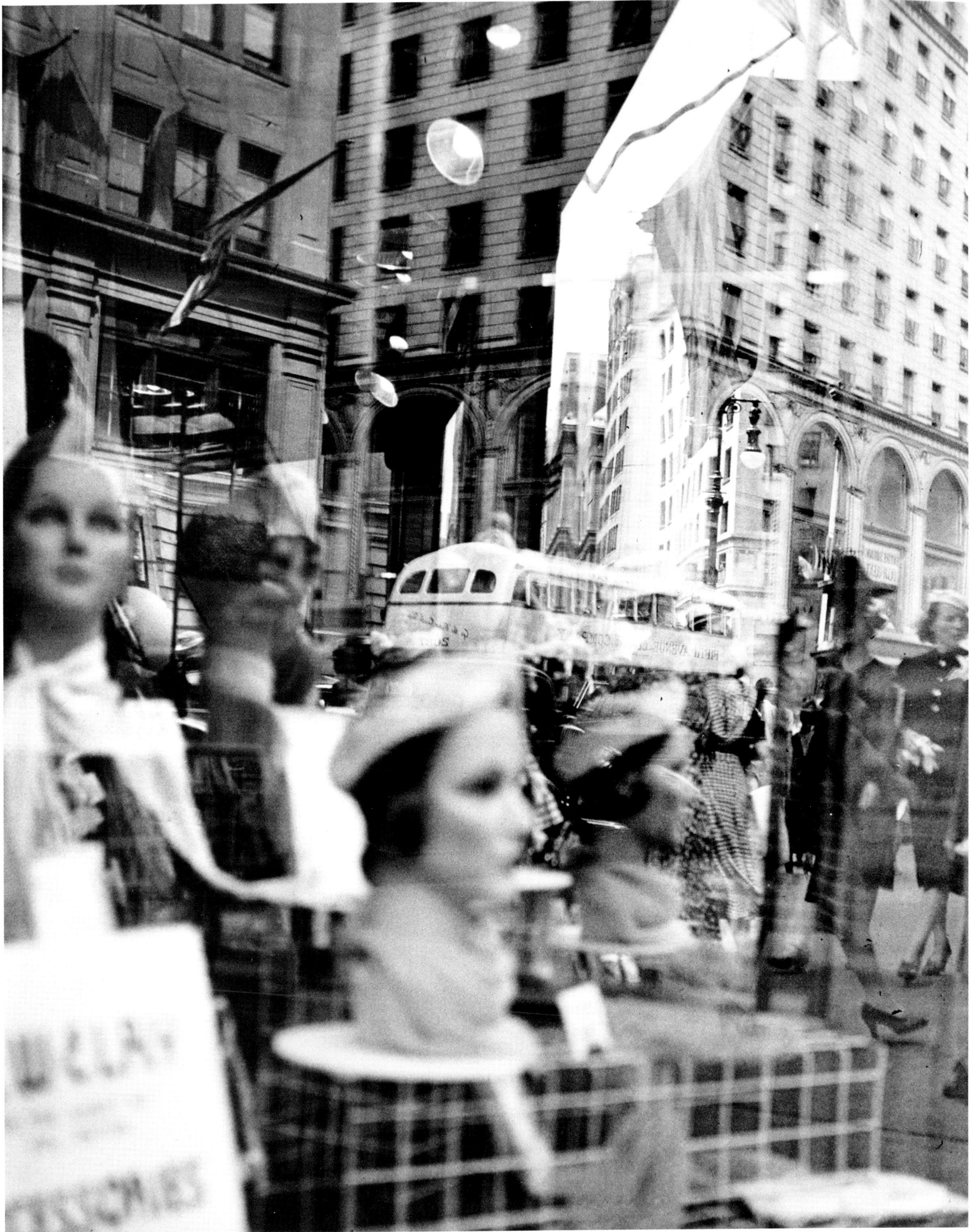

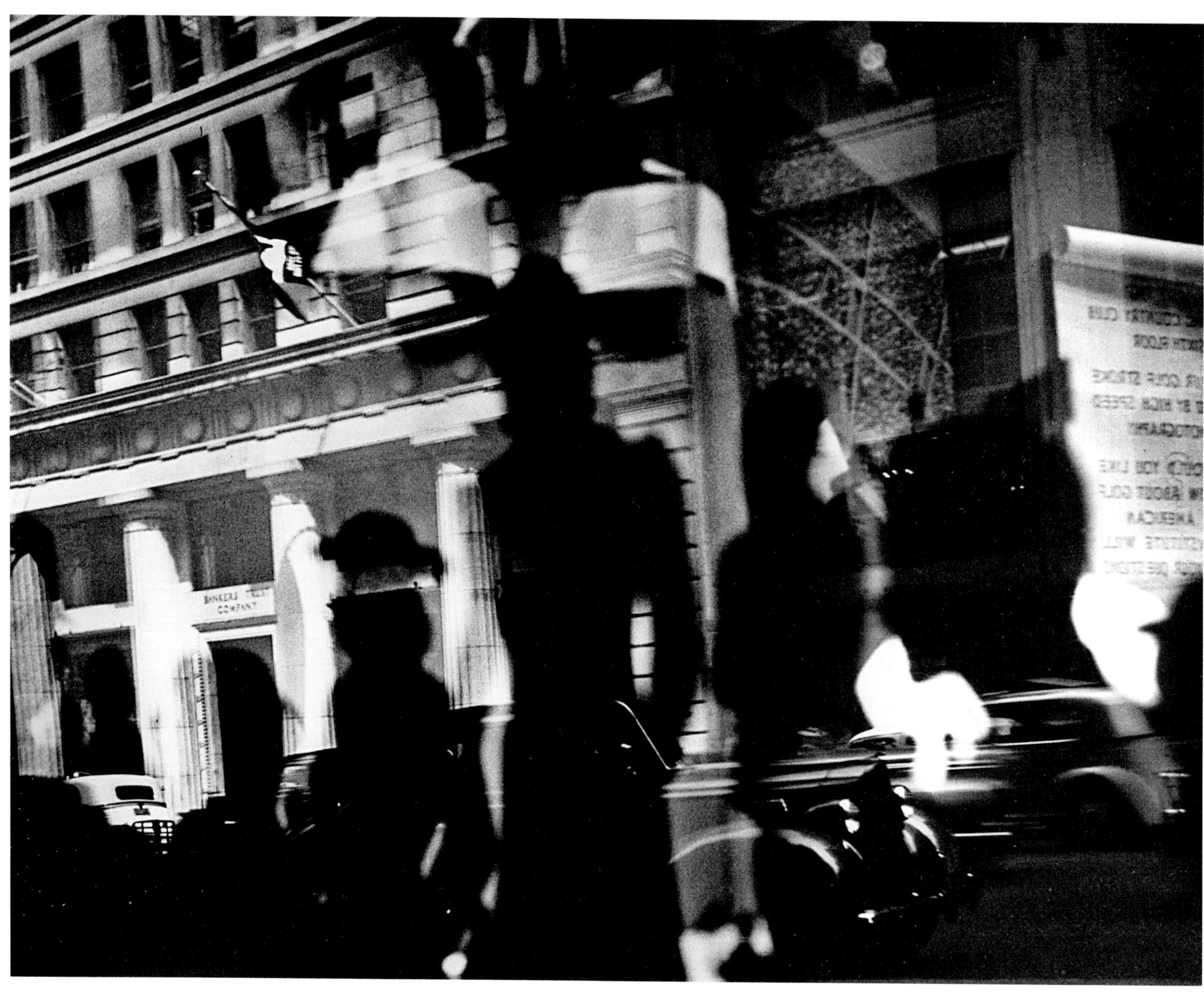

Reflections, Rockefeller Center, New York
c. 1945

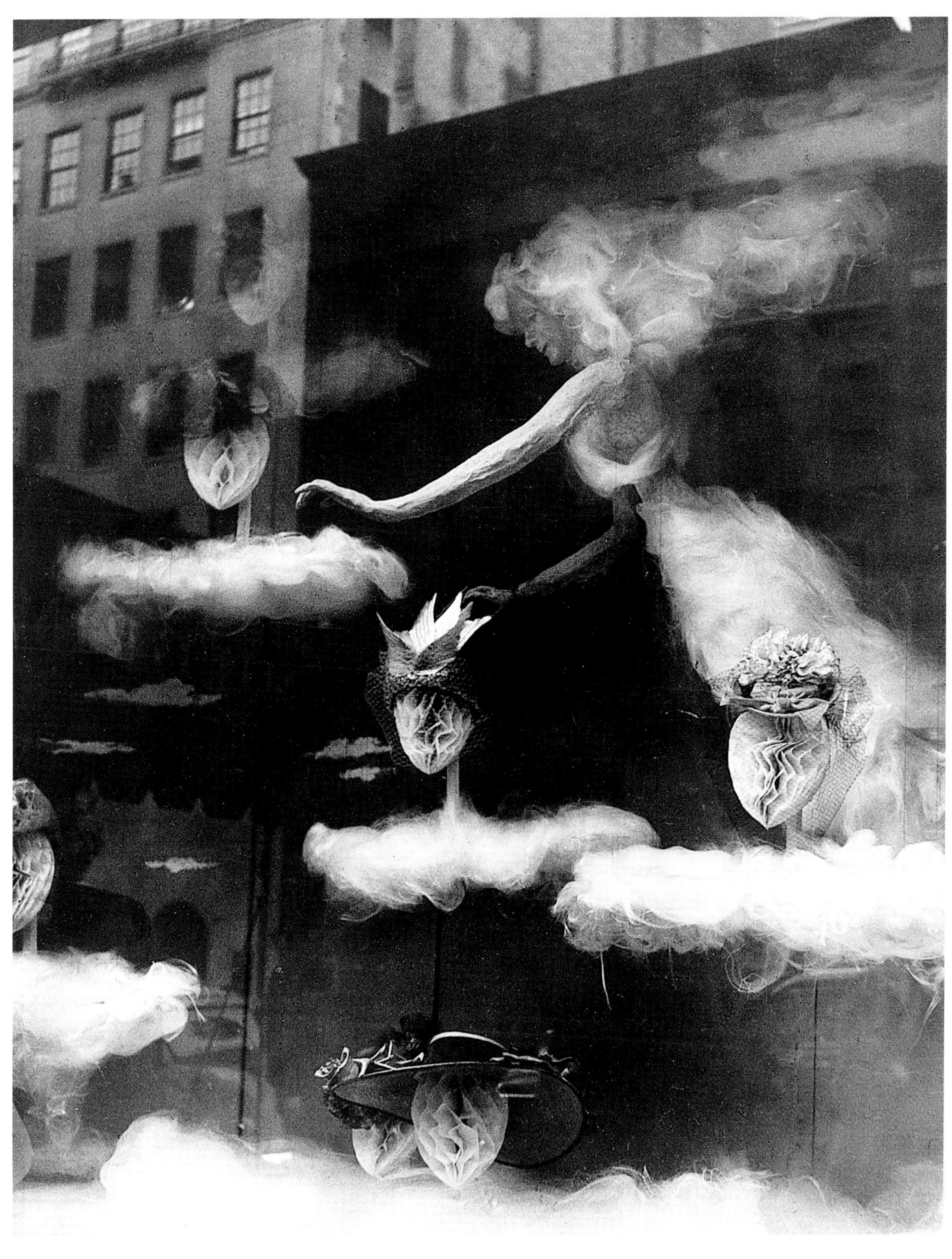

Reflections, Angel, New York
c. 1939-1945

Reflections, Through Window, 5th Avenue, New York
c. 1939-1945

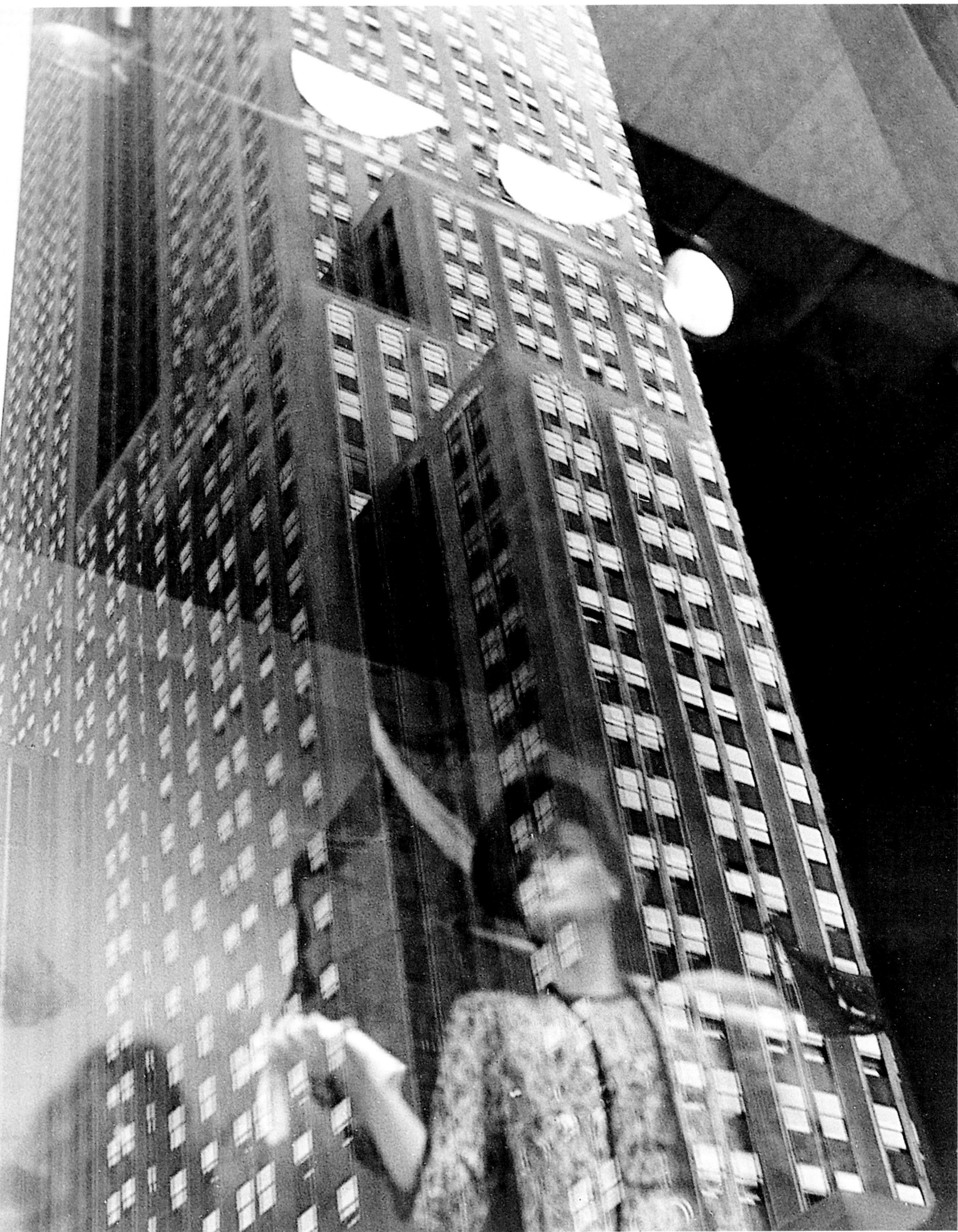

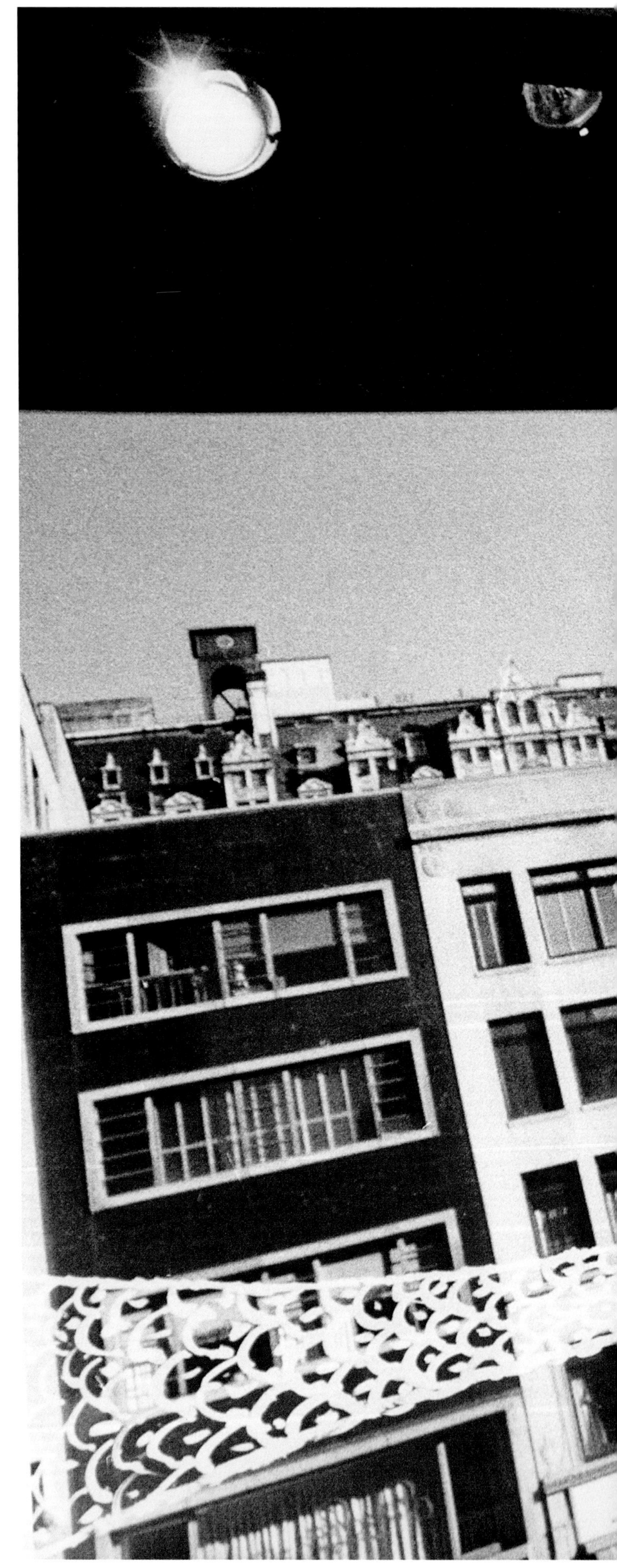

Reflections, Glamour, New York
1970

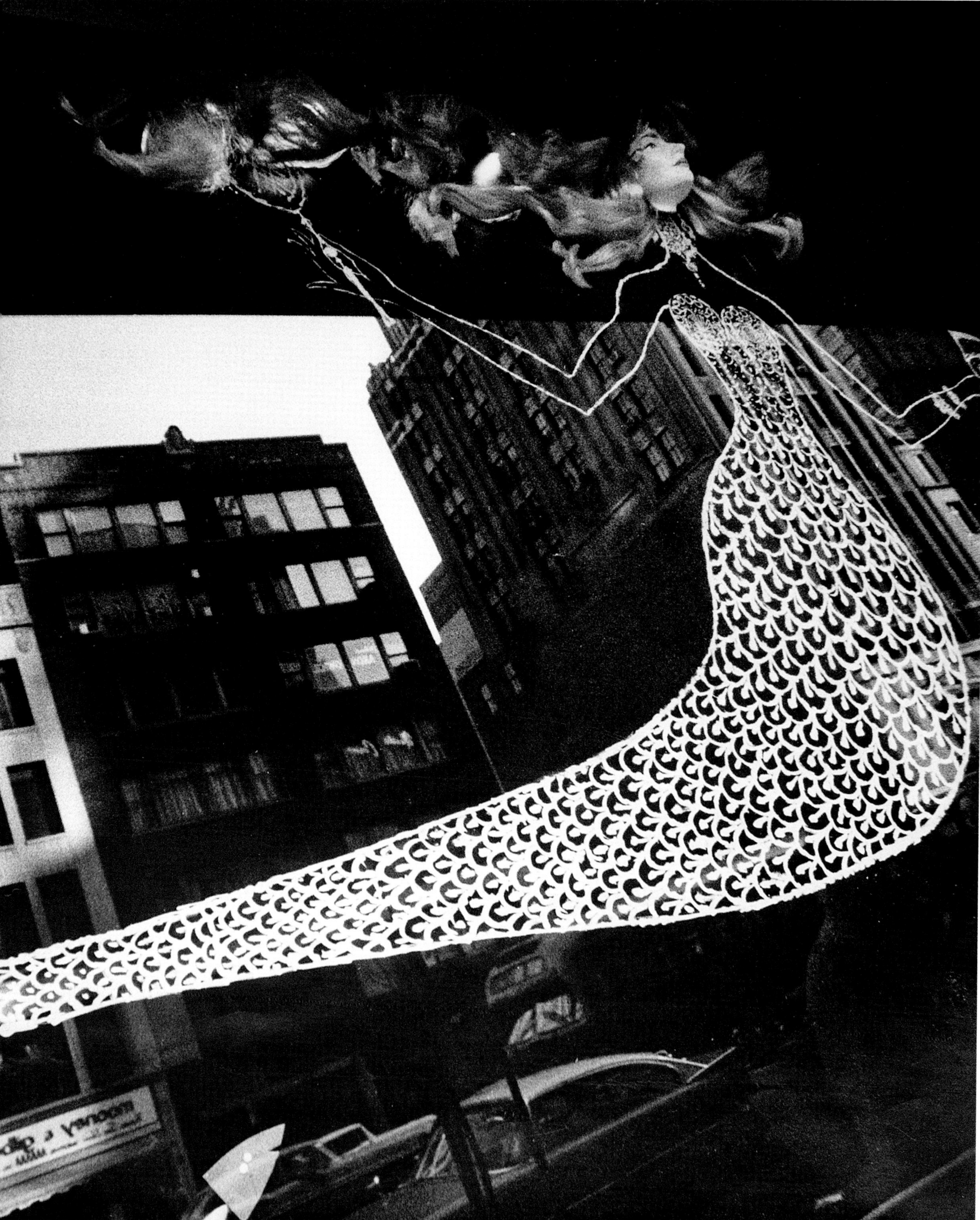

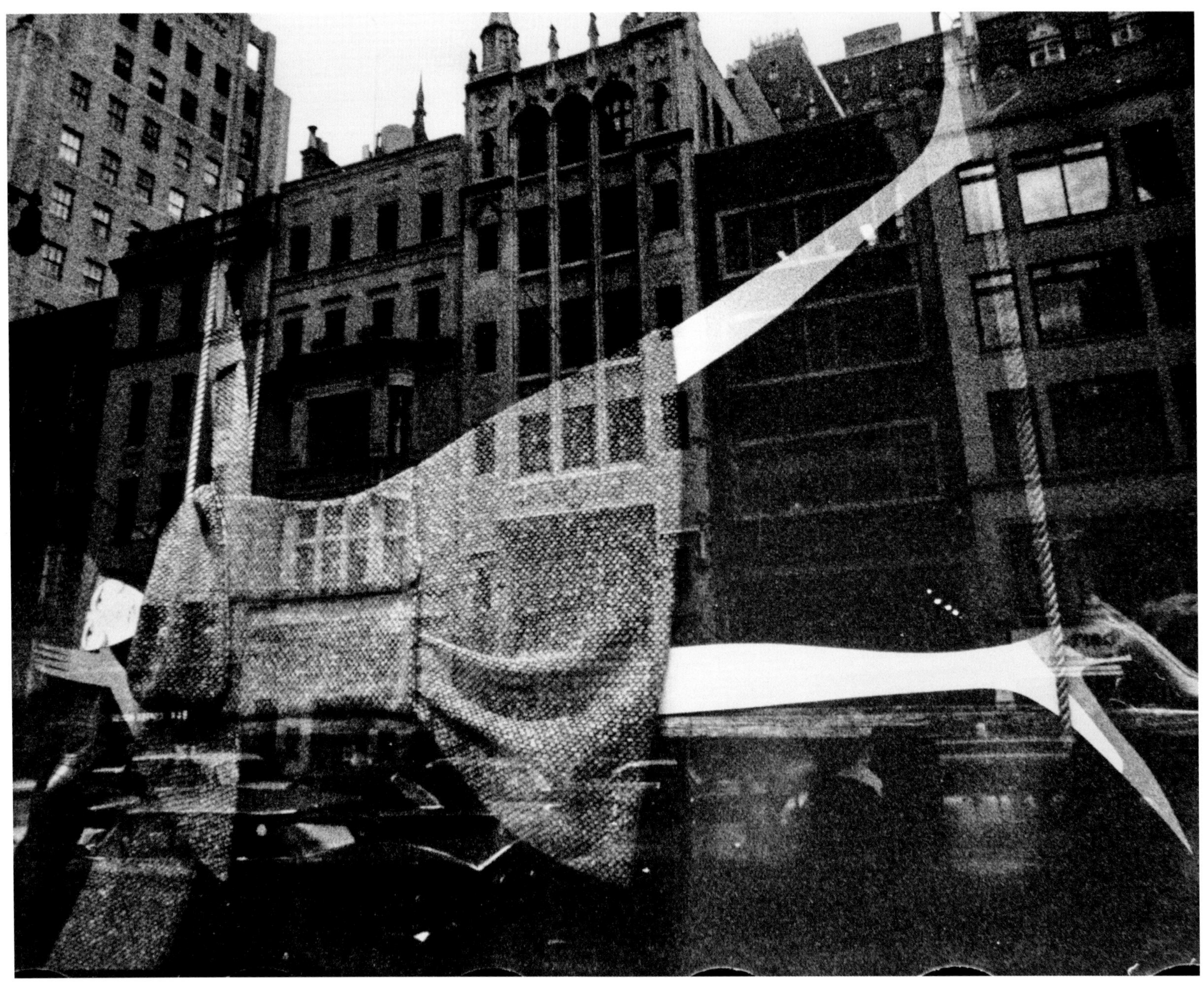

Reflections, New York
1970

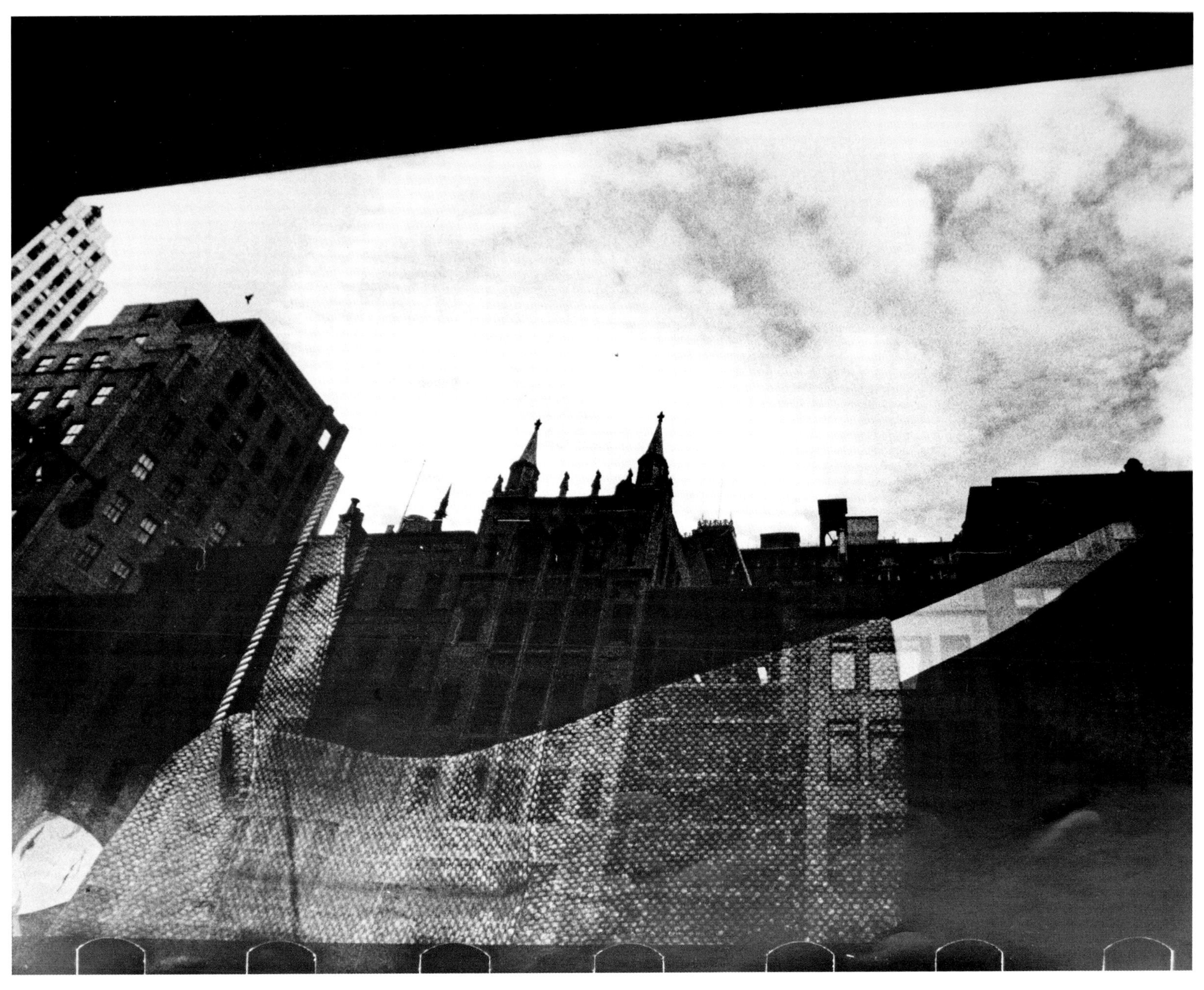

Reflections, 45th Street, New York
1970

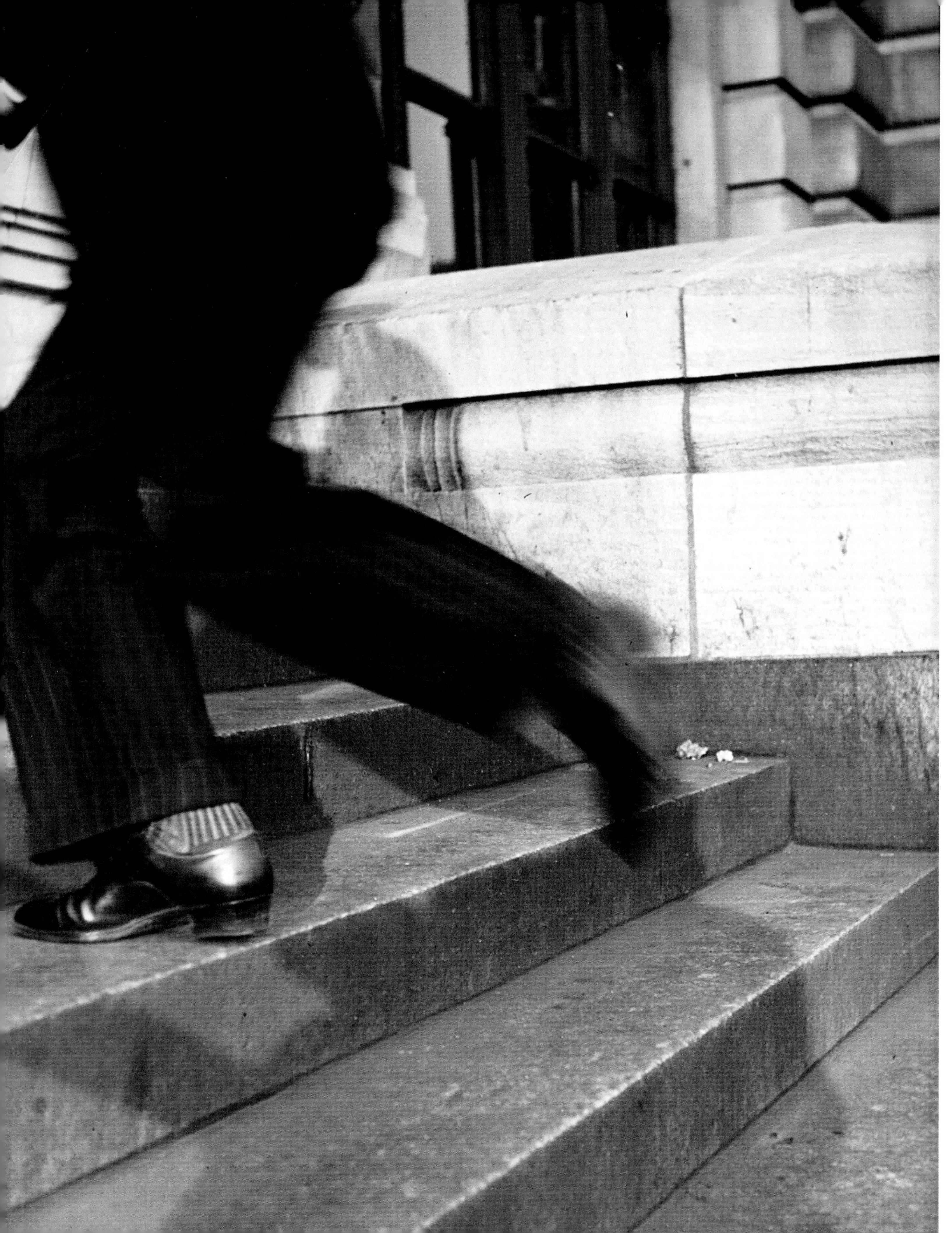

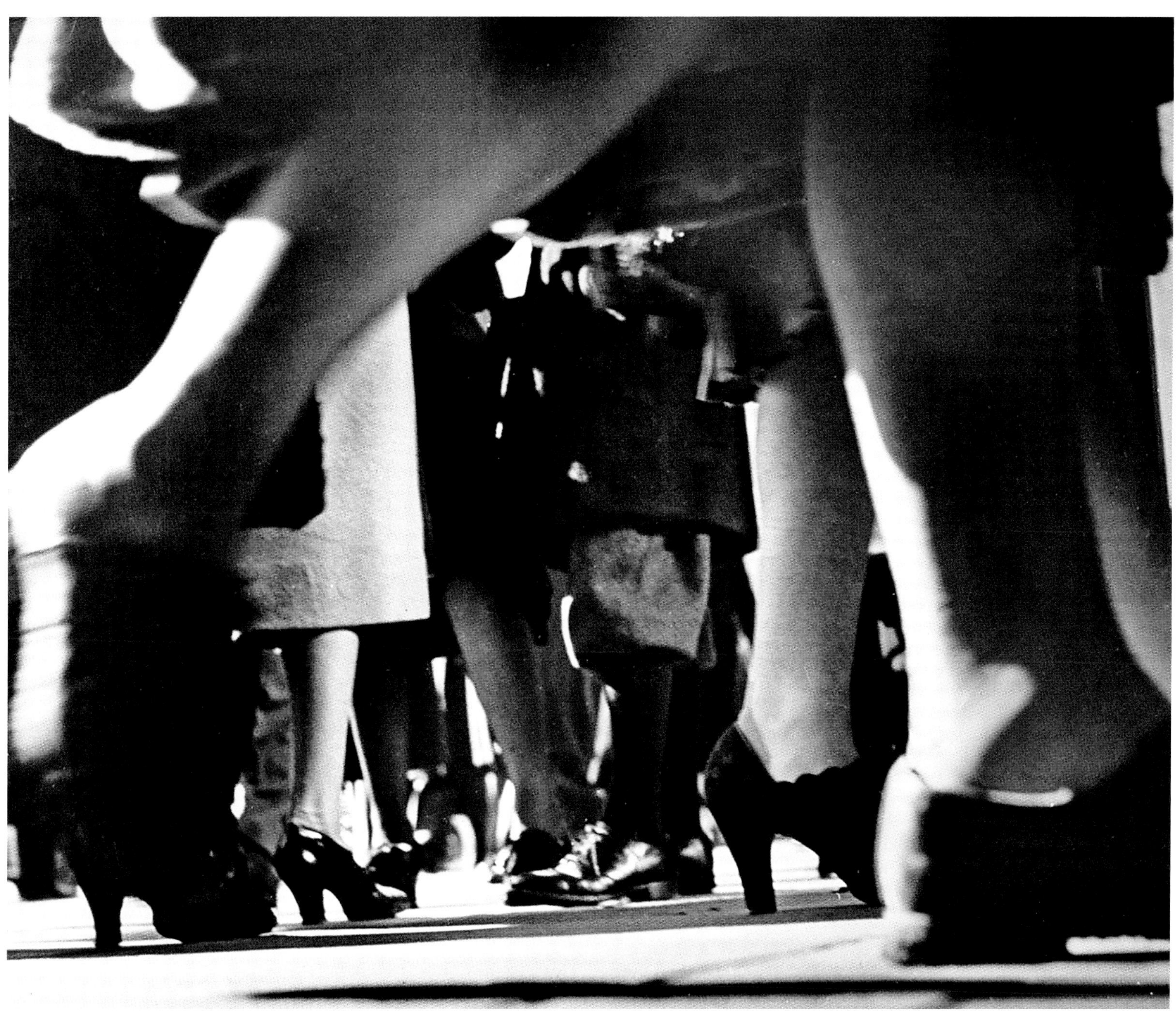

Running Legs, Steps, New York
c. 1940-1941

Running Legs, 42nd Street, New York
c. 1940-1941

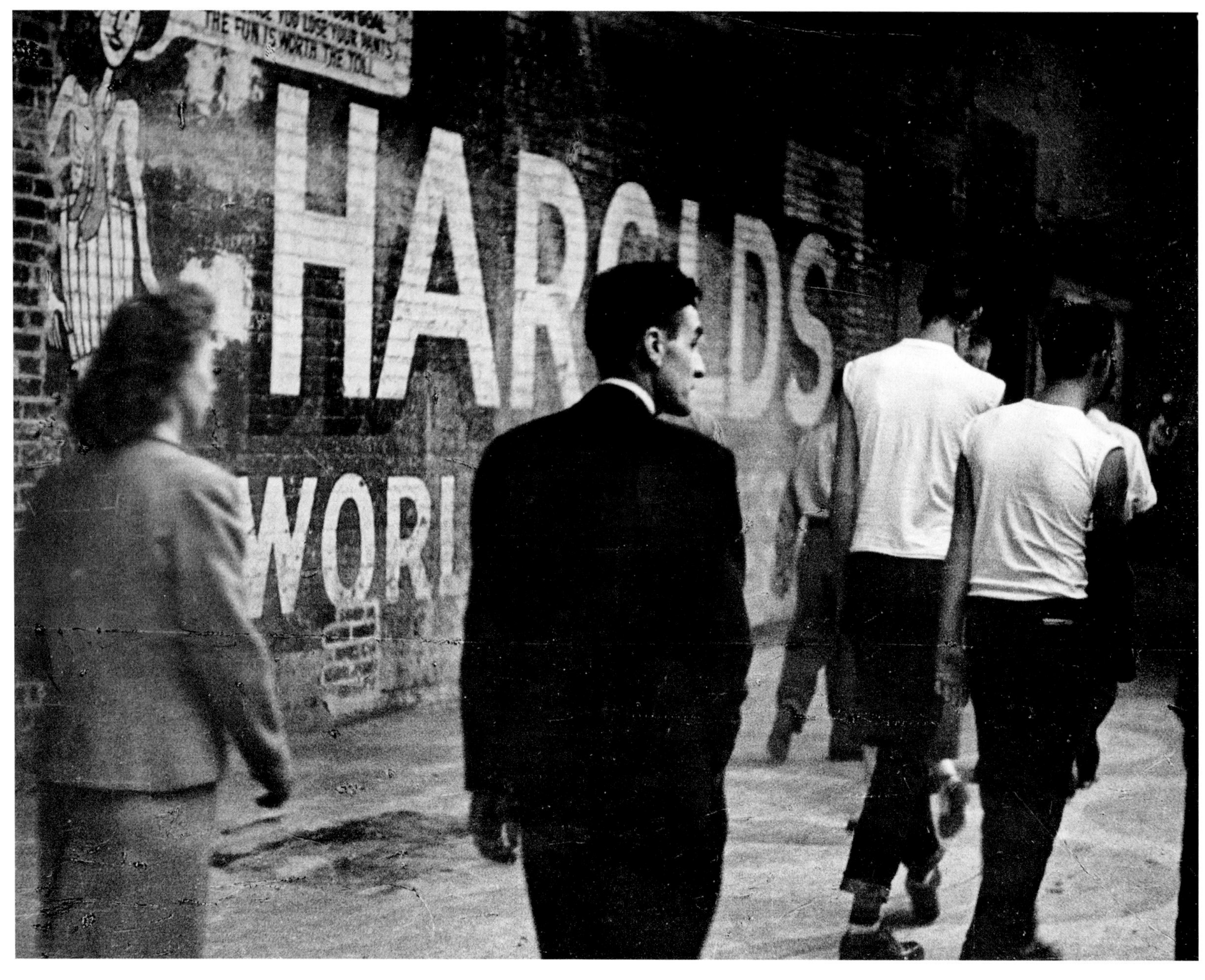

Walking along a wall, Las Vegas
c. 1949

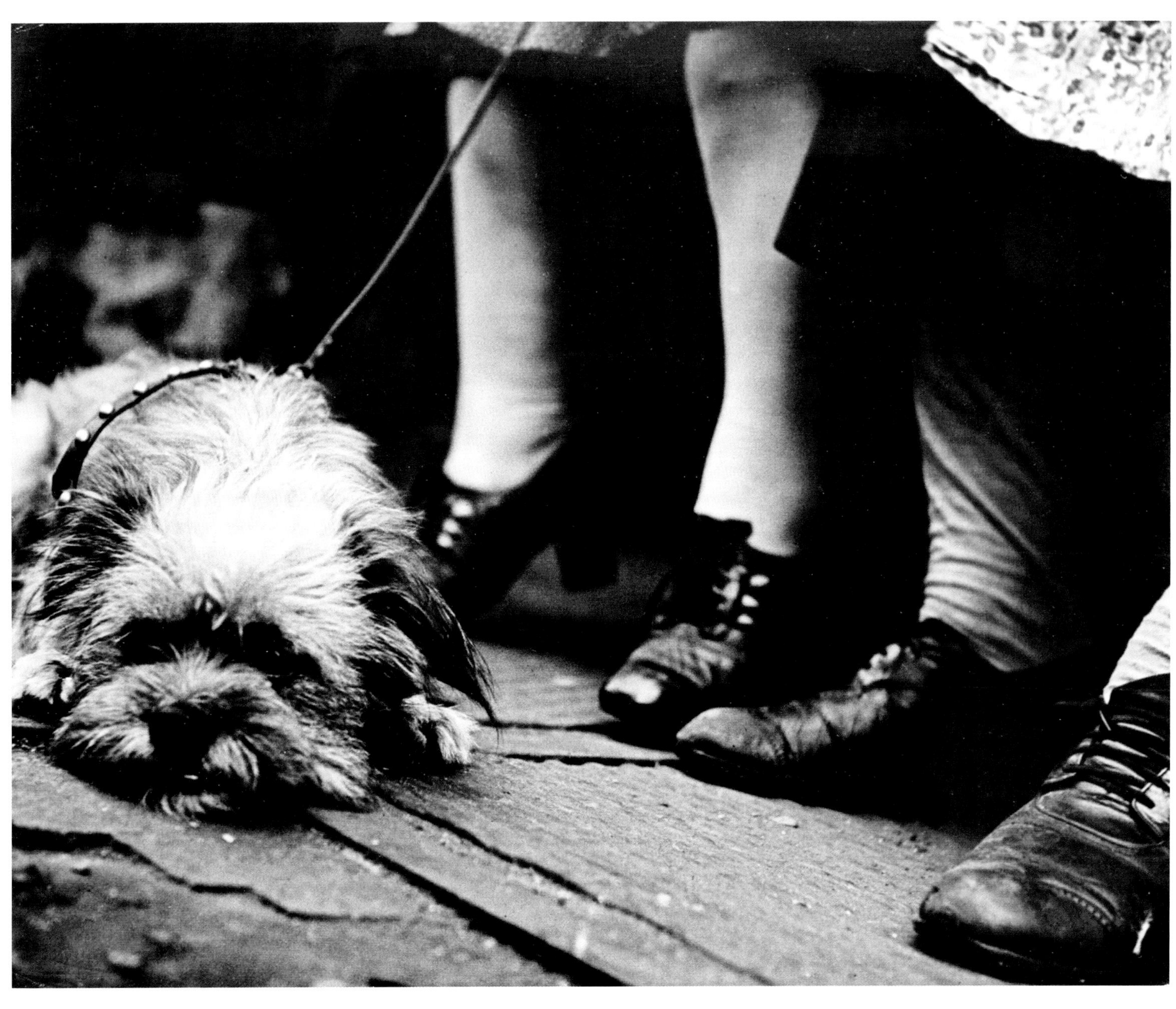

Lower East Side, New York
c. 1940-1947

Lower East Side, New York
c. 1939-1945

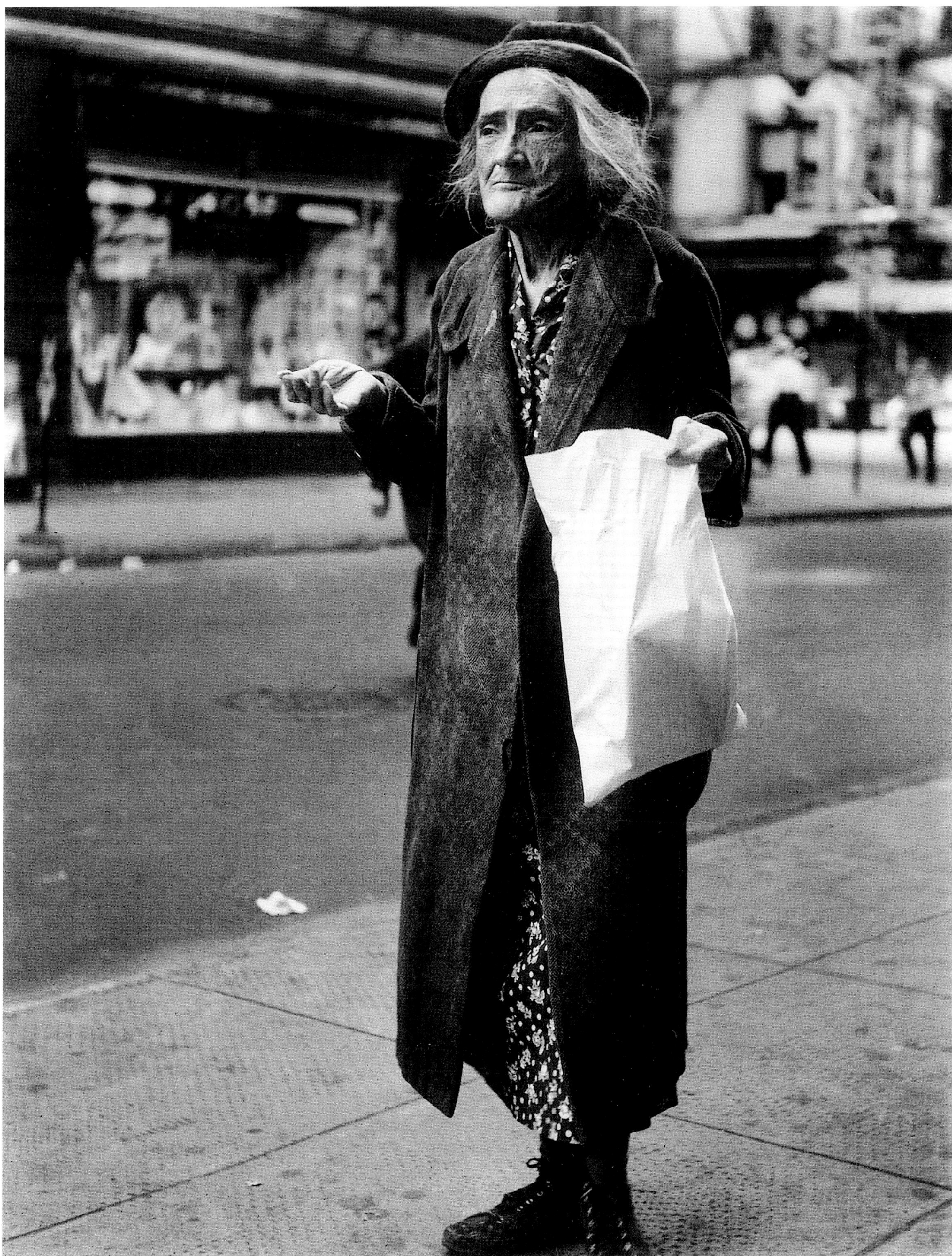

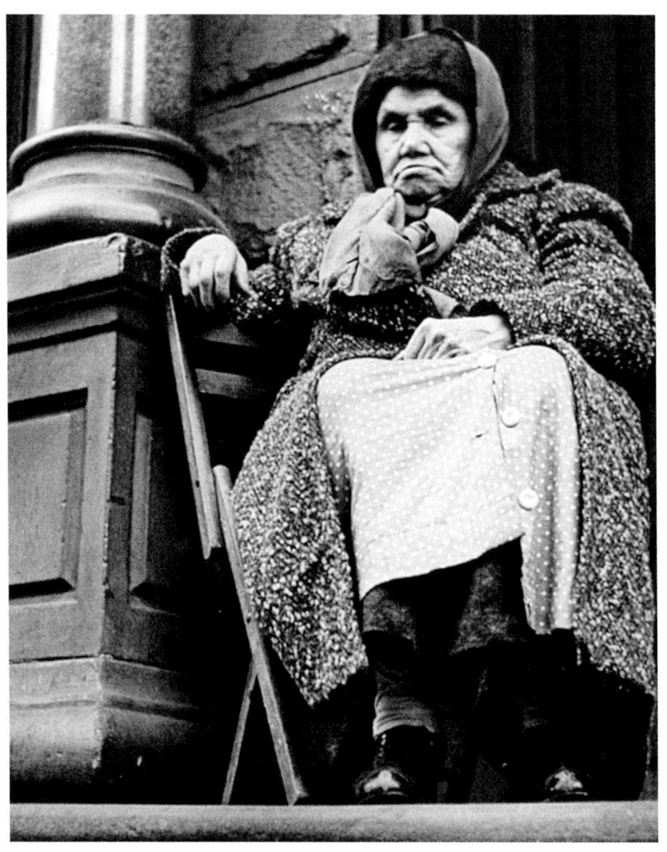

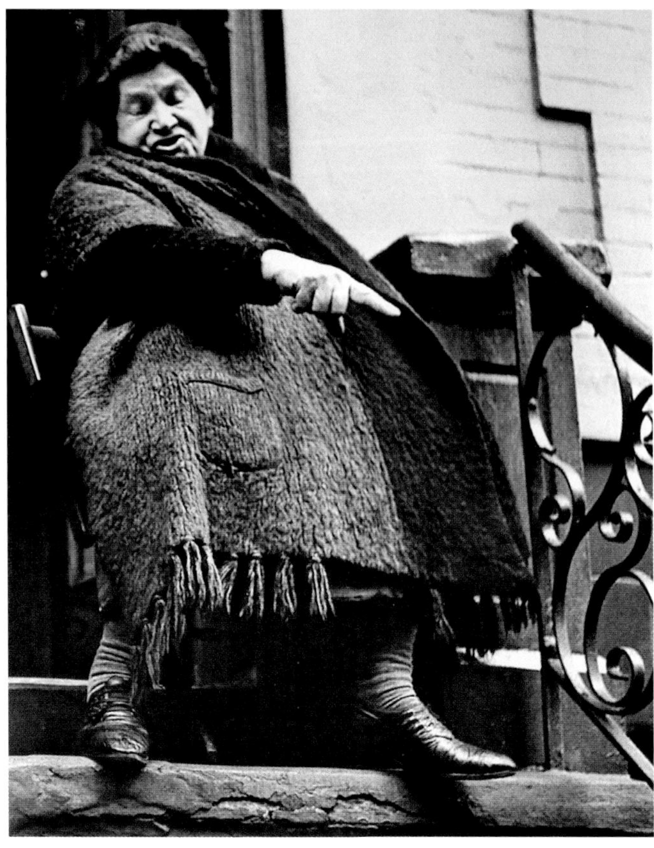

Lower East Side, New York
c. 1939-1945

Lower East Side, New York
c. 1942

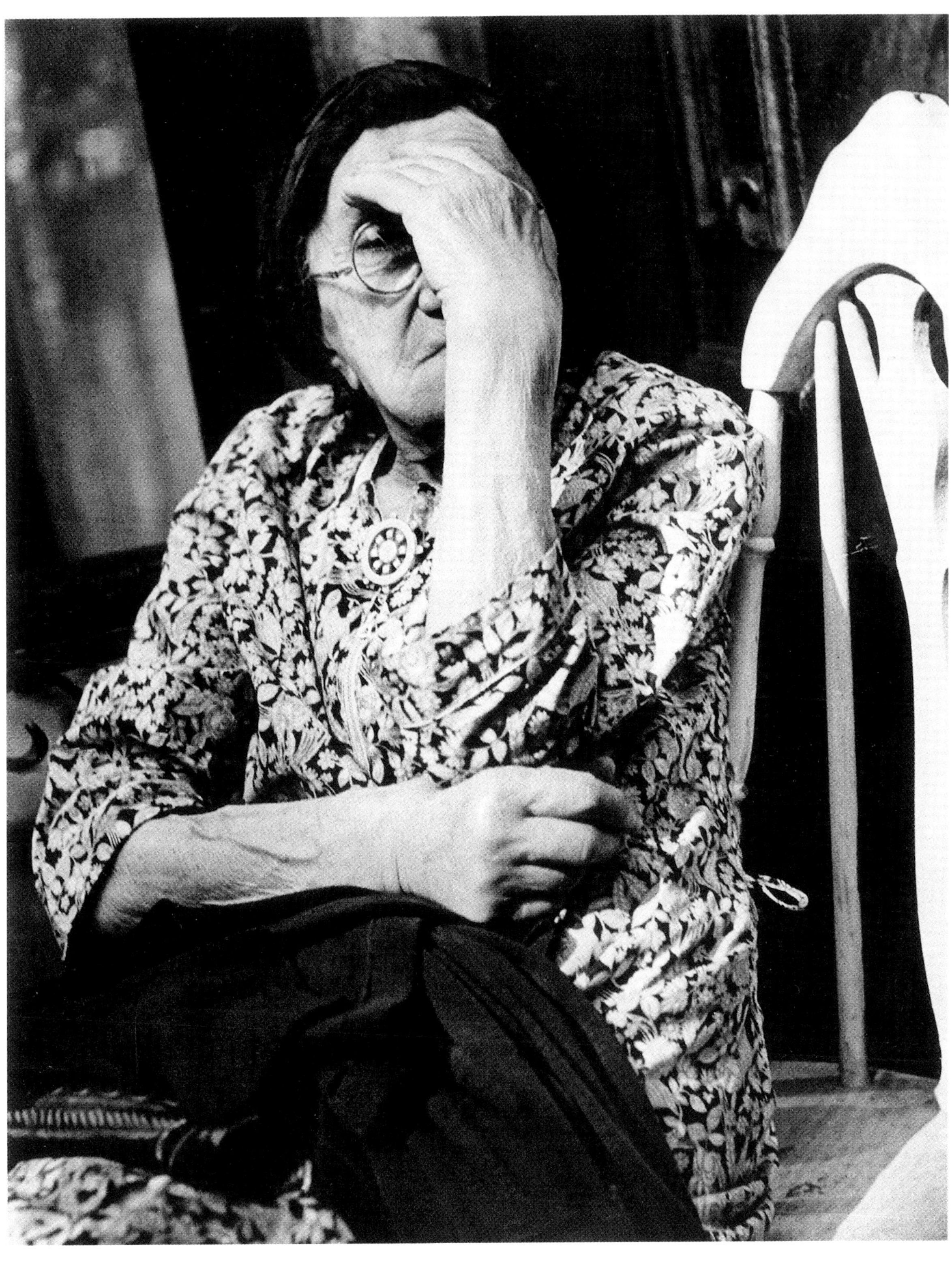

Lower East Side, New York
c. 1939-1945

Lower East Side, New York
c. 1939-1942

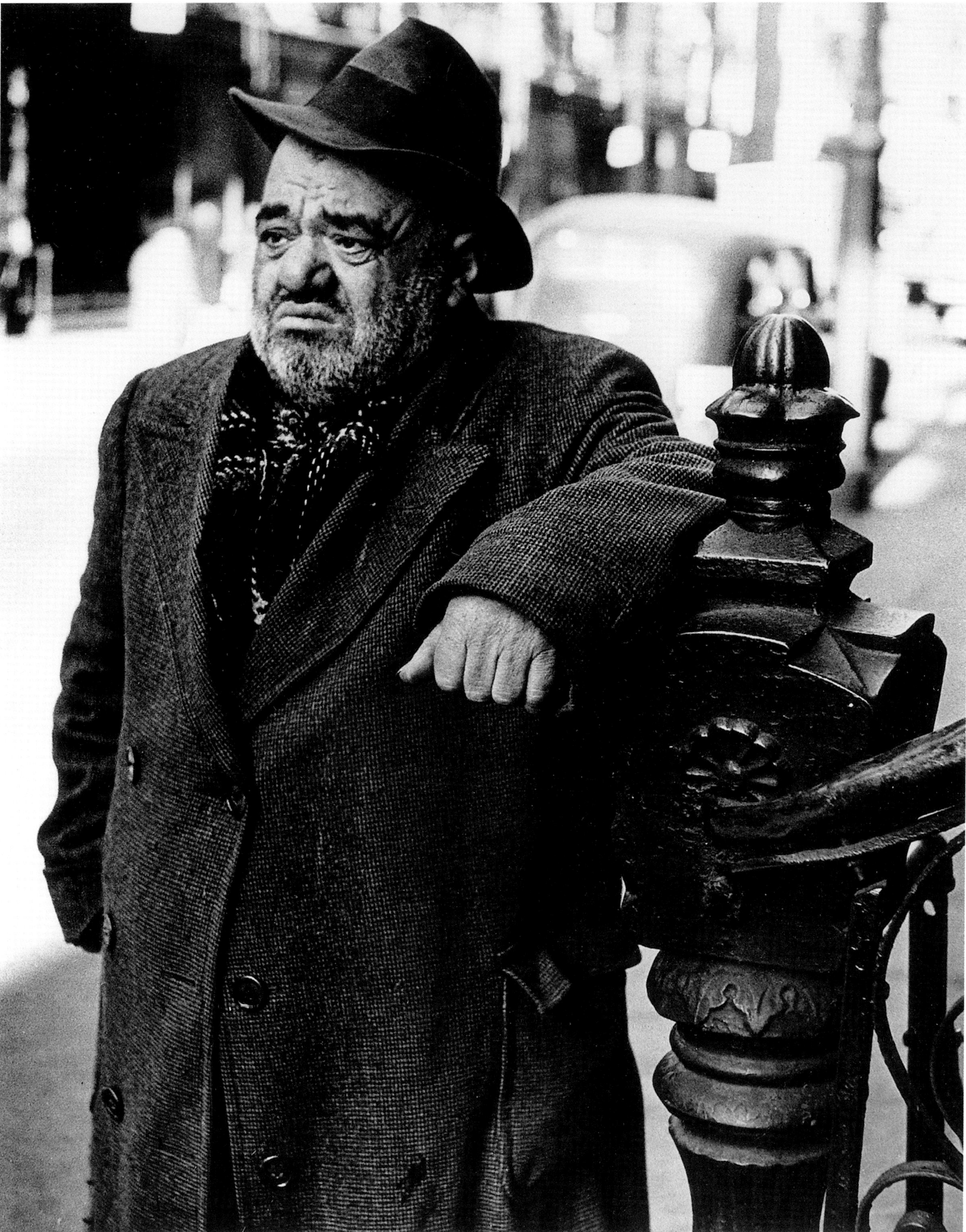

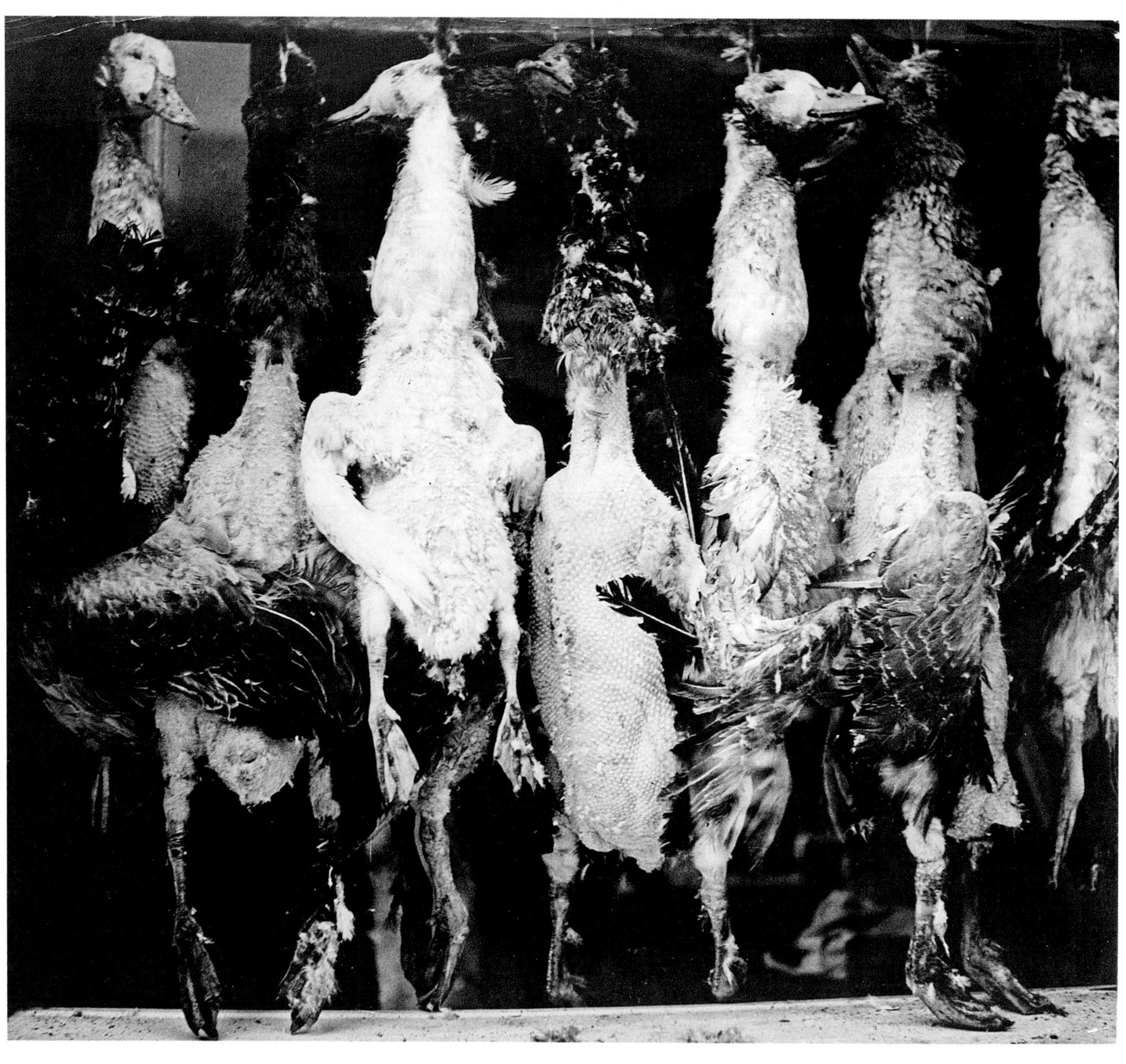

Window, Lower East Side, New York
c. 1939-1945

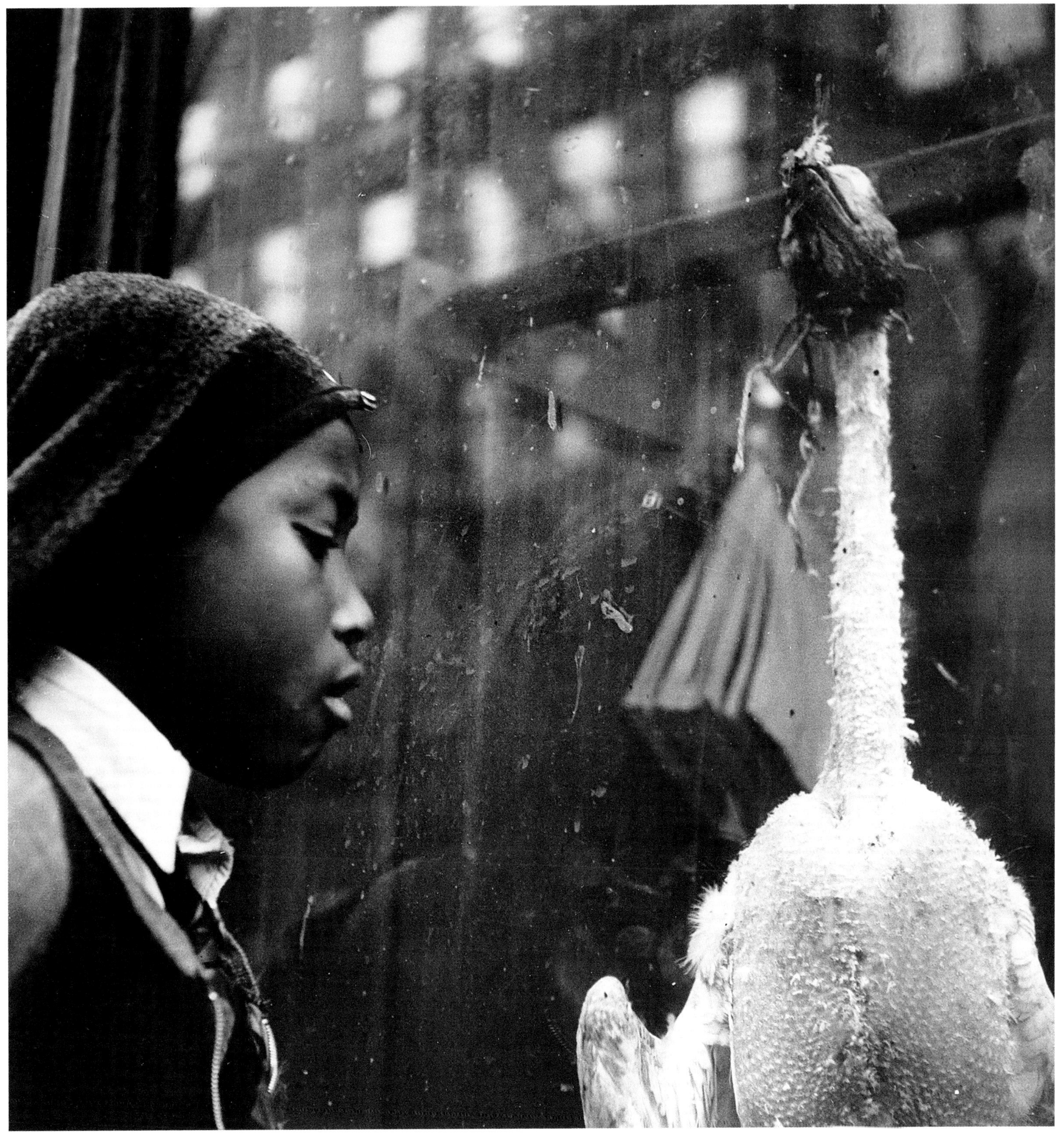

Lower East Side, New York
c. 1940-1942

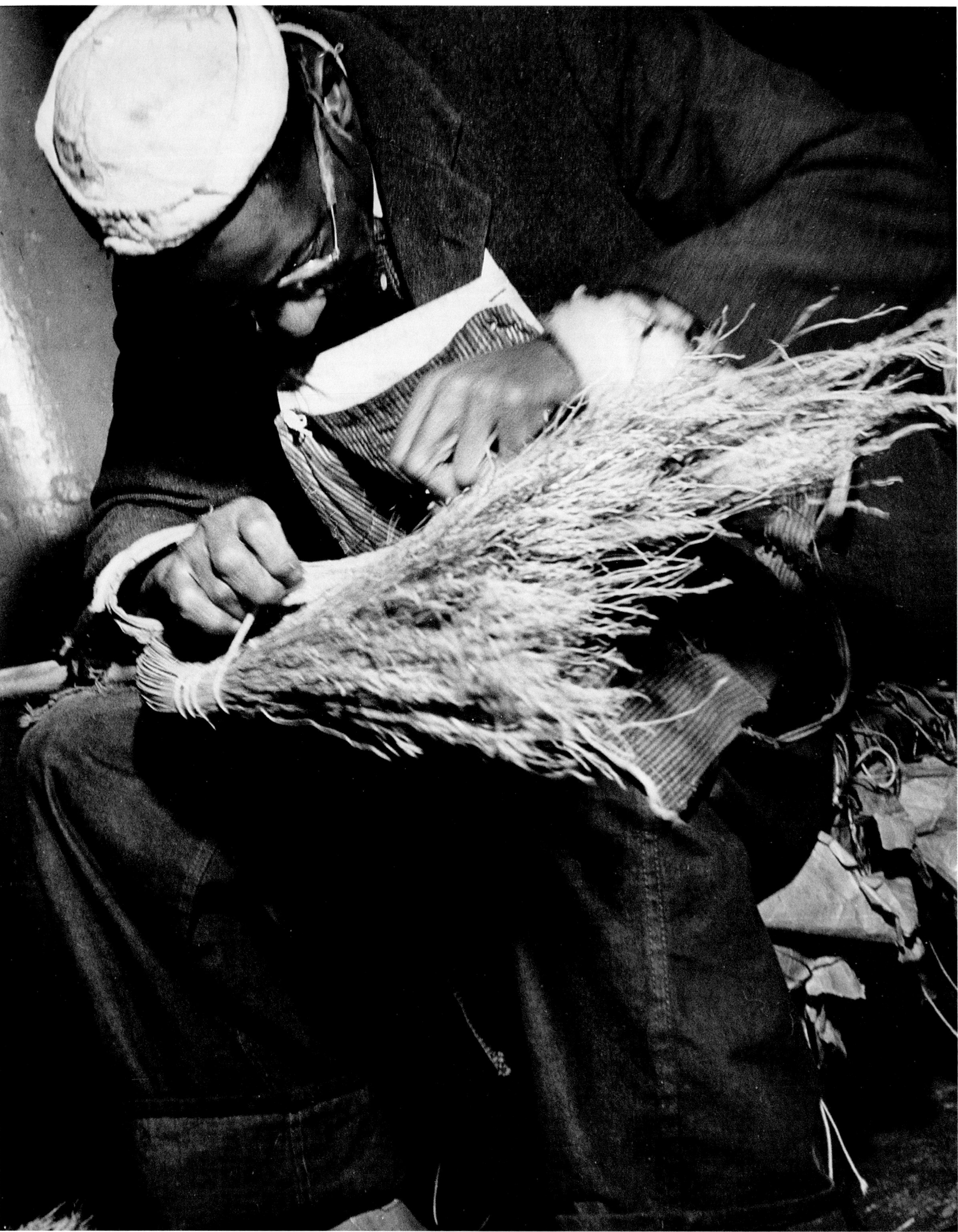

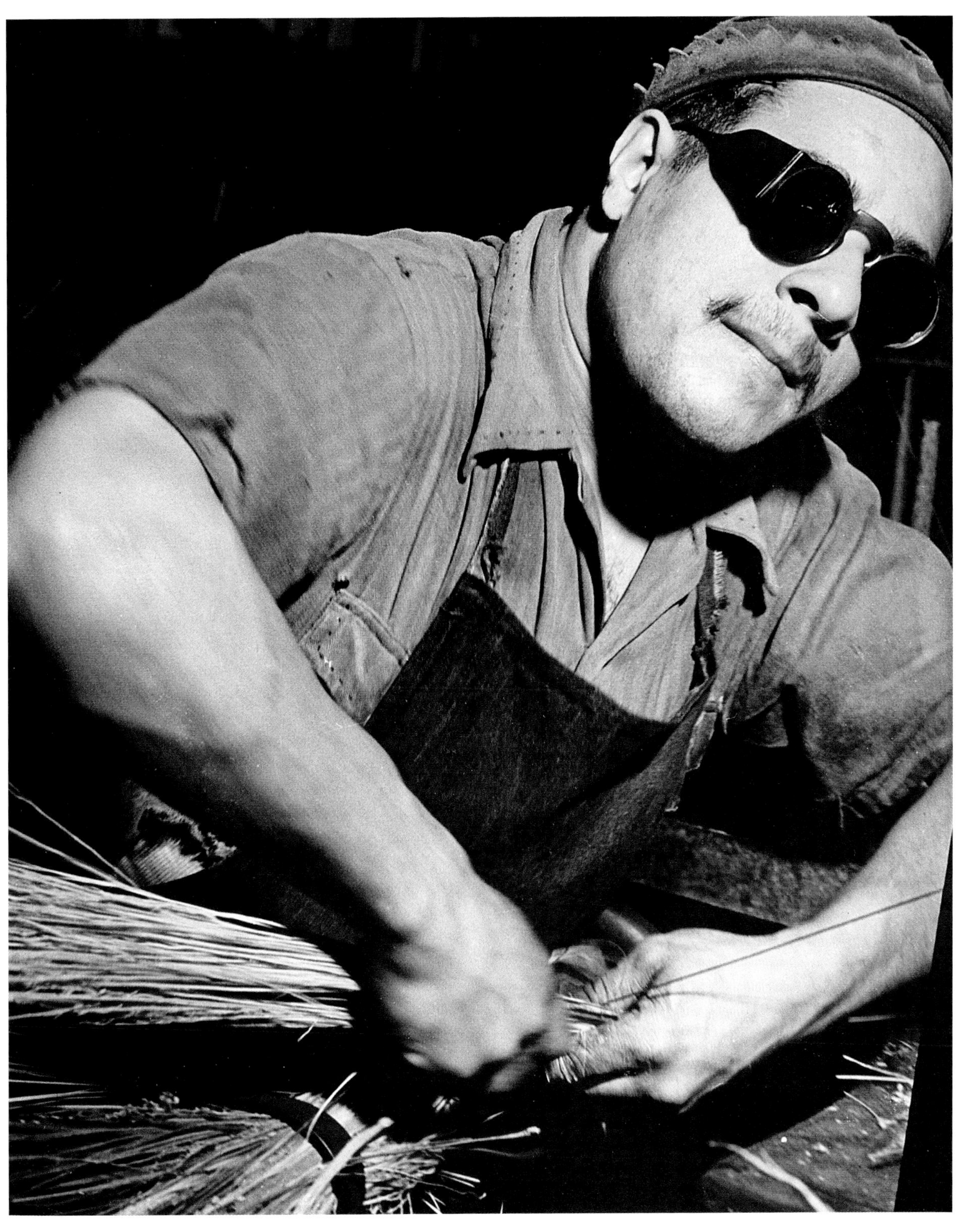

Lighthouse Blind, Broom
1944

Lighthouse Blind, Goggles
1944

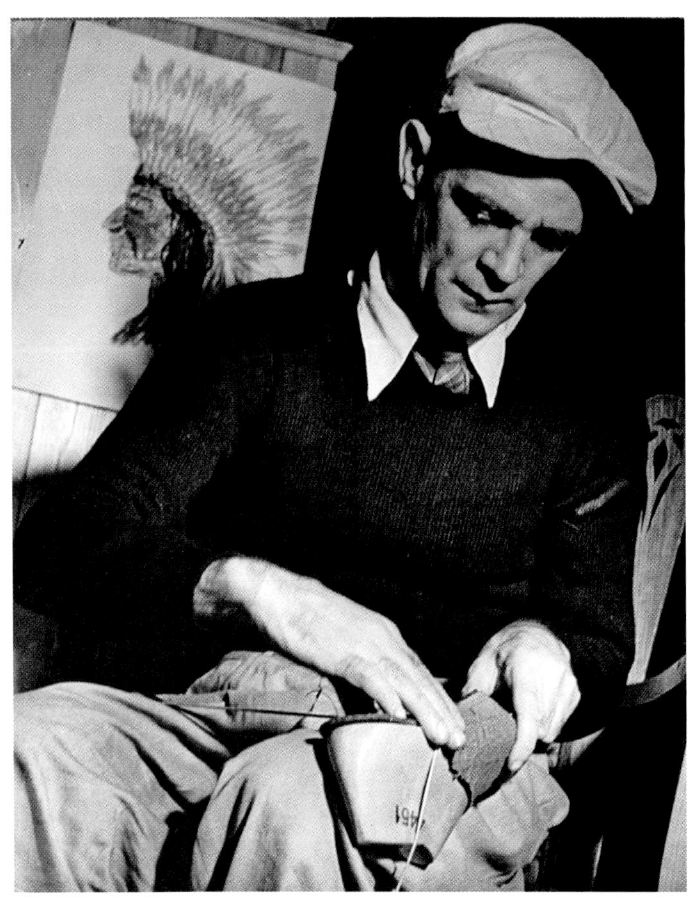

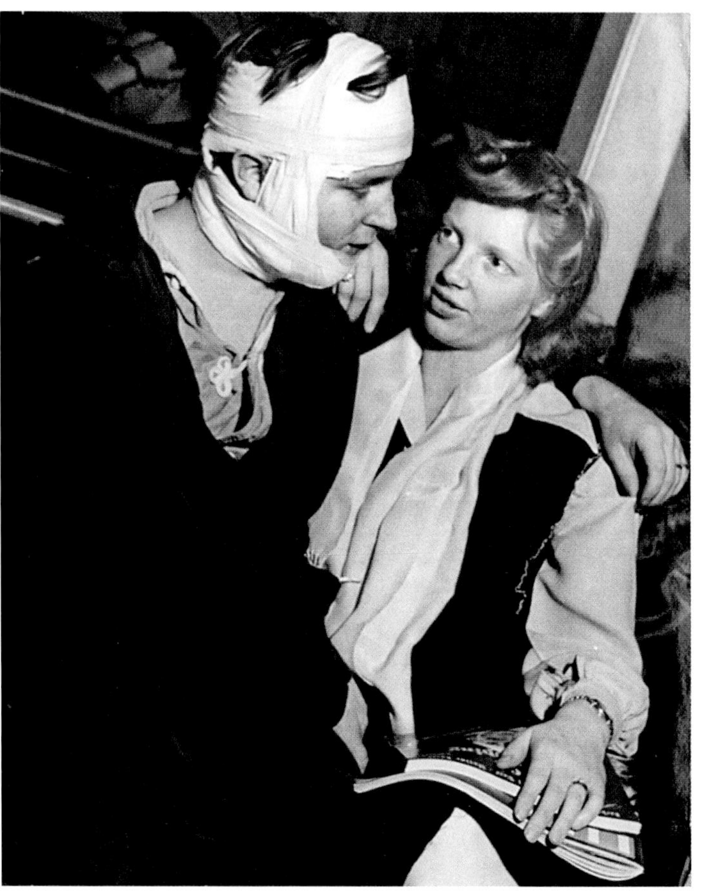

Sailor, Shoemaker
c. 1944

Sailor's Home
c. 1944

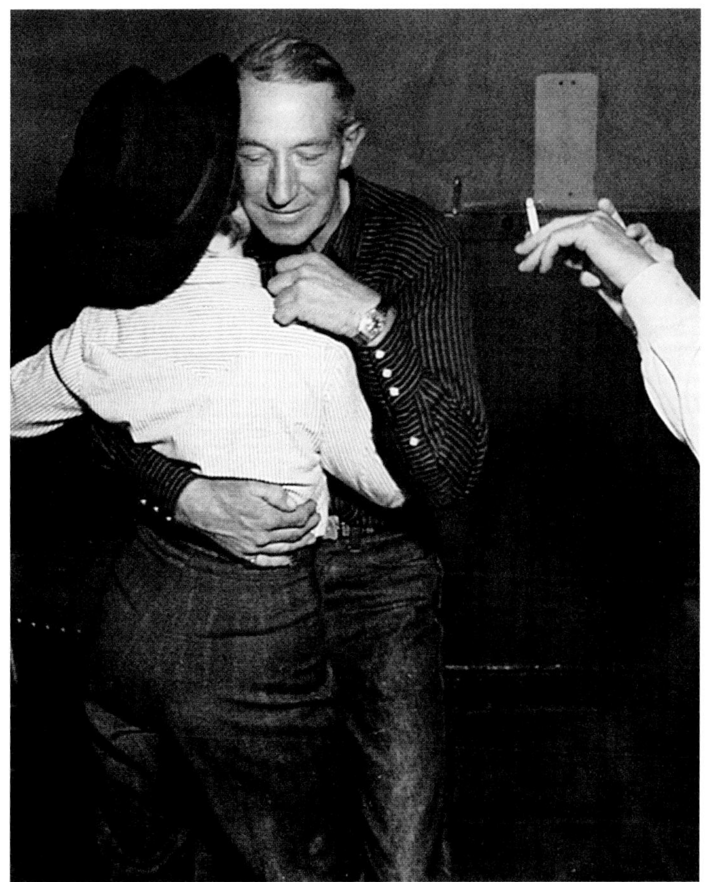

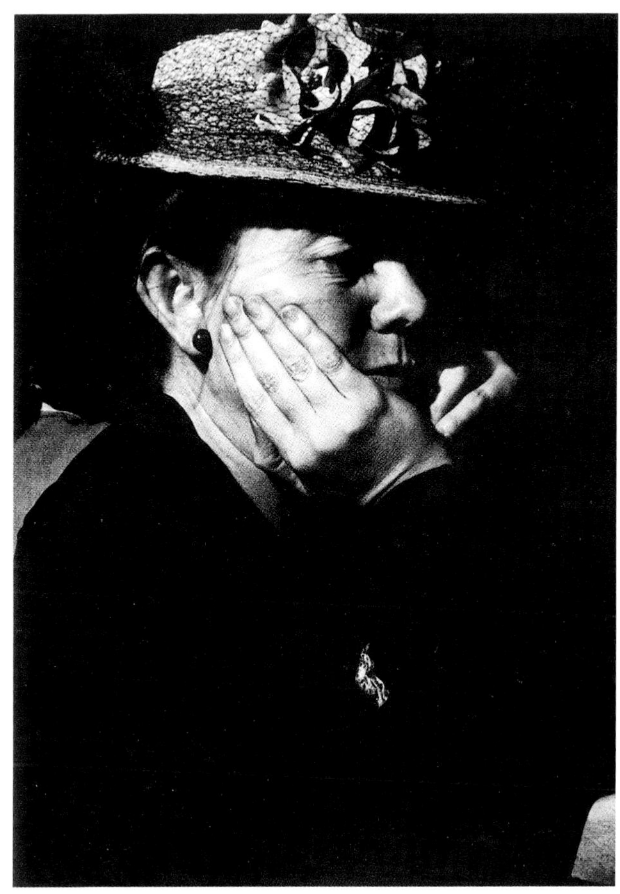

Couple dancing, Reno
s.d. / n.d.

Washington Restaurant
c. 1943

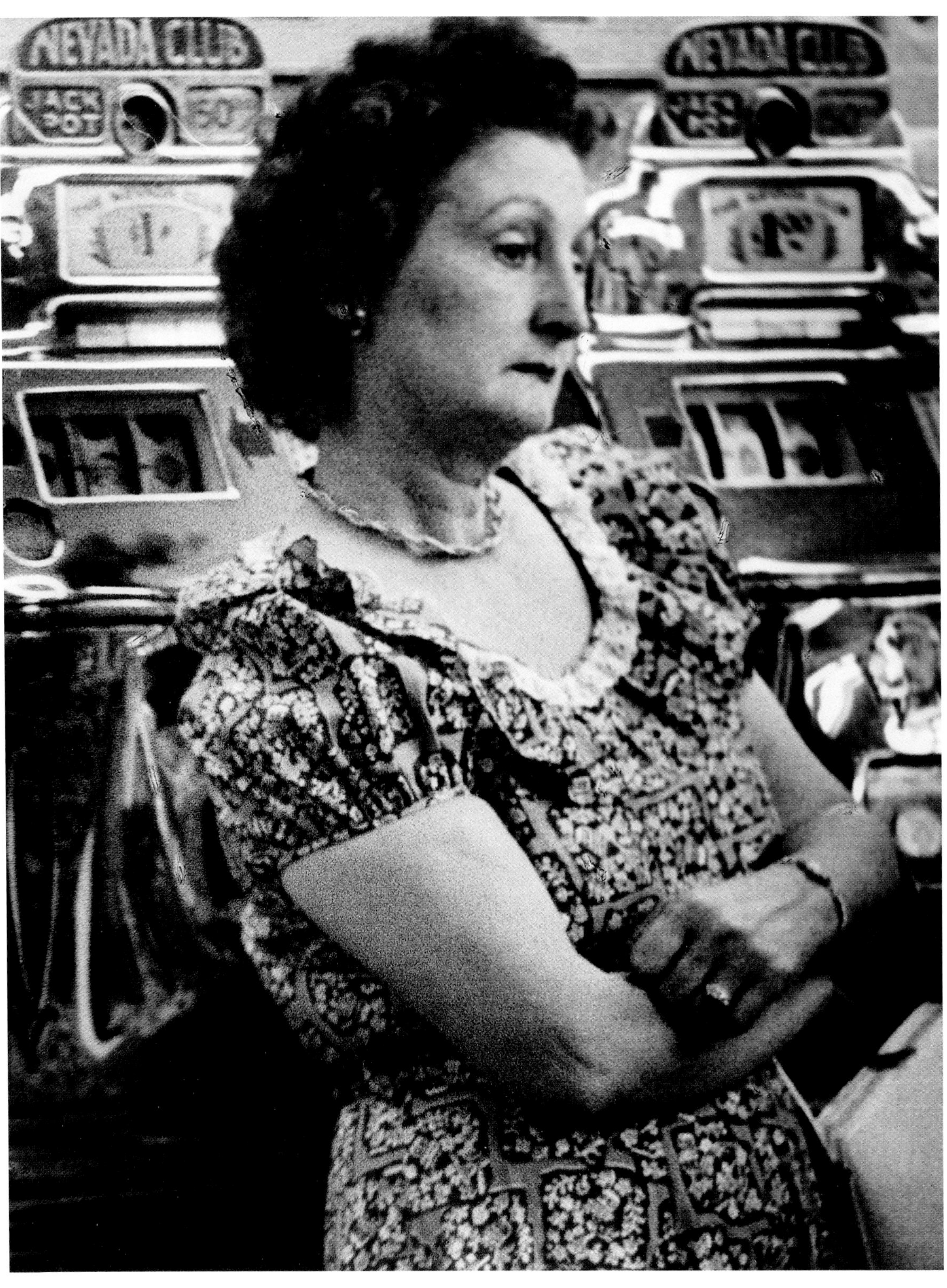

Slot machines, Reno, Nevada
c. 1949

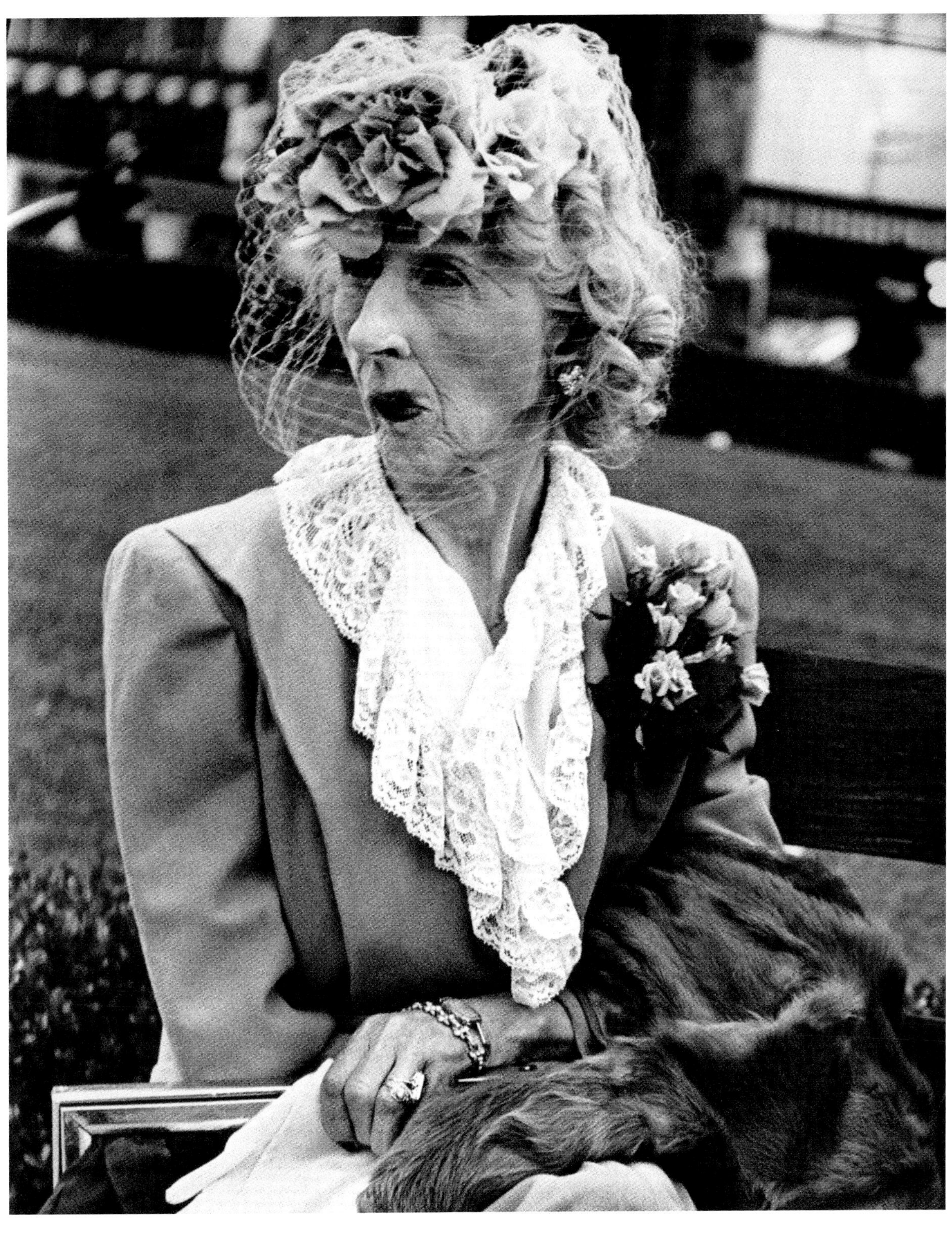

Woman with veil, San Francisco
1949

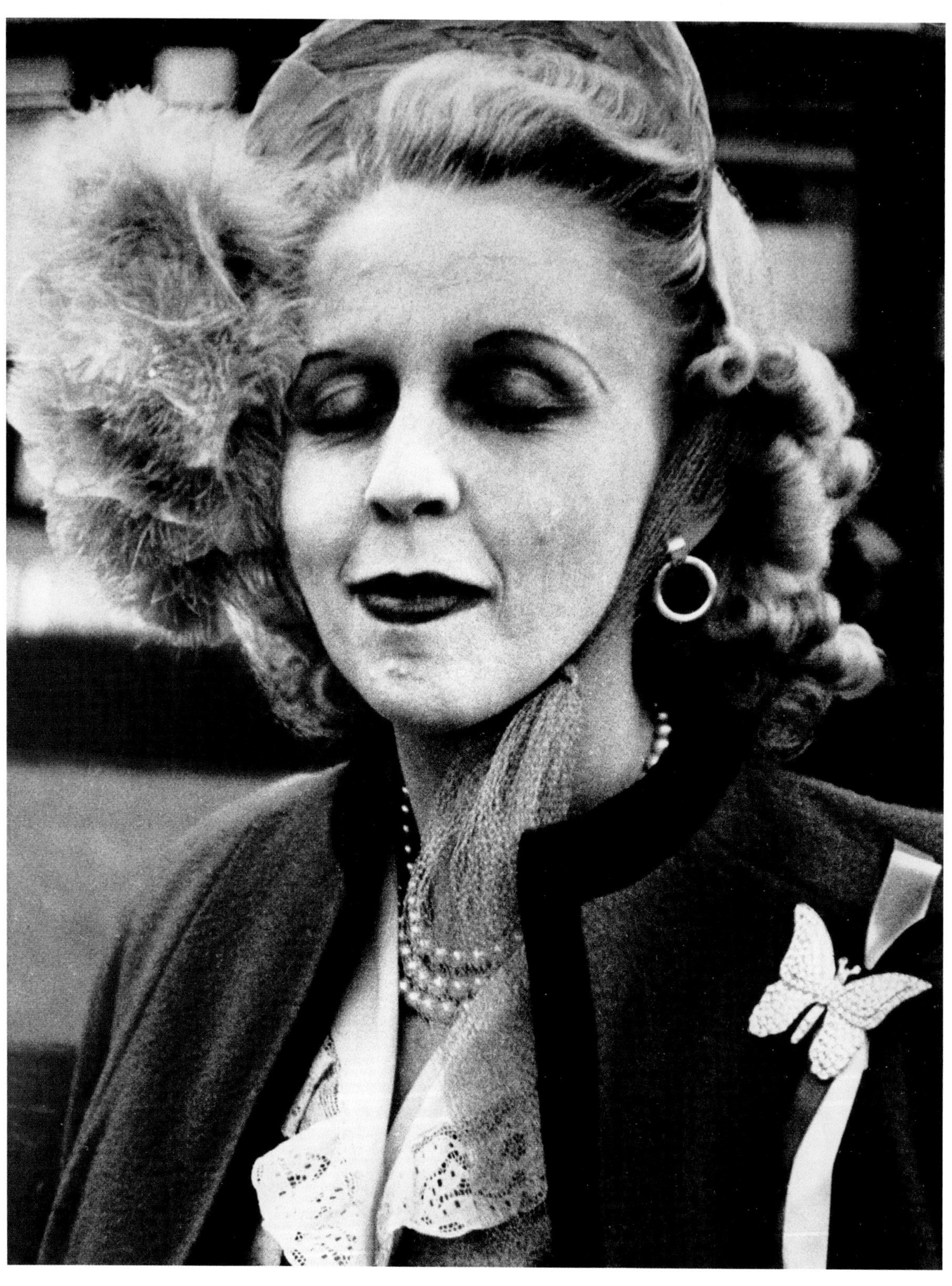

Woman with butterfly broche, San Francisco
1949

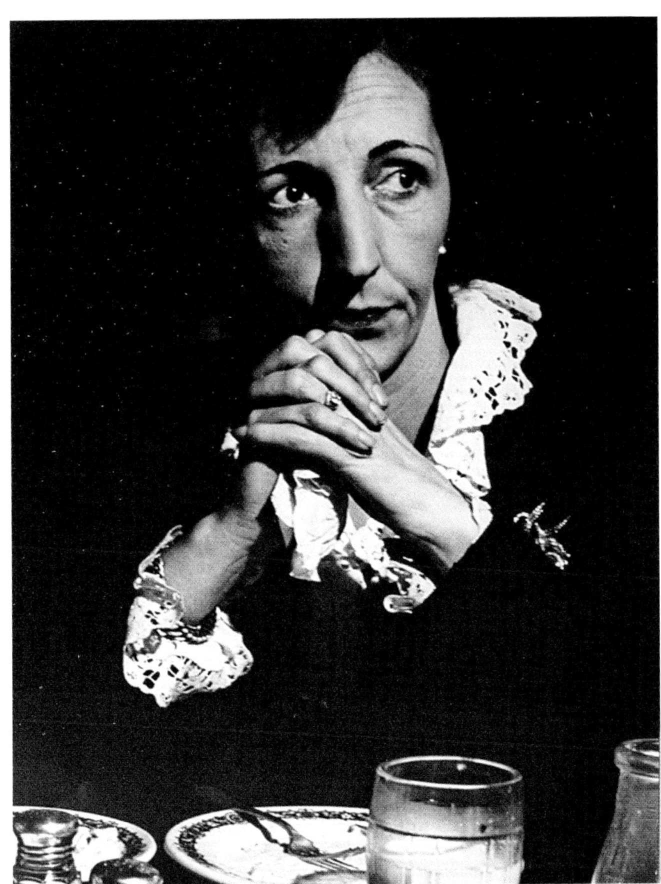

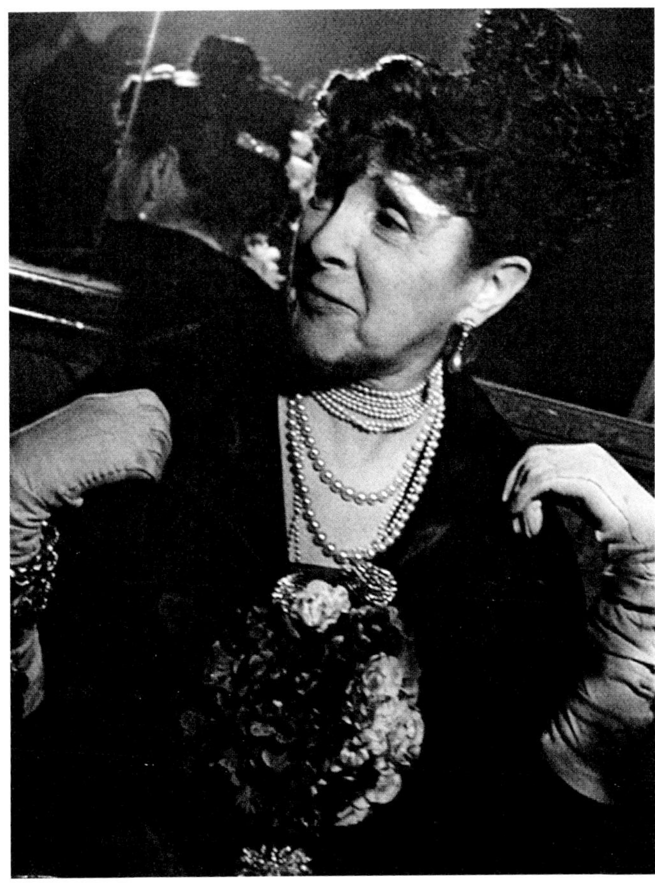

Restaurant
c. 1944

Bars, Gallaghers, New York
1945

International Refugee Auction, New York
1948

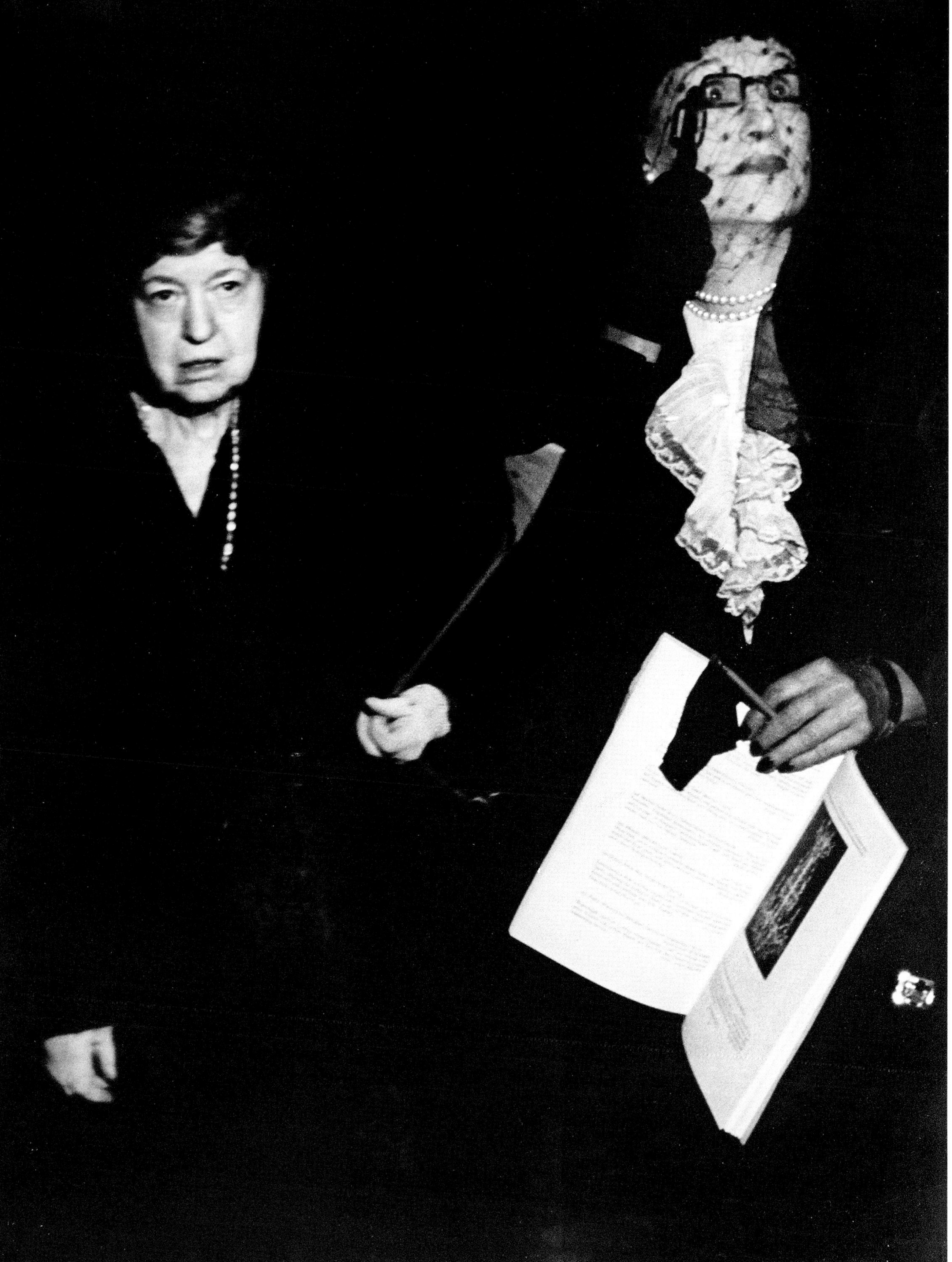

International Refugee Auction, Big Woman, New York
1948

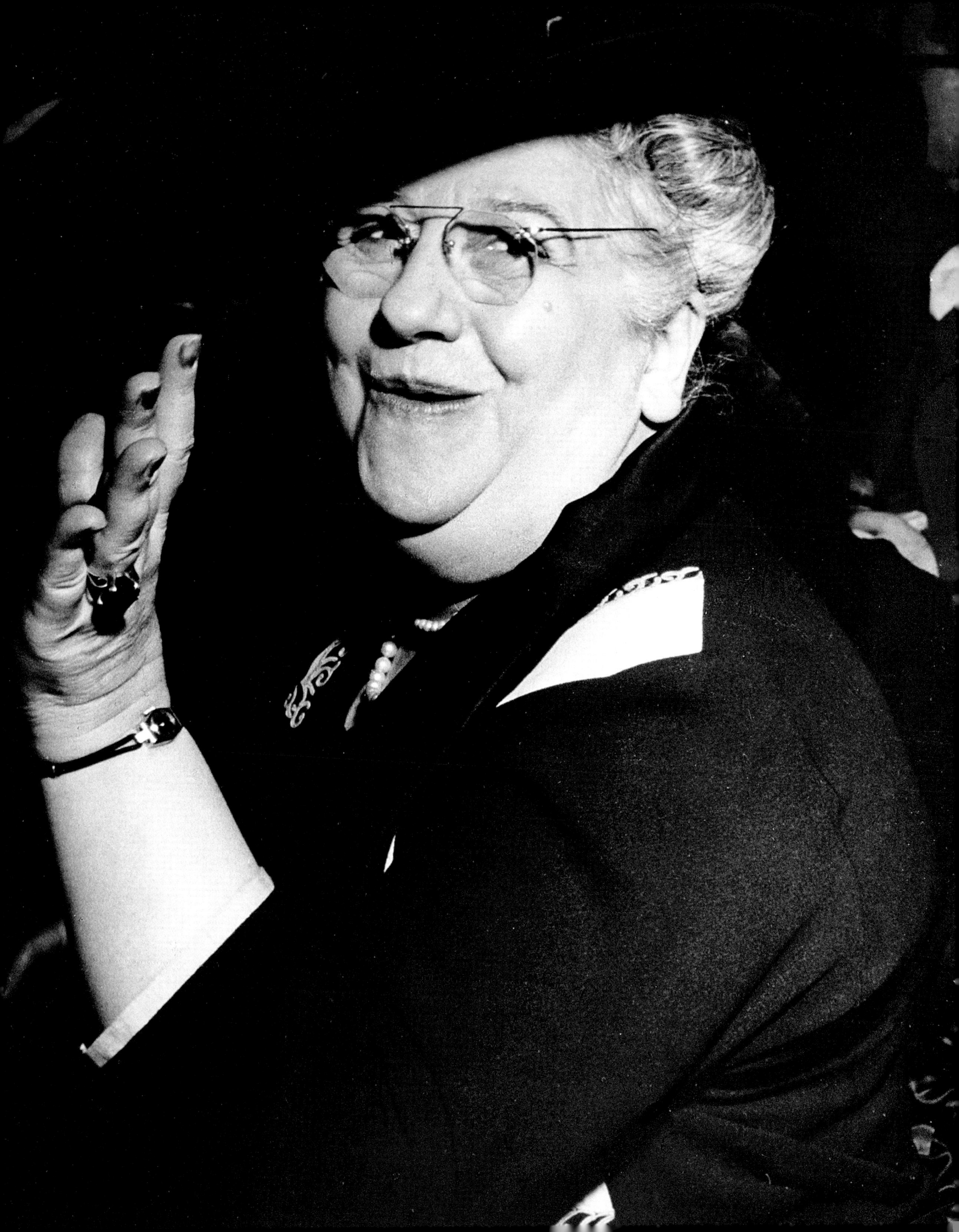

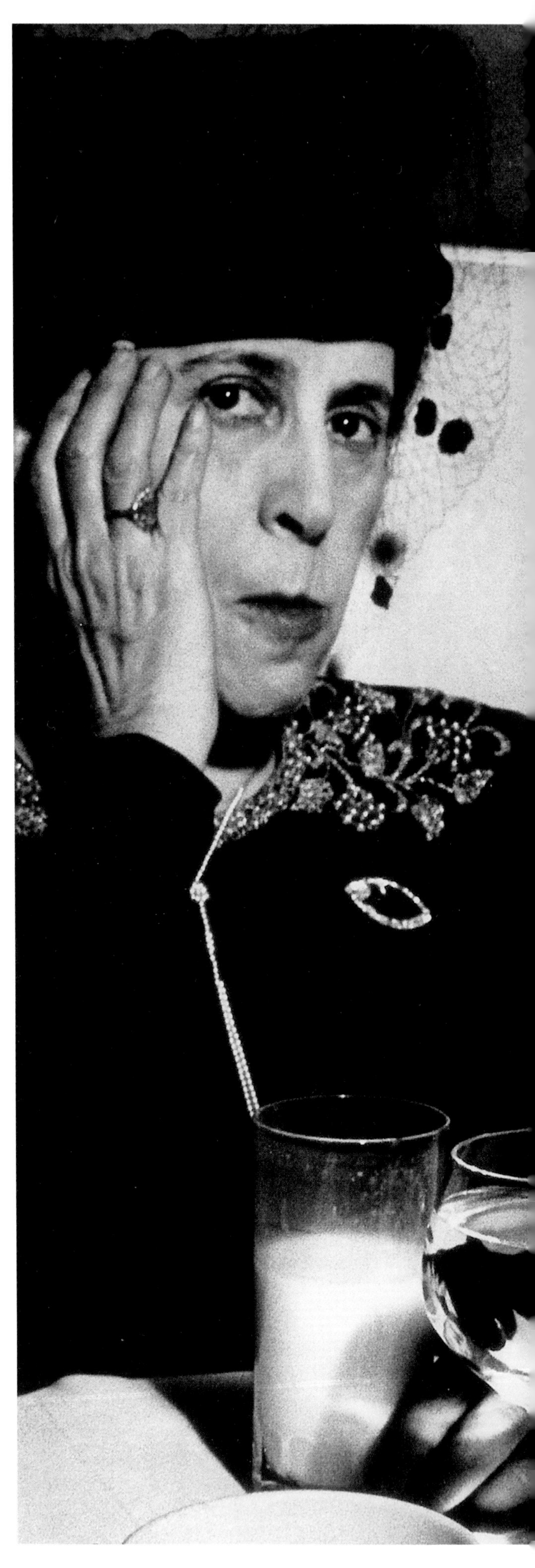

Fashion Show, Hotel Pierre, New York
c. 1940-1946

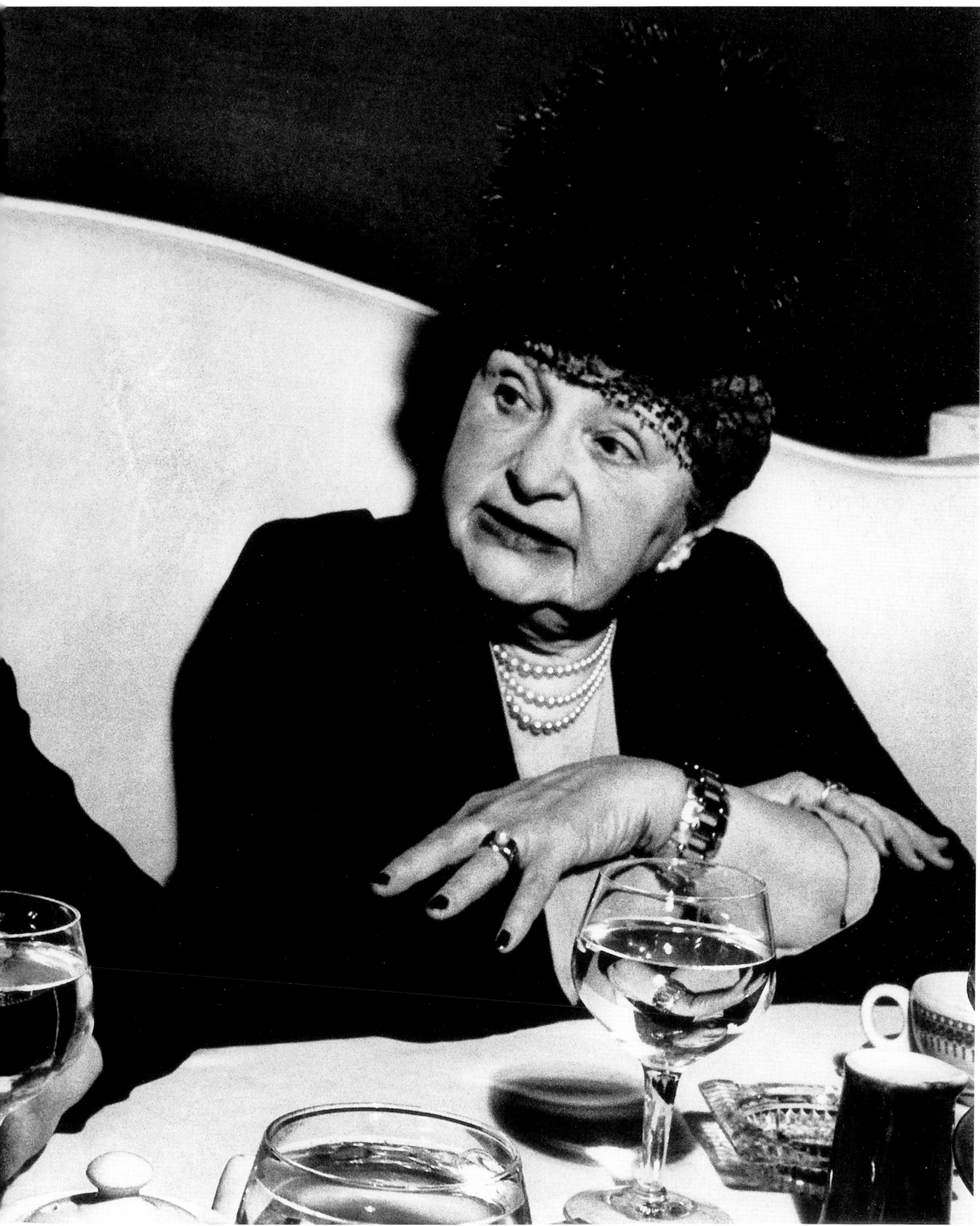

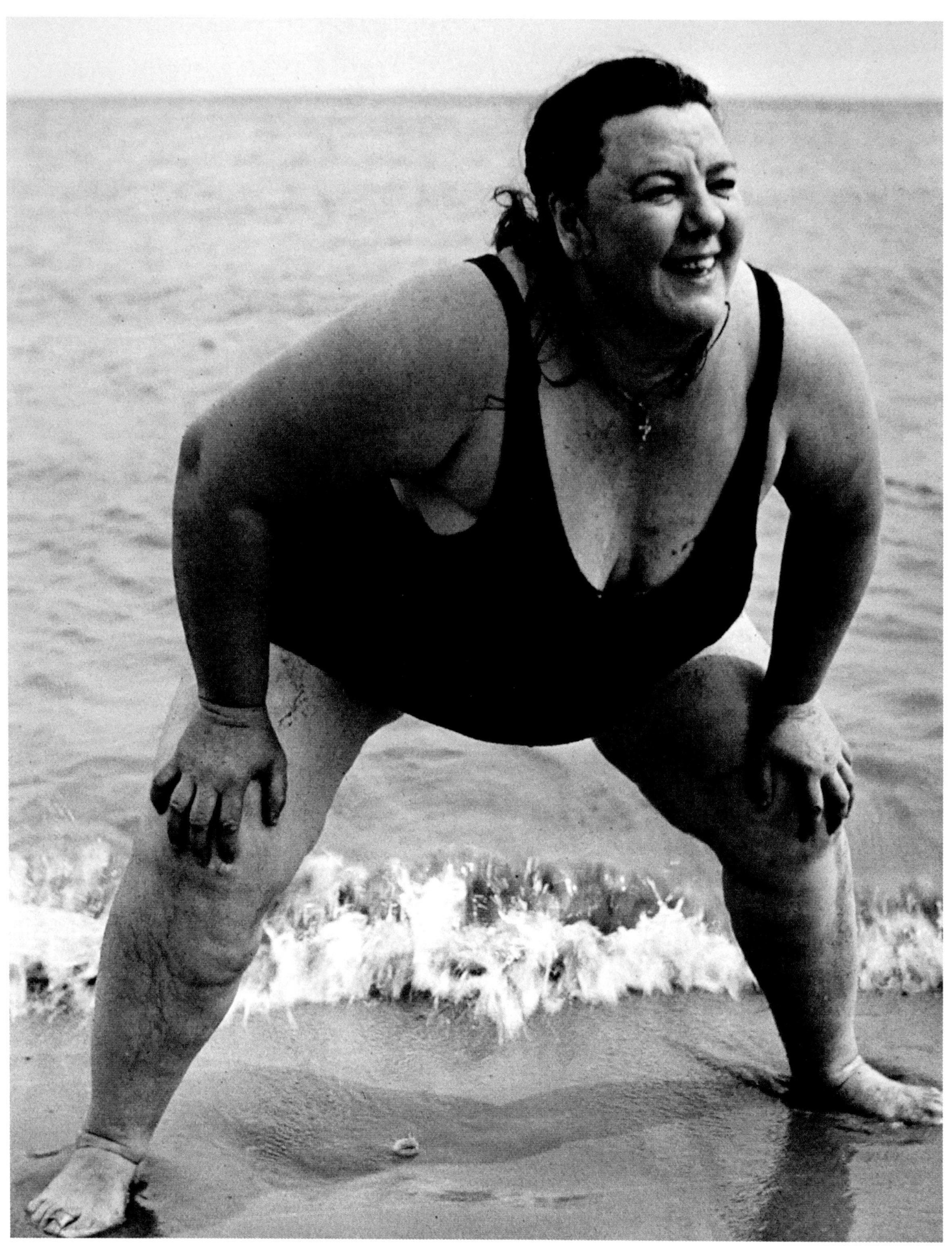

Coney Island Bather, New York
c. 1939 -1941

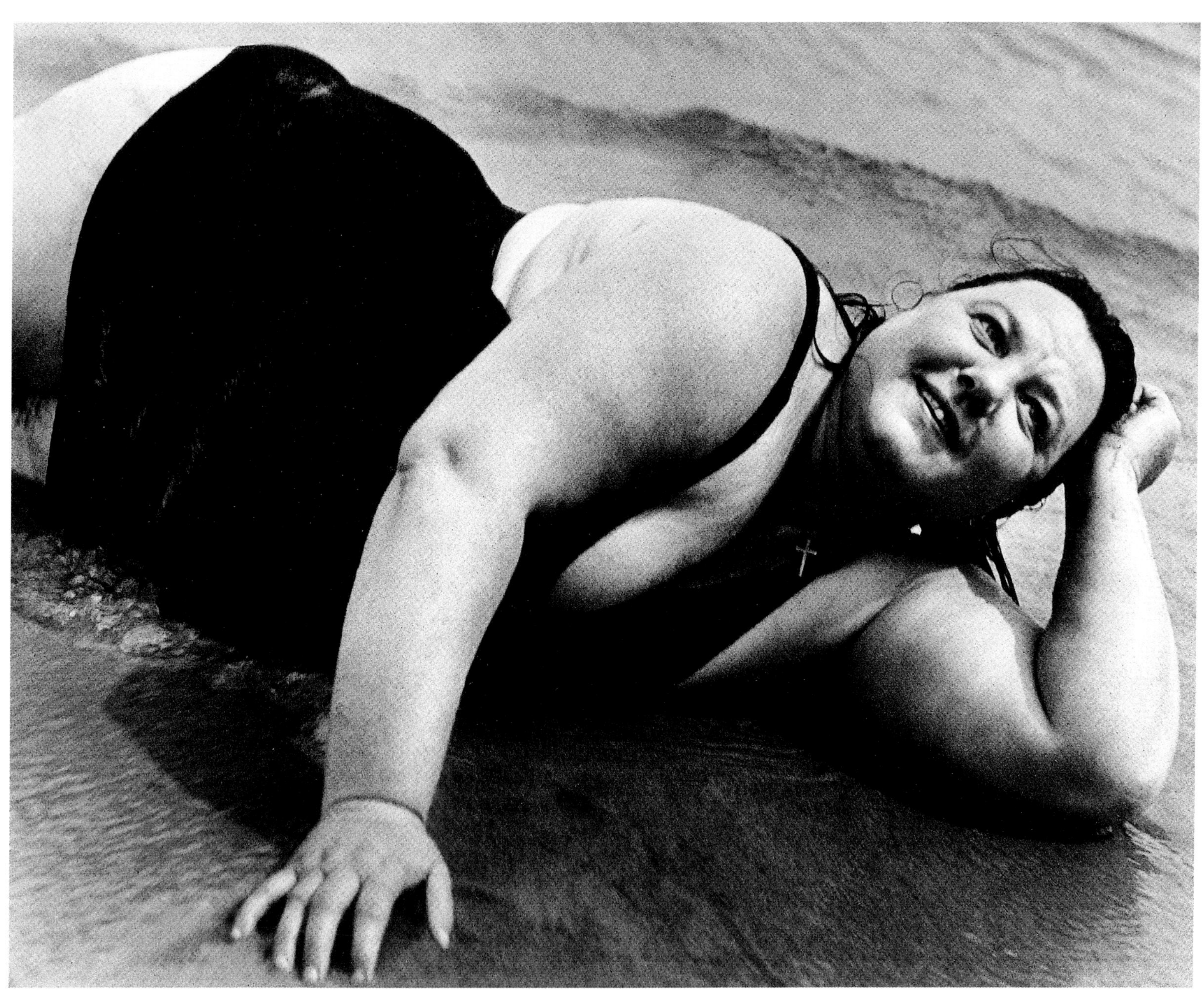

Coney Island Bather, New York
c. 1939-1941

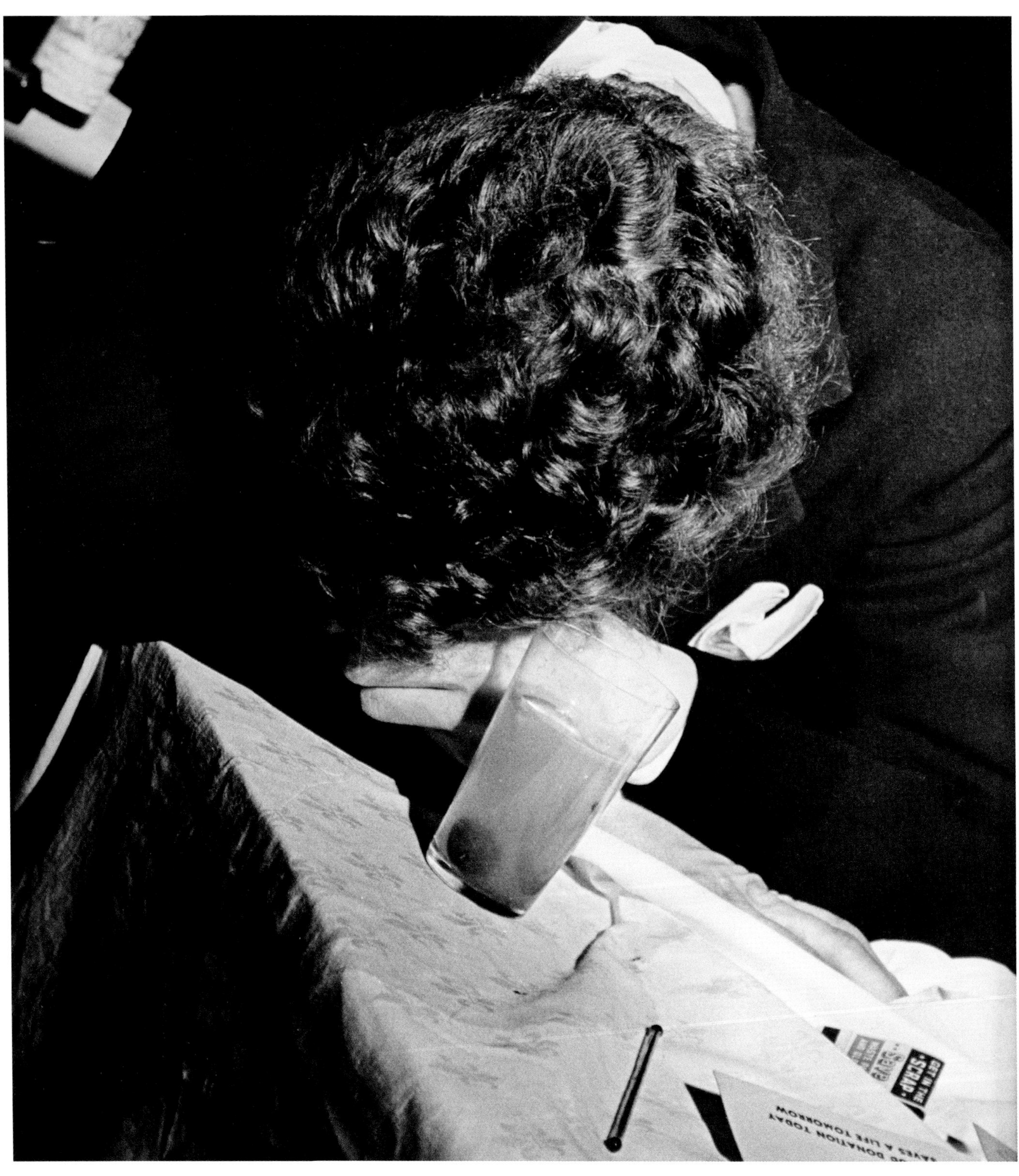

Nick's Nightclub, Drunk
c. 1940-1944

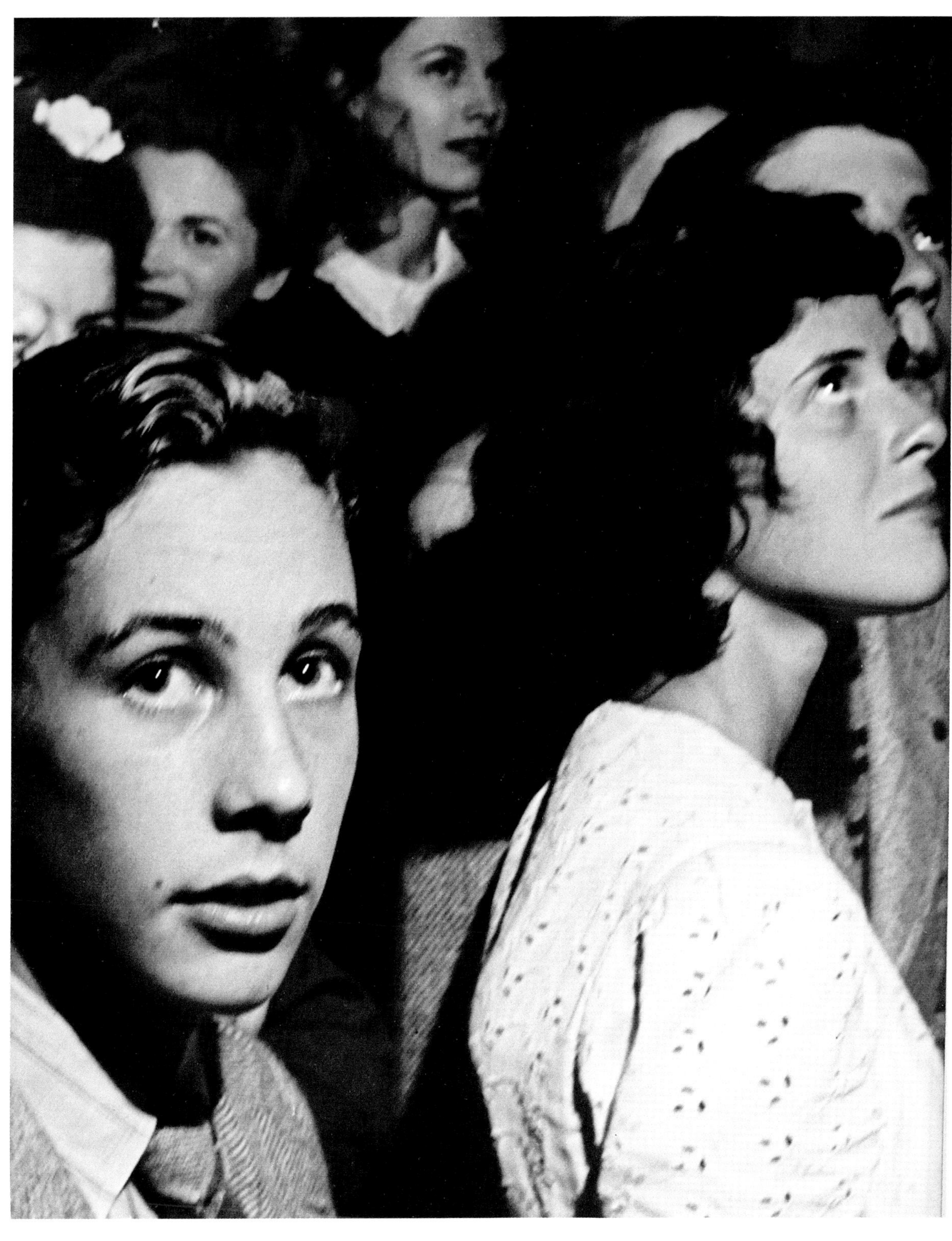

Nick's Nightclub, Crowd
1944

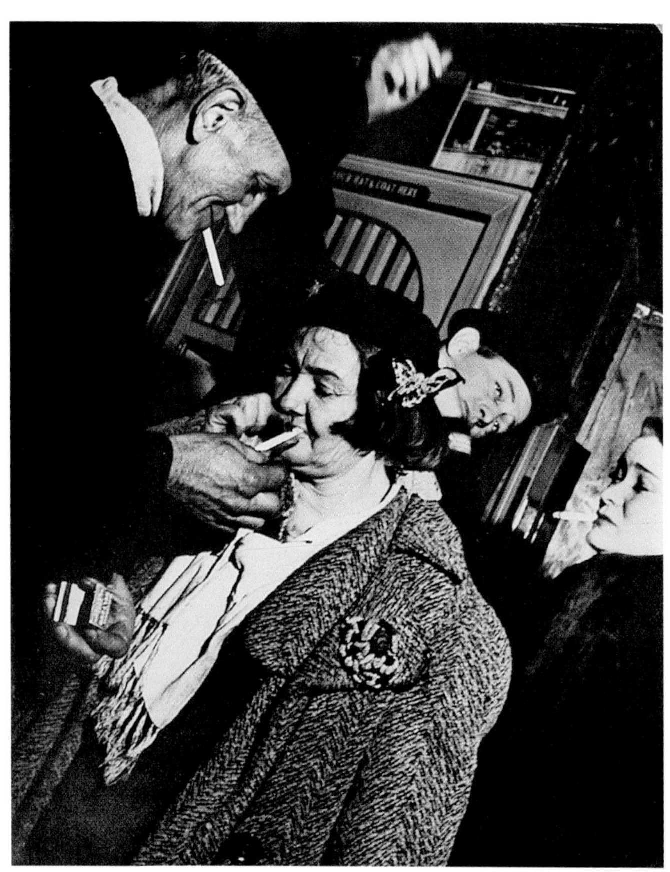

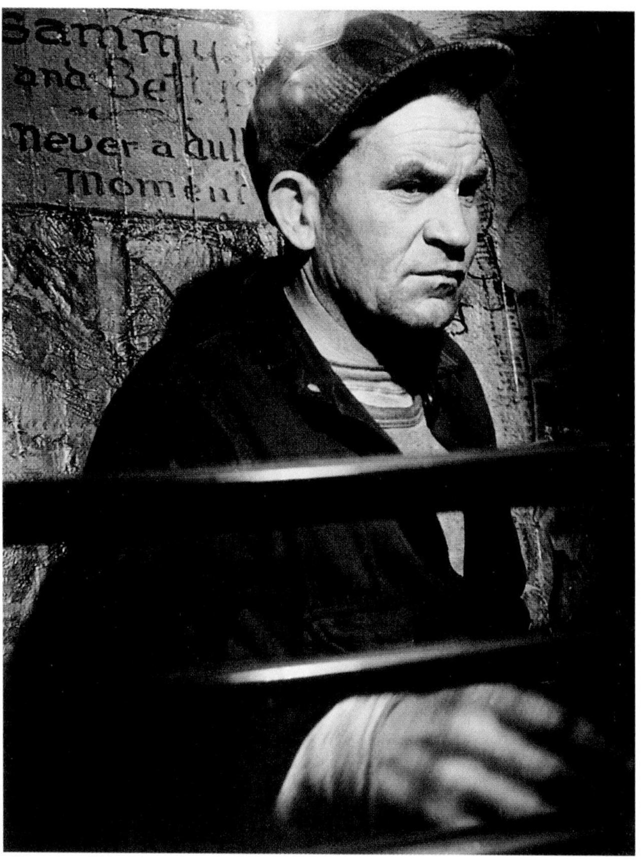

Sammy's, New York
c. 1940-1944

Sammy's, New York
1945

Sammy's, New York
1945

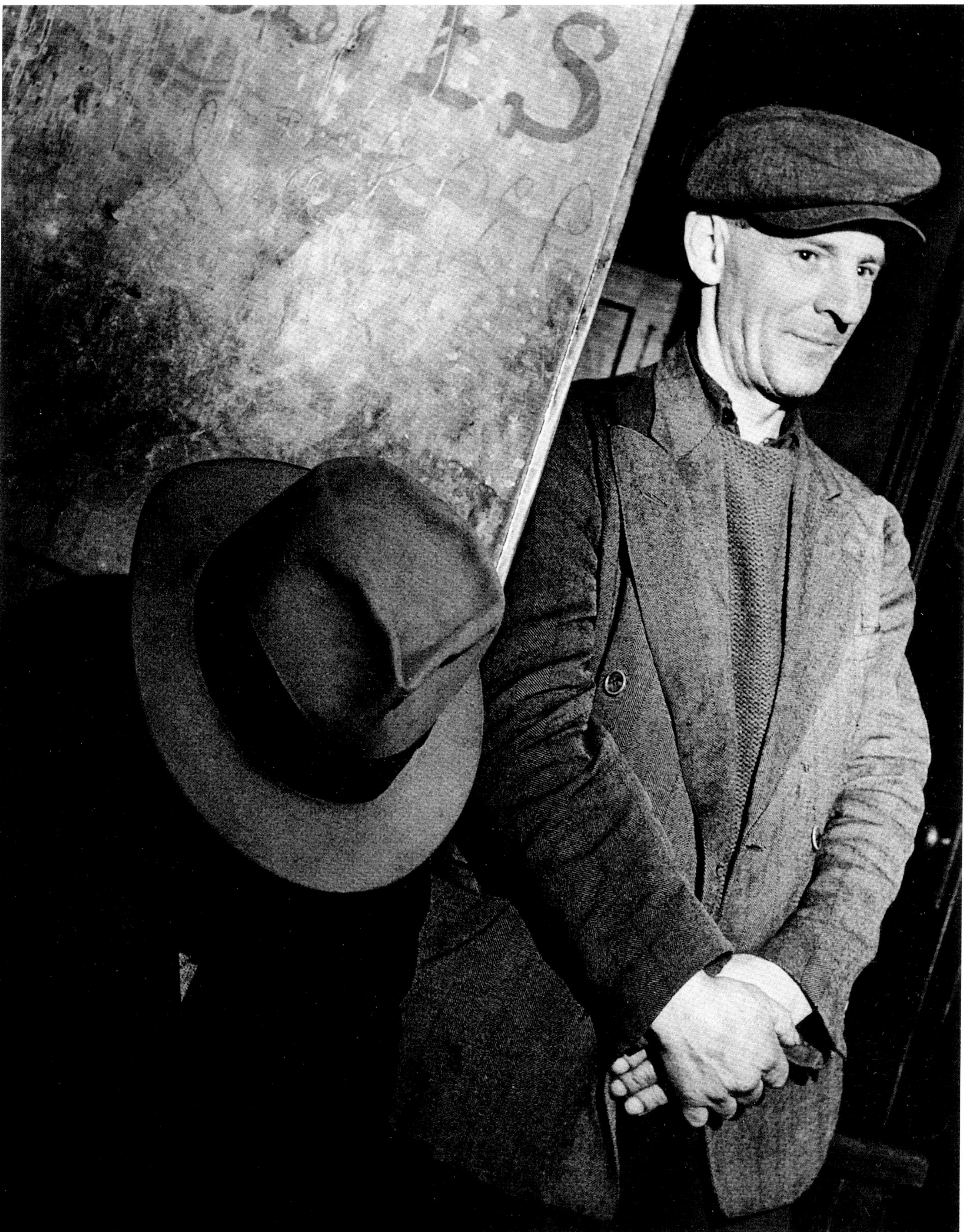

La vita è uno spettacolo
Life's a show

Nel 1967 il sociologo e filosofo francese Guy Debord pubblica il saggio *La società dello spettacolo*, analizzando in chiave marxista i rapporti che intercorrono fra un modello di produzione capitalistico e l'inarrestabile affermarsi dei mezzi di comunicazione di massa, che in quegli anni avevano già invaso buona parte del vivere umano. La prima delle oltre duecento tesi in cui è diviso il libro è: "L'intera vita delle società, in cui dominano le moderne condizioni di produzione, si annuncia come un immenso accumulo di spettacoli. Tutto ciò che era direttamente vissuto si è allontanato in una rappresentazione".[1] Questo concetto sembra descrivere con precisione molte delle fotografie realizzate da Lisette Model fra la seconda metà degli anni quaranta e la prima degli anni cinquanta, periodo in cui si dedica a ritrarre diverse tipologie di spettacoli e di spettatori. Una forte attenzione nei confronti di soggetti posti forzatamente in condizione di essere osservati era già emersa in alcune delle immagini realizzate in Francia negli anni trenta, dove aveva ritratto gli animali dello Zoo di Vincennes. Successivamente, la fotografa sottolineerà come si fosse sempre sentita attratta principalmente da "animali enormi, un elefante, un rinoceronte, o una balena"[2], come quelle fotografate in un acquario degli Stati Uniti nel 1956. Anche i cani ritornano spesso nelle sue fotografie, sia quelle prese in strada, anticipando l'irriverente ricerca di Elliott Erwitt, che in quelle realizzate in occasione di esposizioni canine. Qui gli animali, e talvolta i loro padroni, vengono ritratti con la stessa ironica forza espressiva dei ritratti per cui Model è più conosciuta. Se in questi casi l'attenzione è tendenzialmente rivolta allo spettacolo in sé, negli scatti realizzati all'ippodromo di Belmont Park l'obiettivo si gira verso chi osserva. Questa è indubbiamente la serie d'impronta maggiormente sociologica di tutta la sua produzione. L'attesa annoiata prima dell'inizio, gli ultimi momenti di concentrazione per convincersi delle proprie puntate e la tensione che sopraggiunge alla partenza, rimangono impressi sulla pellicola trasformandosi negli elementi da indagare per comprendere uno dei tanti riti collettivi del ventesimo secolo.

1 G. Debord, *La société du spectacle*, Buchet/Chastelm, Parigi 1967. Trad. ita a cura di P. Stanziale, Massari Editore, Bolsena 2002.
2 A. Thomas, *Lisette Model*, Musée des Beaux-arts du Canada, Ottawa 1990, p.174

In 1967 the French sociologist and philosopher, Guy Debord, published the essay, *The Society of the Spectacle*, which in a Marxist key analysed the relationship between the capitalist production model and the unstoppable spread of mass media, which in those years had already pervaded a large portion of human existence. The first of the more than two-hundred theses into which the book is divided is: "The entire life of societies in which modern conditions of production prevail, is heralded as an immense accumulation of spectacles. Everything that was directly lived has moved away into a representation."[1] This concept seems to accurately describe many of Lisette Model's photographs taken between the late 1940s and the early 1950s, a time in which she focused on portraying different types of shows and spectators. A keen interest in subjects forcibly placed in a situation in which to be observed was foreshadowed in some of the pictures taken in France in the 1930s, where she portrayed the animals of the Vincennes Zoo. Later the photographer would point out that she had always been attracted to mostly "huge animals, an elephant, a rhinoceros or a whale,"[2] such as those photographed in a US aquarium in 1956. Dogs are also a reoccurring theme in her photographs, both in those taken in the streets, anticipating Elliott Erwitt's ironic research; and in those taken at dog shows. Here the animals and sometimes their masters, are portrayed with the same ironic and expressive force as the portraits for which Model is best known. If in these cases the focus tends to be on the show itself, in the shots taken at Belmont Park racecourse the camera turns to the spectator. This is undoubtedly the series with the most sociological slant of all her work. The boring wait before the start, the last moments of absorption in backing one's bets, and the tension following the start are etched on film, morphing into elements to be investigated to understand one of the many collective customs of the twentieth century.

1 G. Debord, *La Société du Spectacle*, Buchet/Chastelm, Paris 1967.
2 A. Thomas, *Lisette Model*, Musée des Beaux-arts du Canada, Ottawa 1990, p. 174.

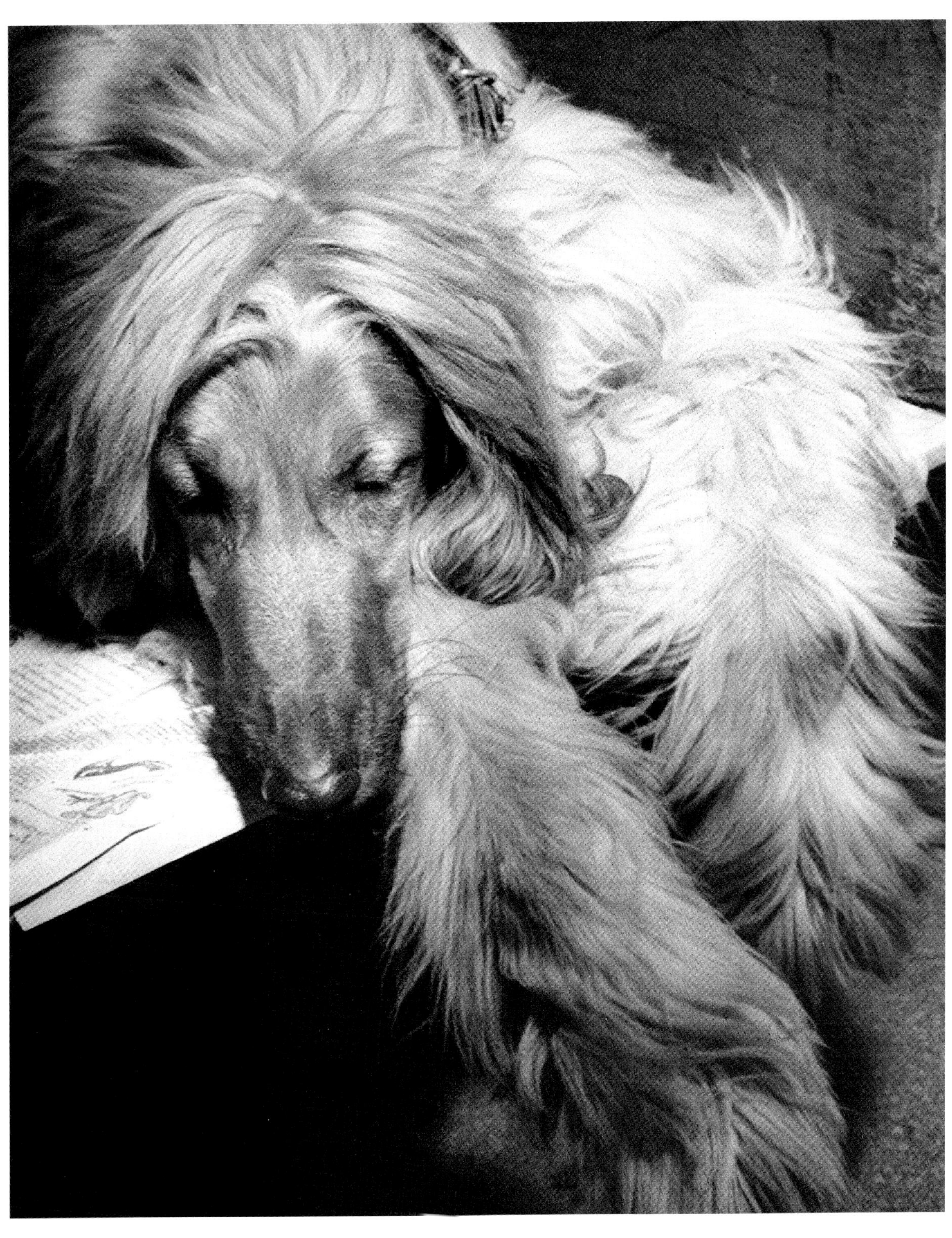

Dog Show, Westminster Kennel Club
c. 1946

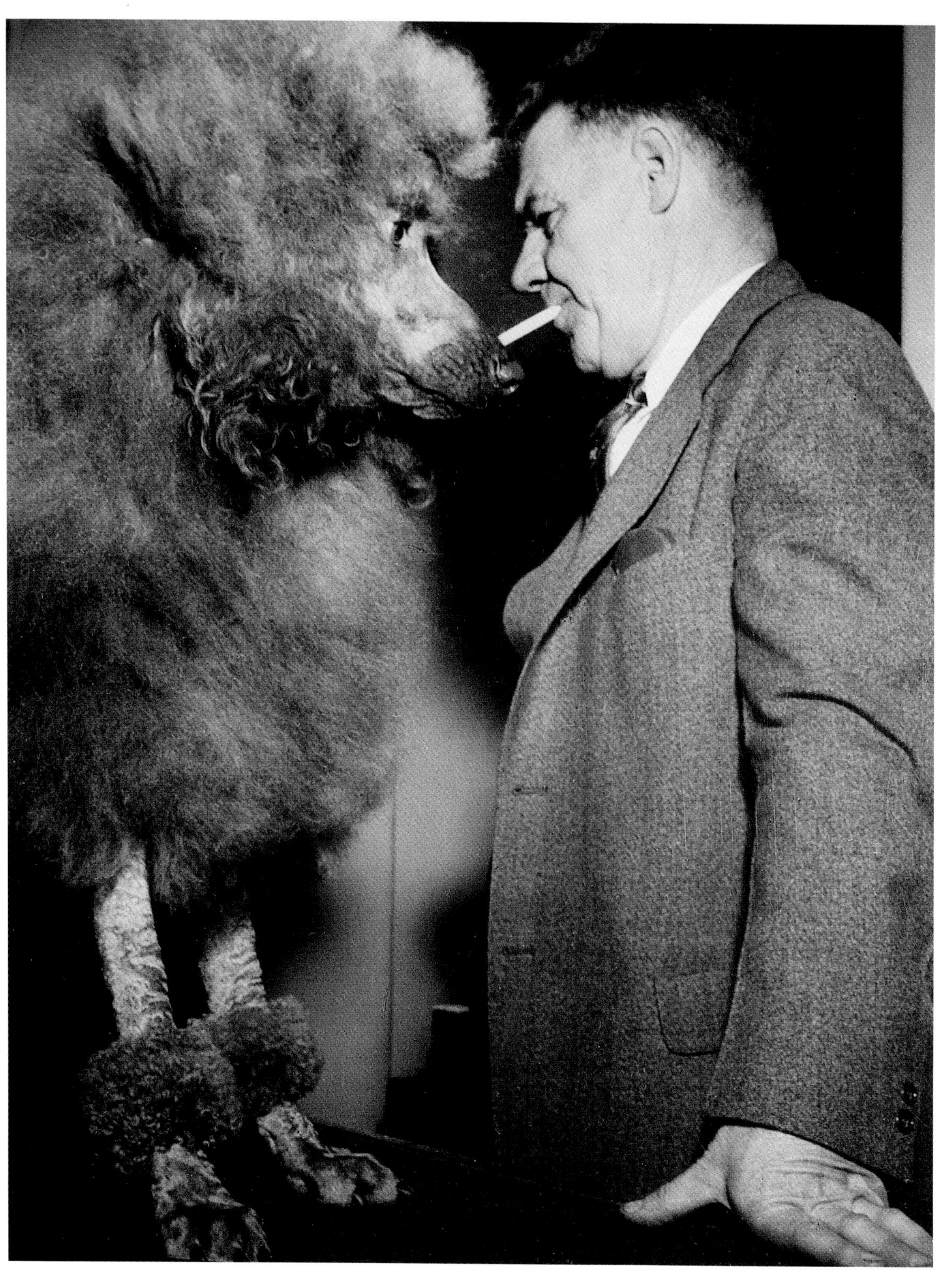

Dog Show, Royal Poodle, Westminster Kennel Club
c. 1946

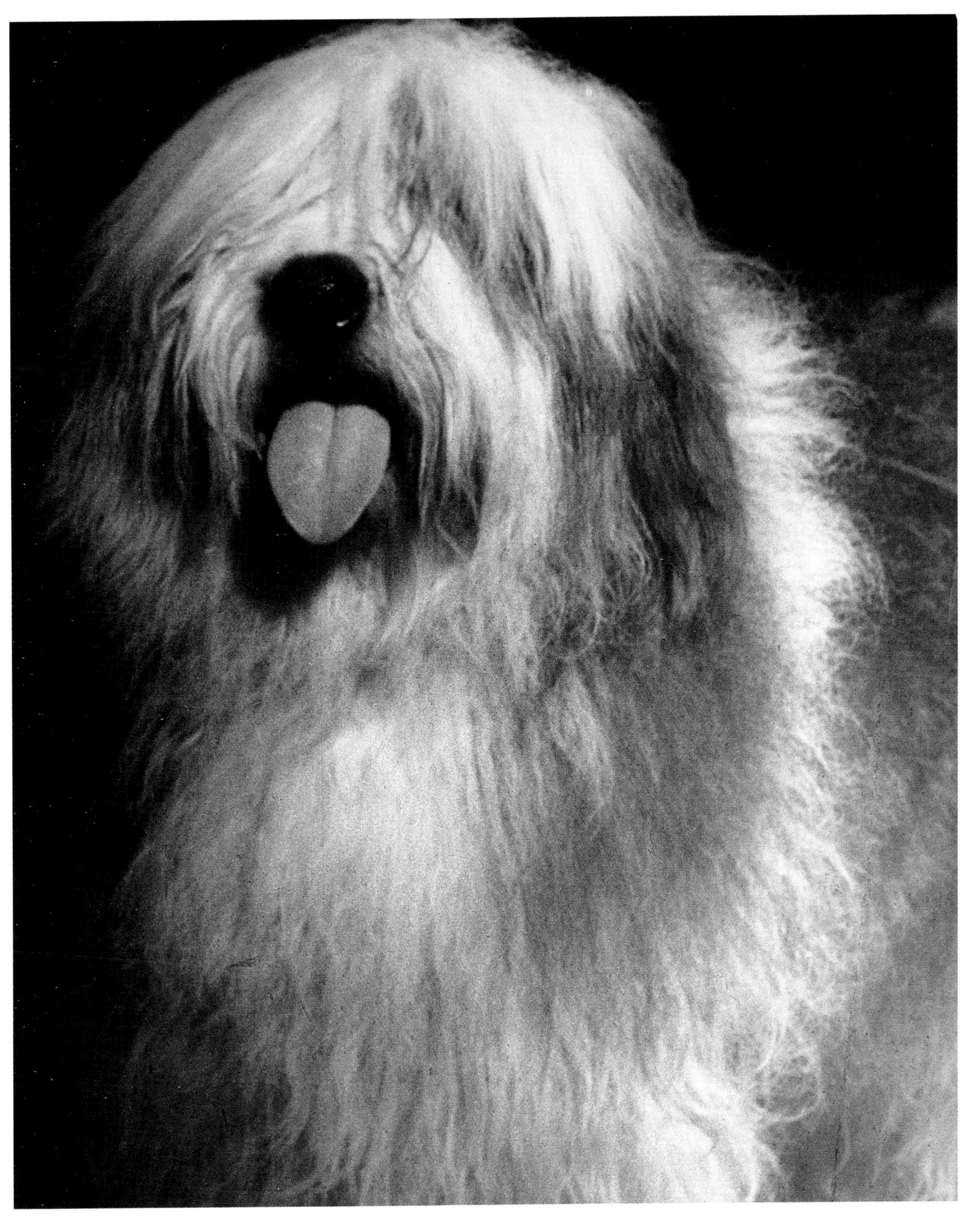

Dog Show, Sheep Dog, Westminster Kennel Club
c. 1946

Dog Show, Westminster Kennel Club , Old lady and her dog
c. 1946

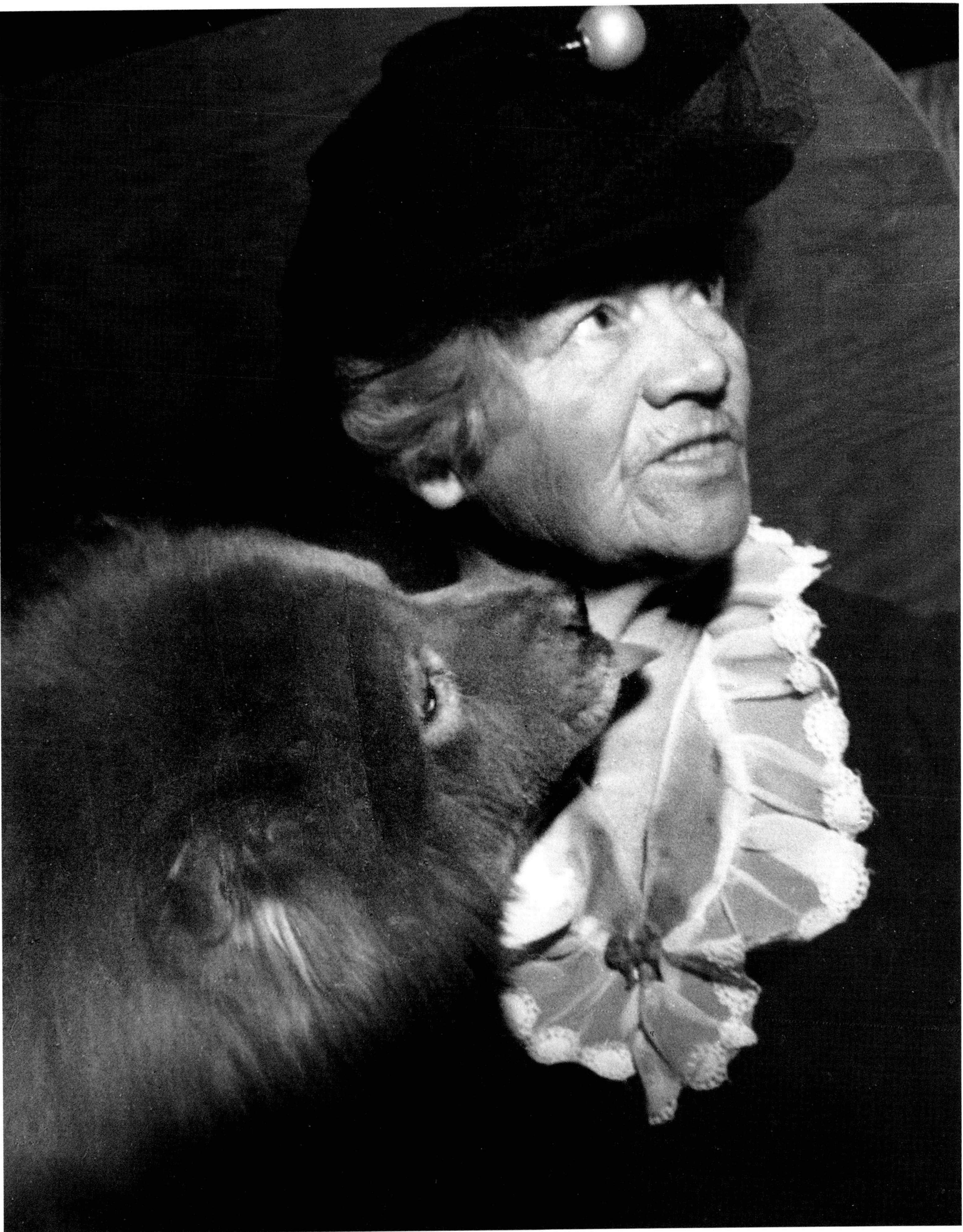

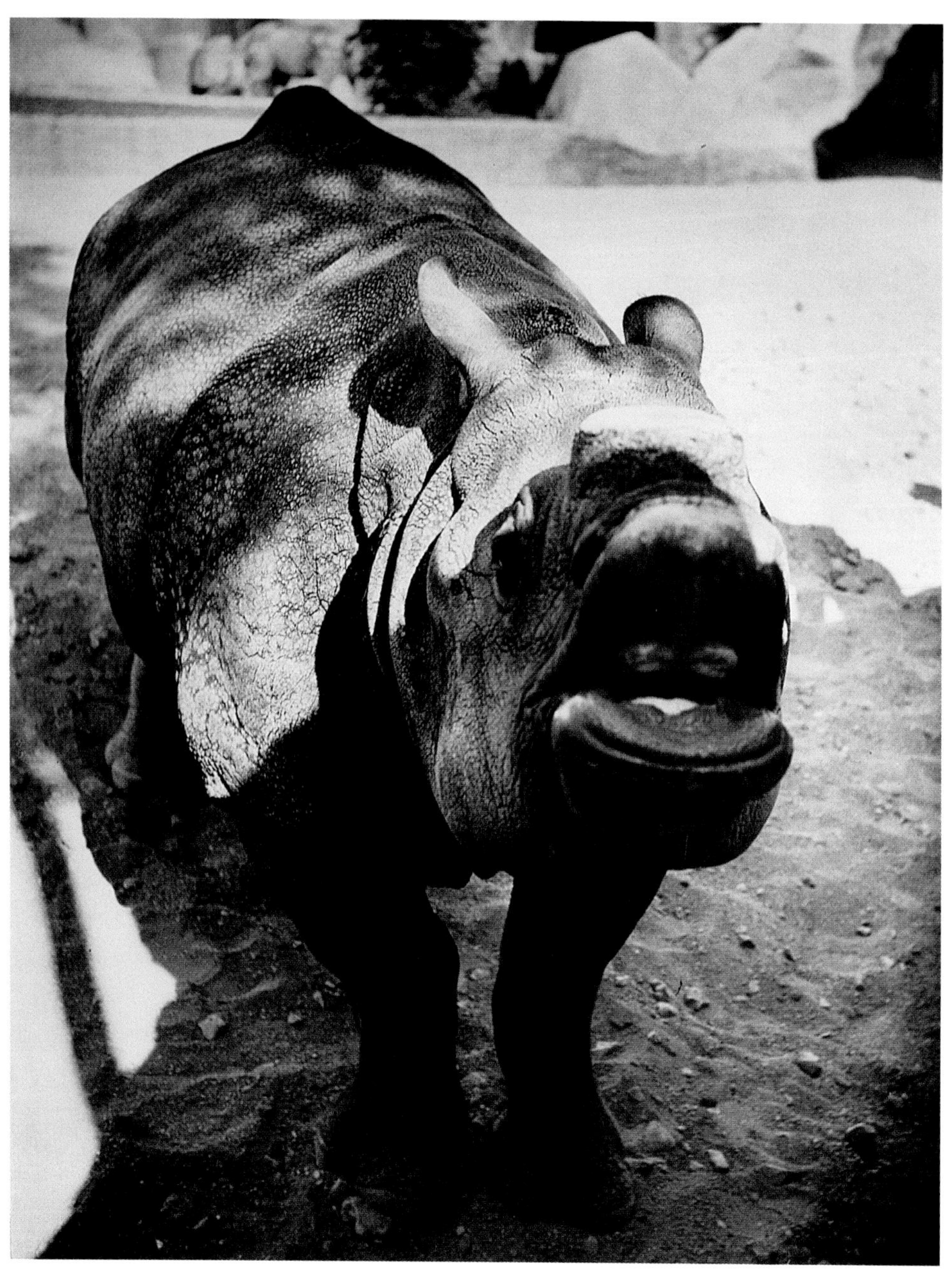

Zoo de Vincennes, Paris
c. 1933-1938

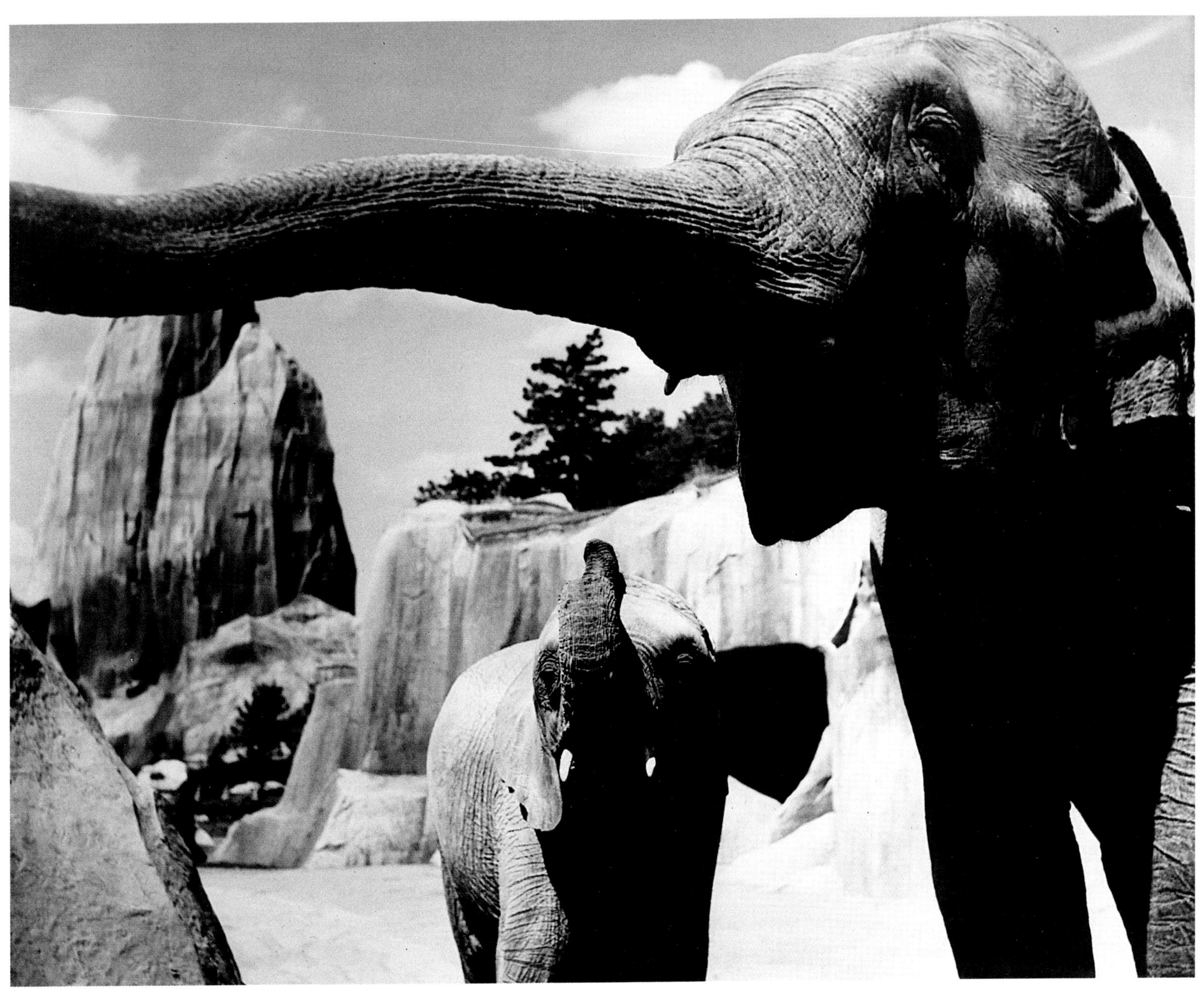

Zoo de Vincennes, Paris
c. 1933-1938

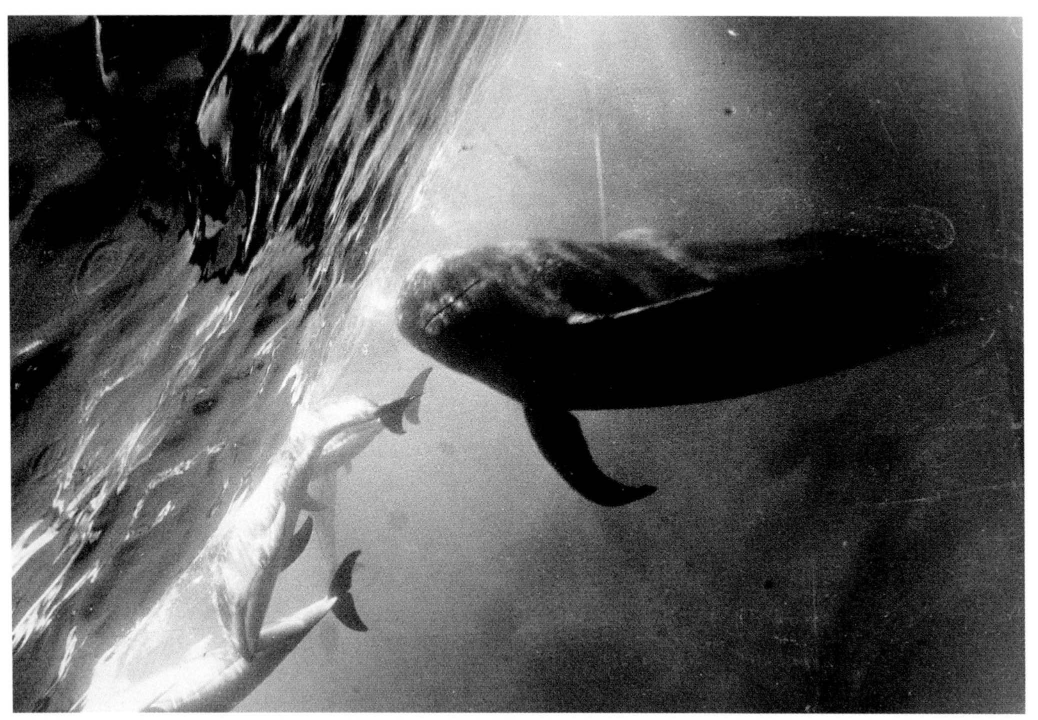

Aquarium, Whale
c. 1956

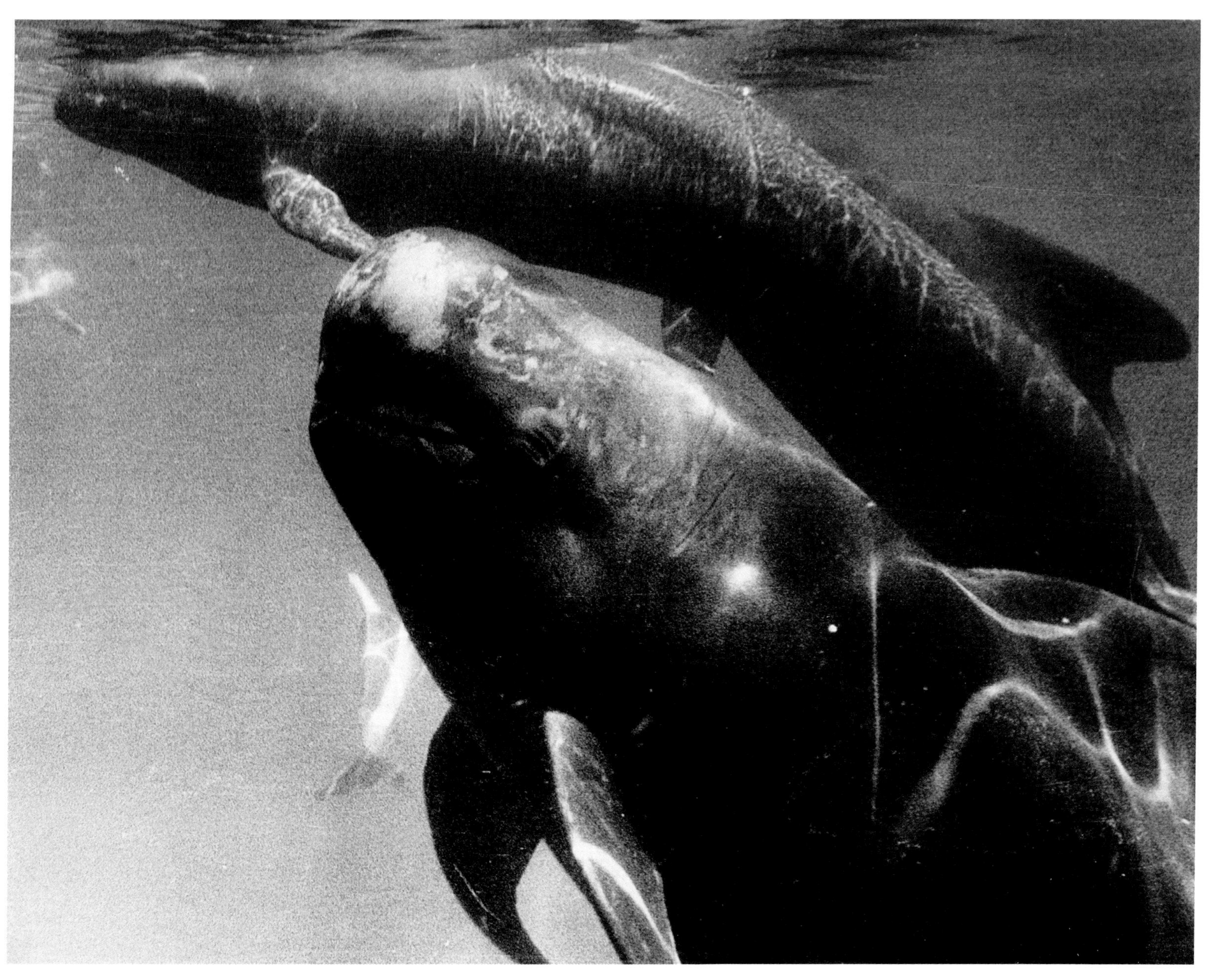

Aquarium, Whales
c. 1956

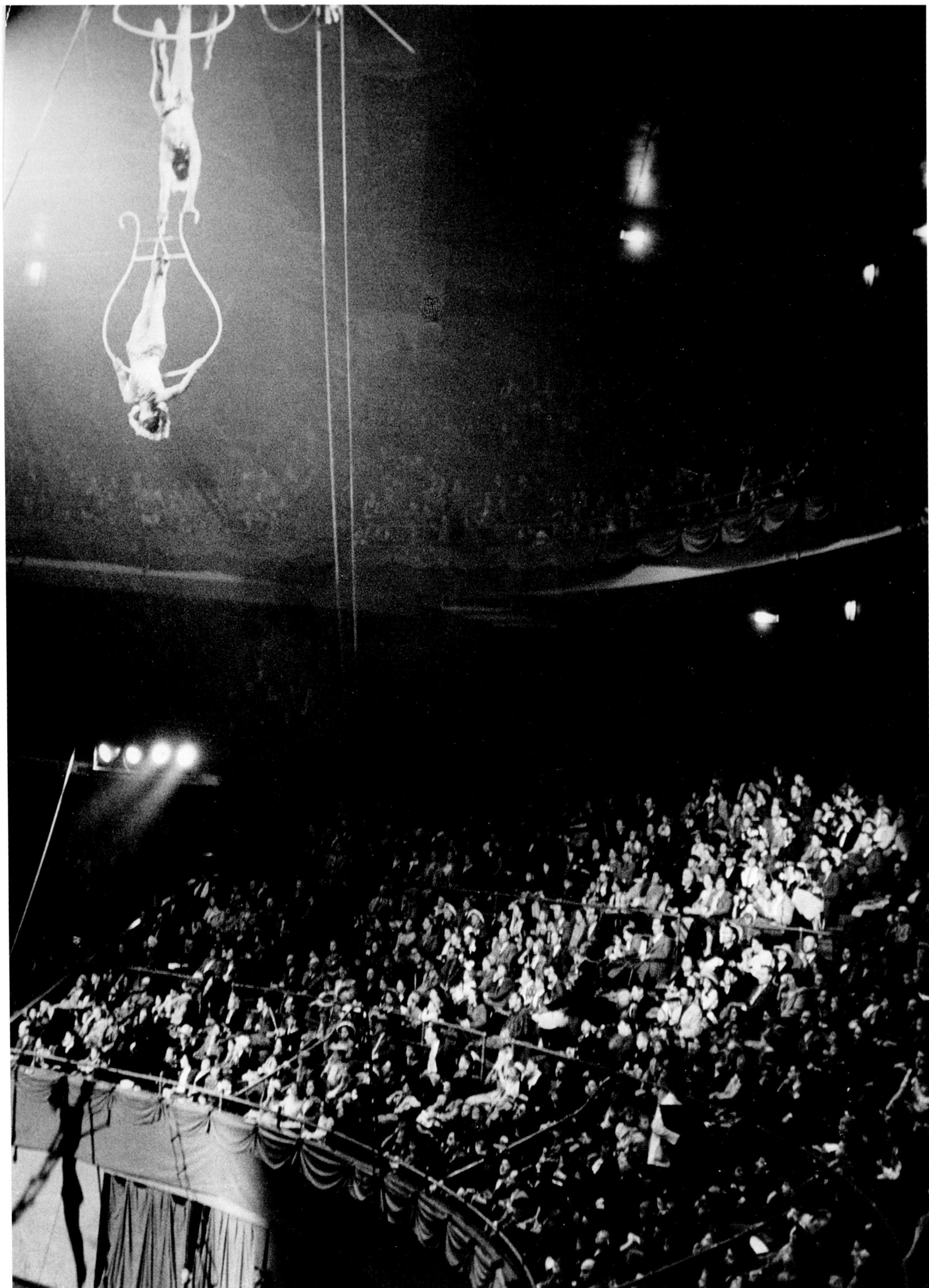

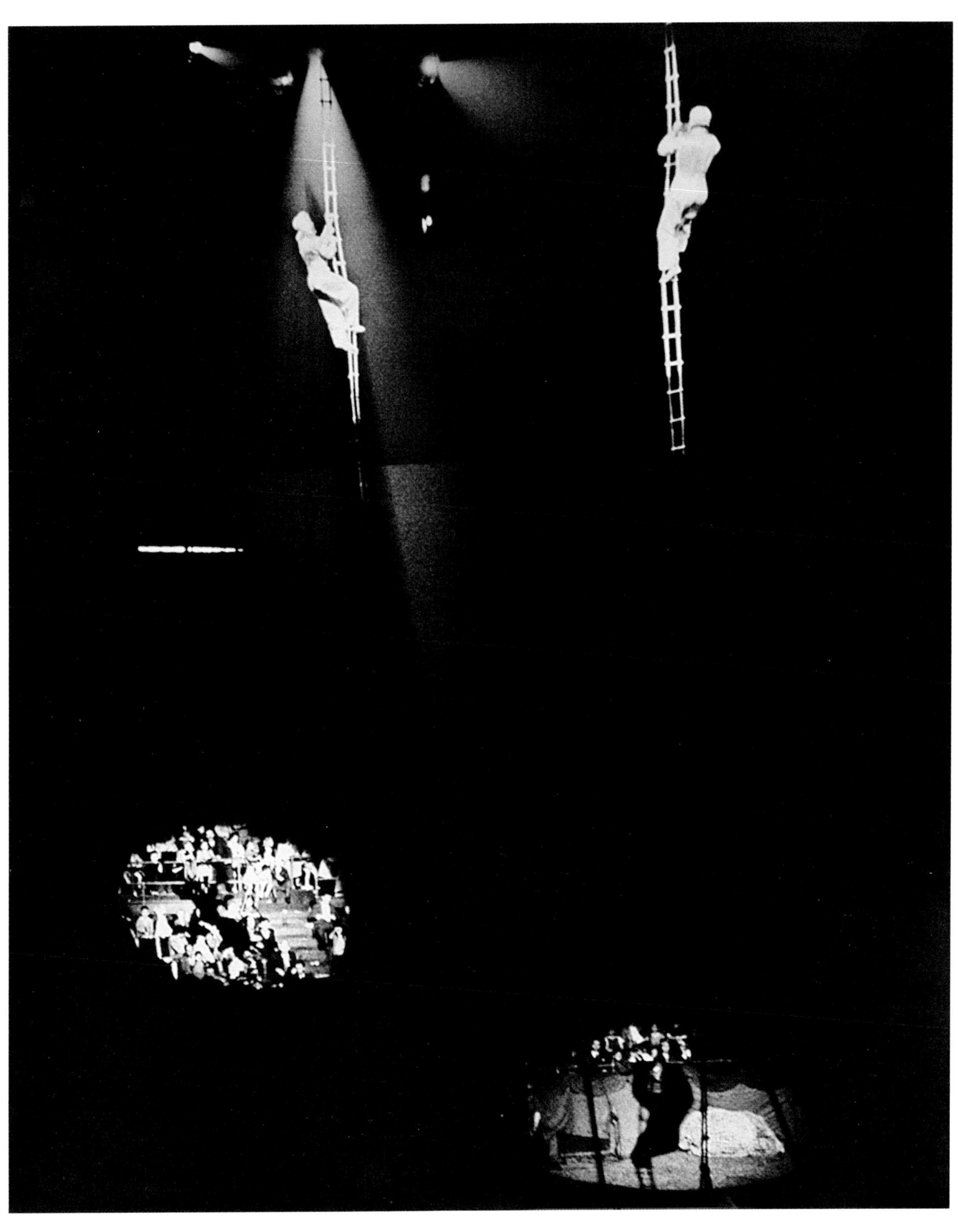

Circus, New York, 1945

Circus, New York, 1945

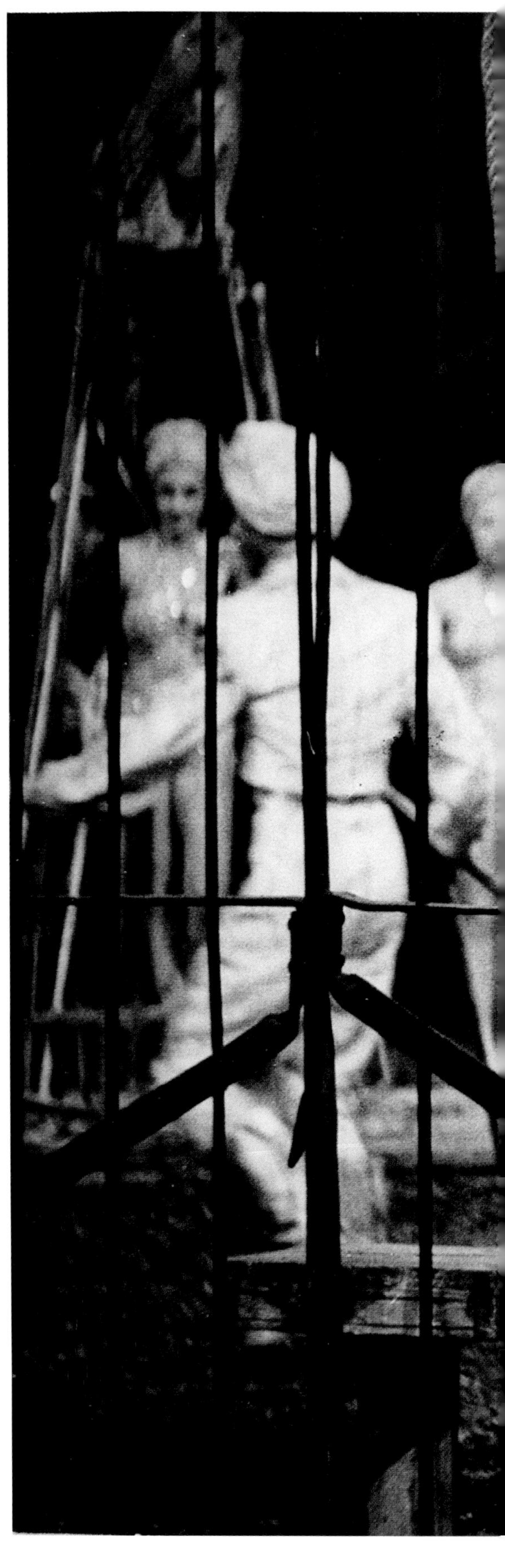

Circus, New York, Lion Tamer
c. 1945

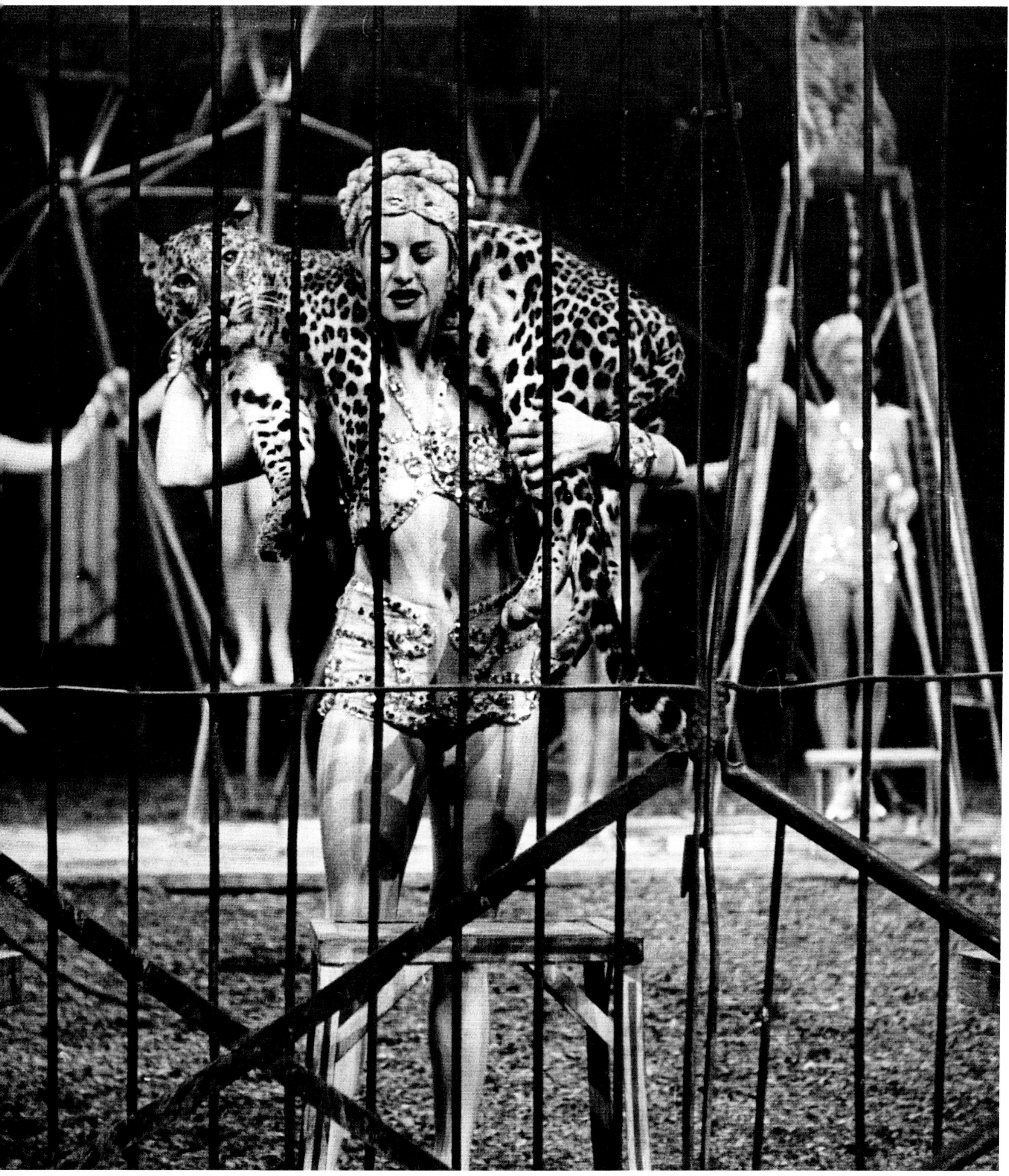

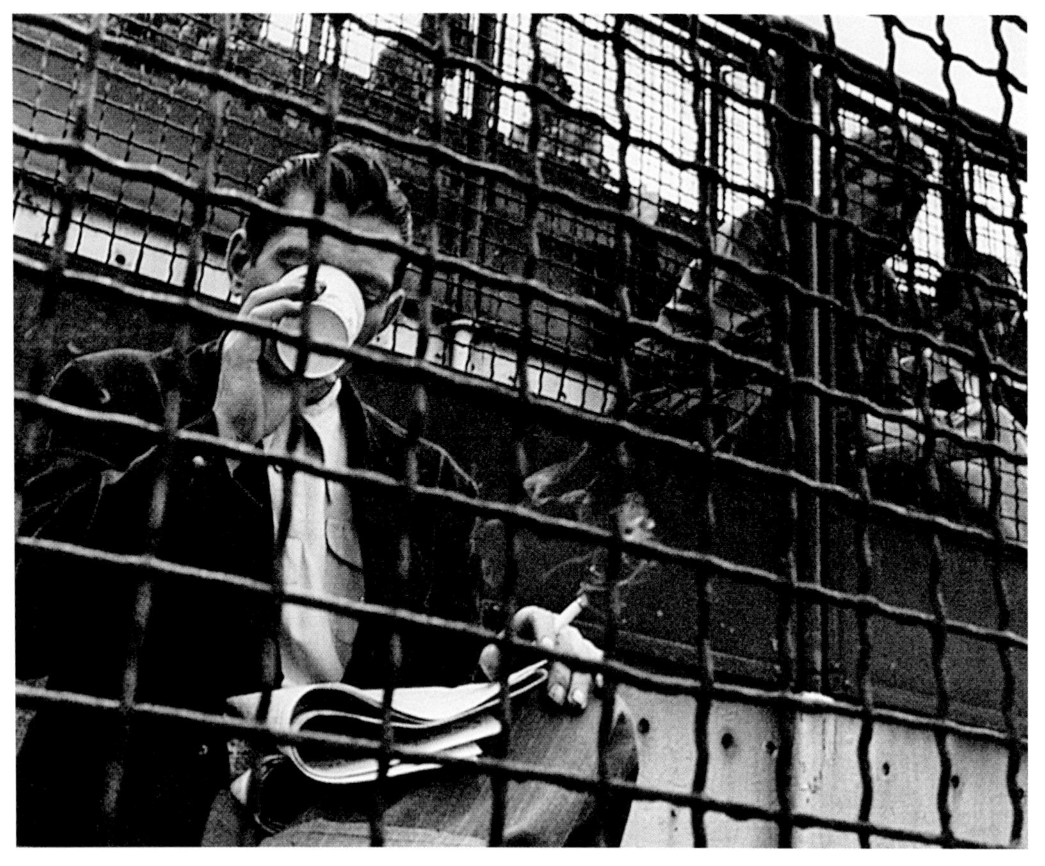

Belmont Park Race Track, Guys
1956

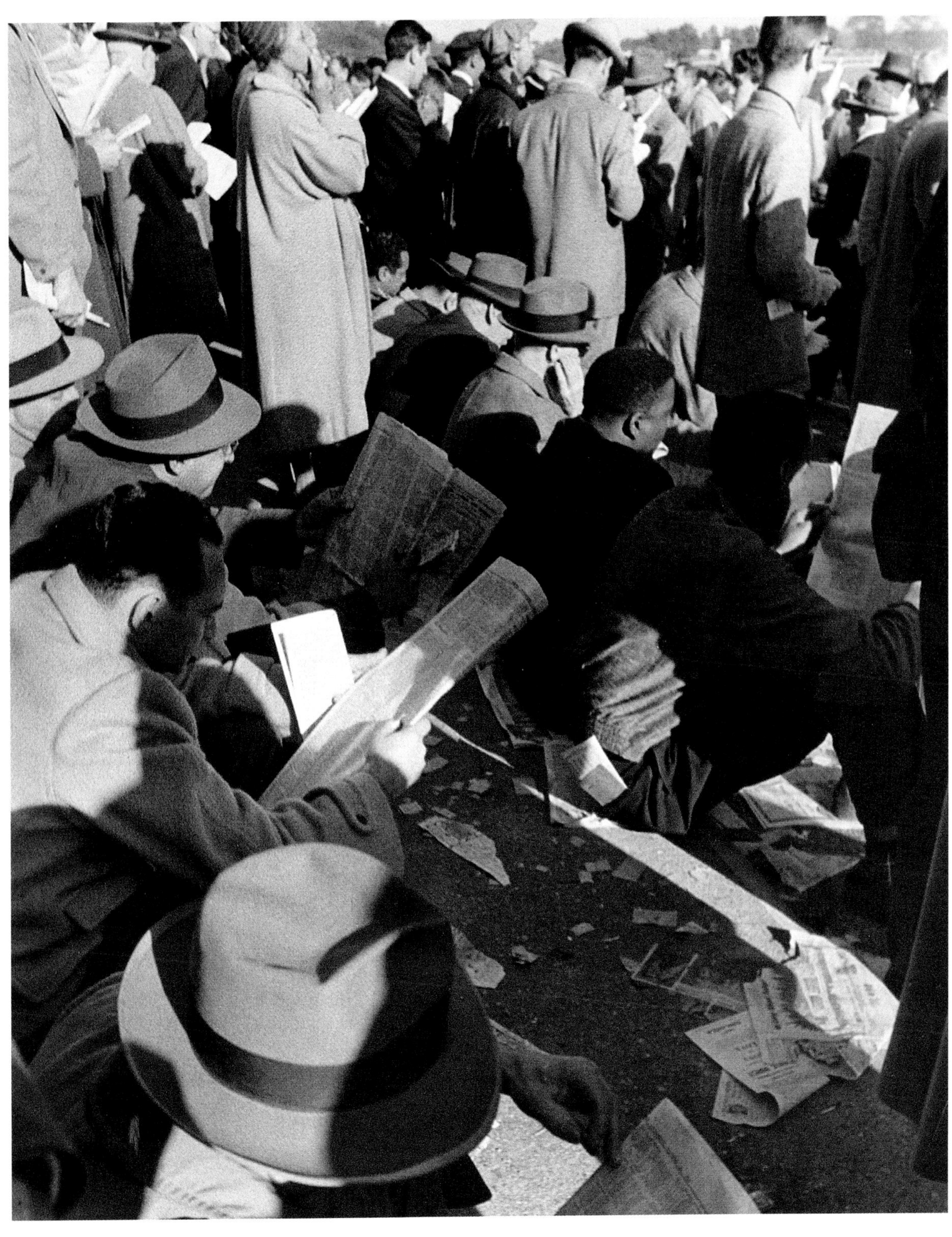

Belmont Park Race Track, Crowd from the back
1956

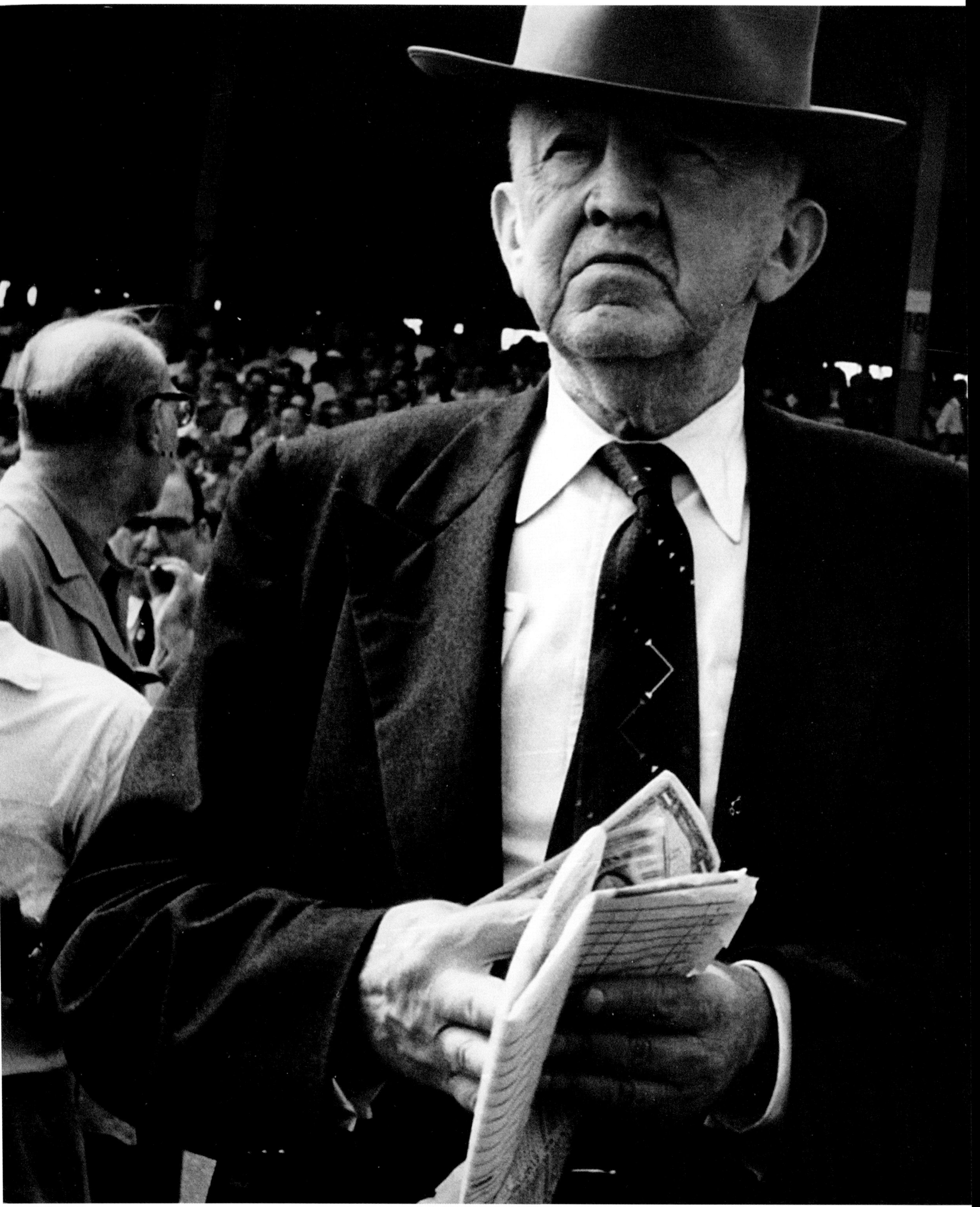

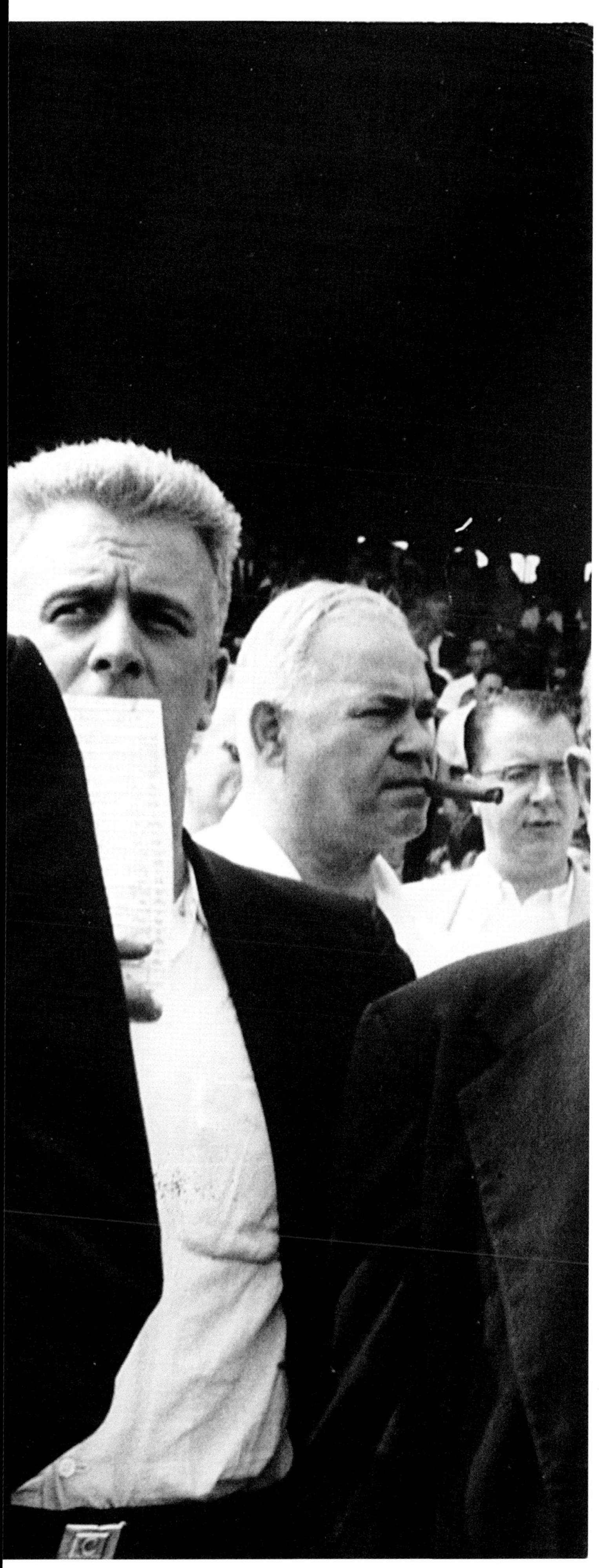

Belmont Park Race Track
1956

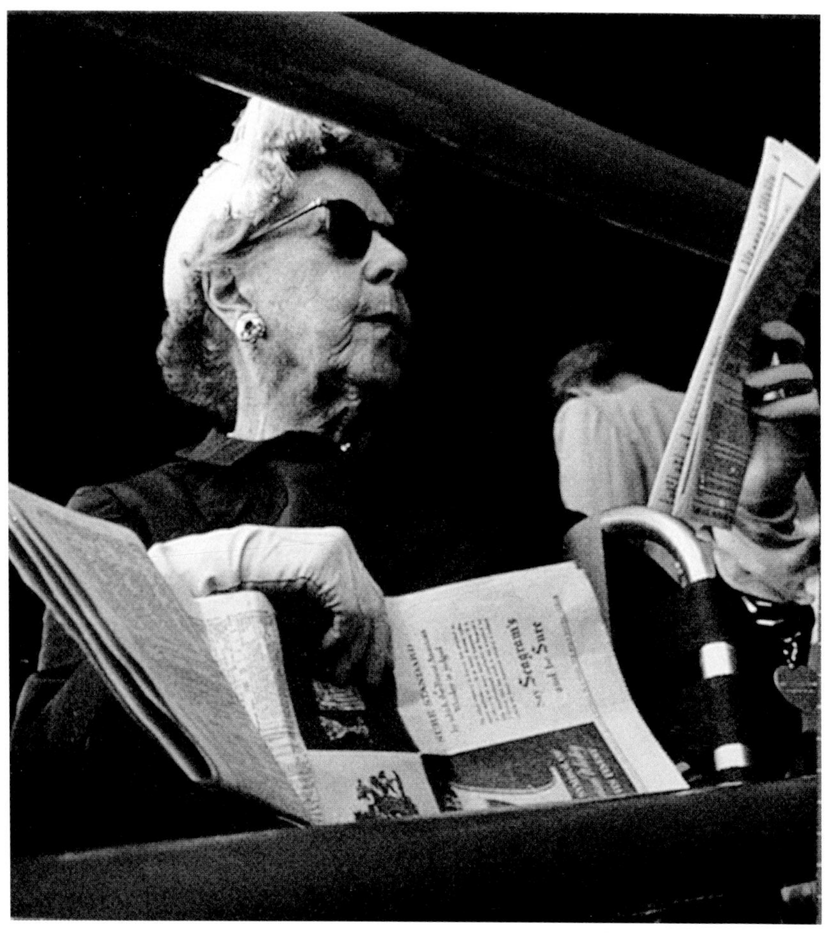

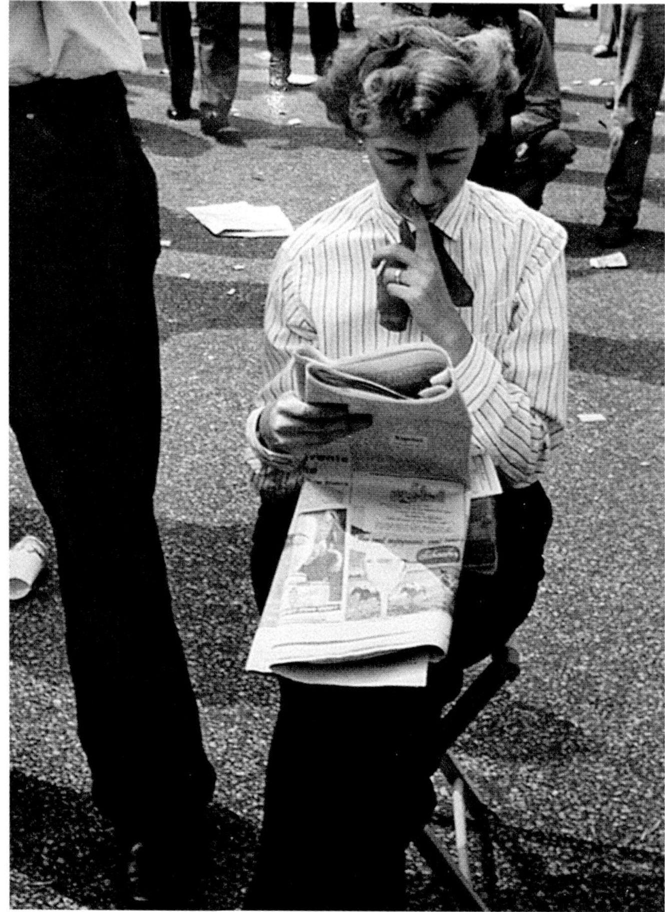

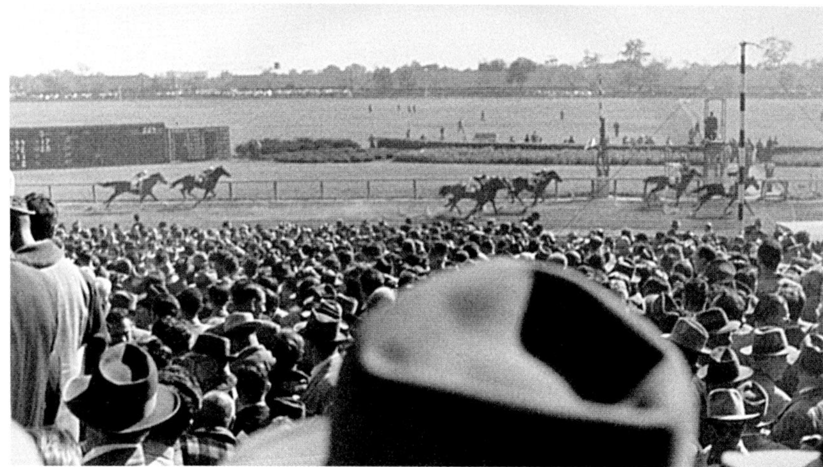

Belmont Park Race Track
1956

Belmont Park Race Track, Seated woman reading paper
1956

Belmont Park Race Track, Horses
1956

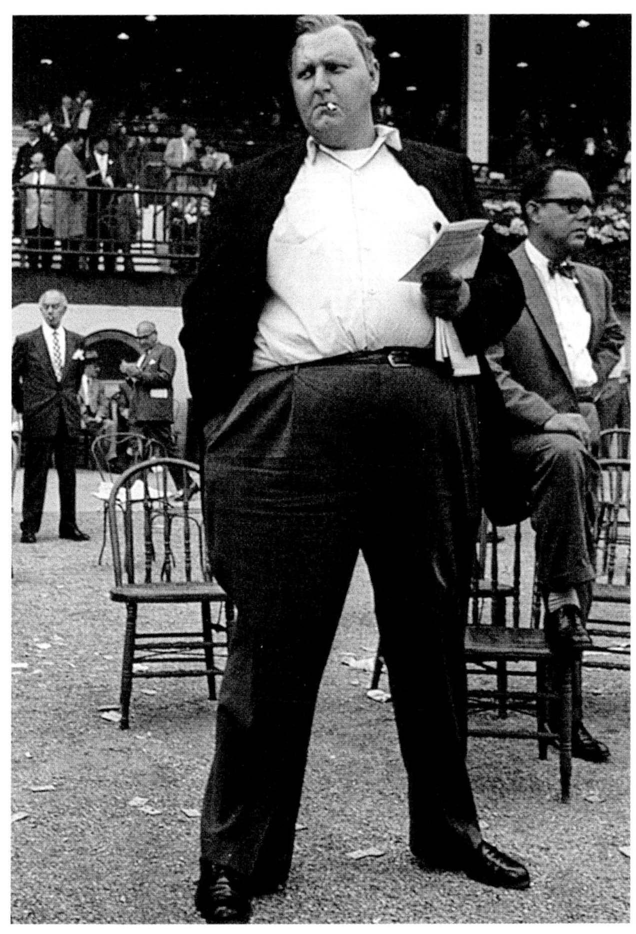

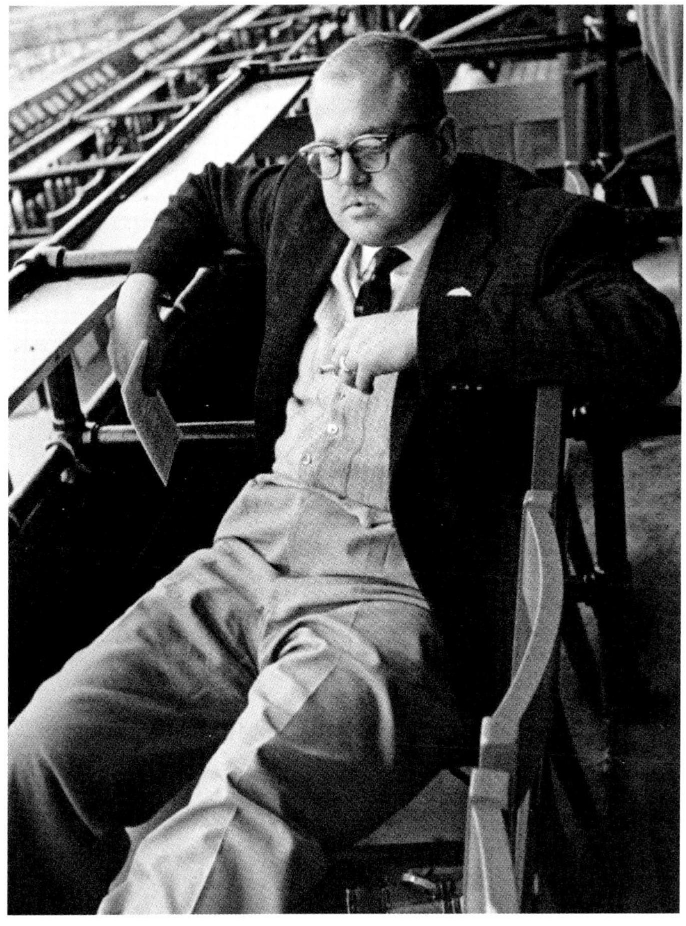

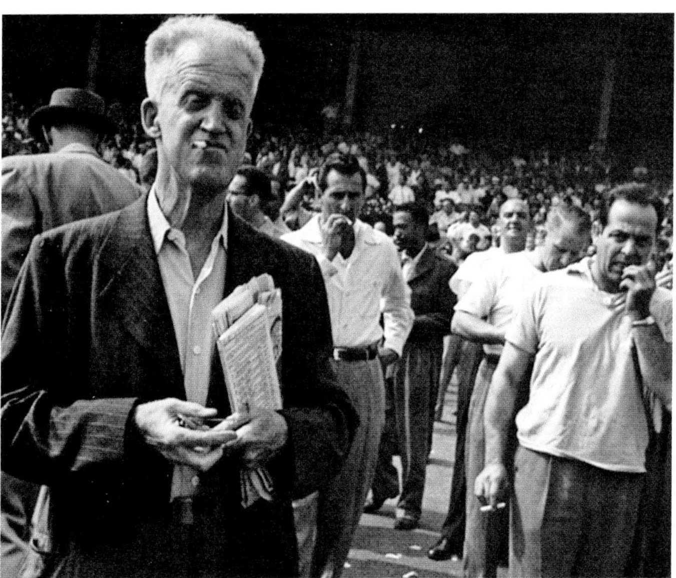

Belmont Park Race Track,
1956

Belmont Park Race Track,
1956

Belmont Park Race Track, Albinos
1956

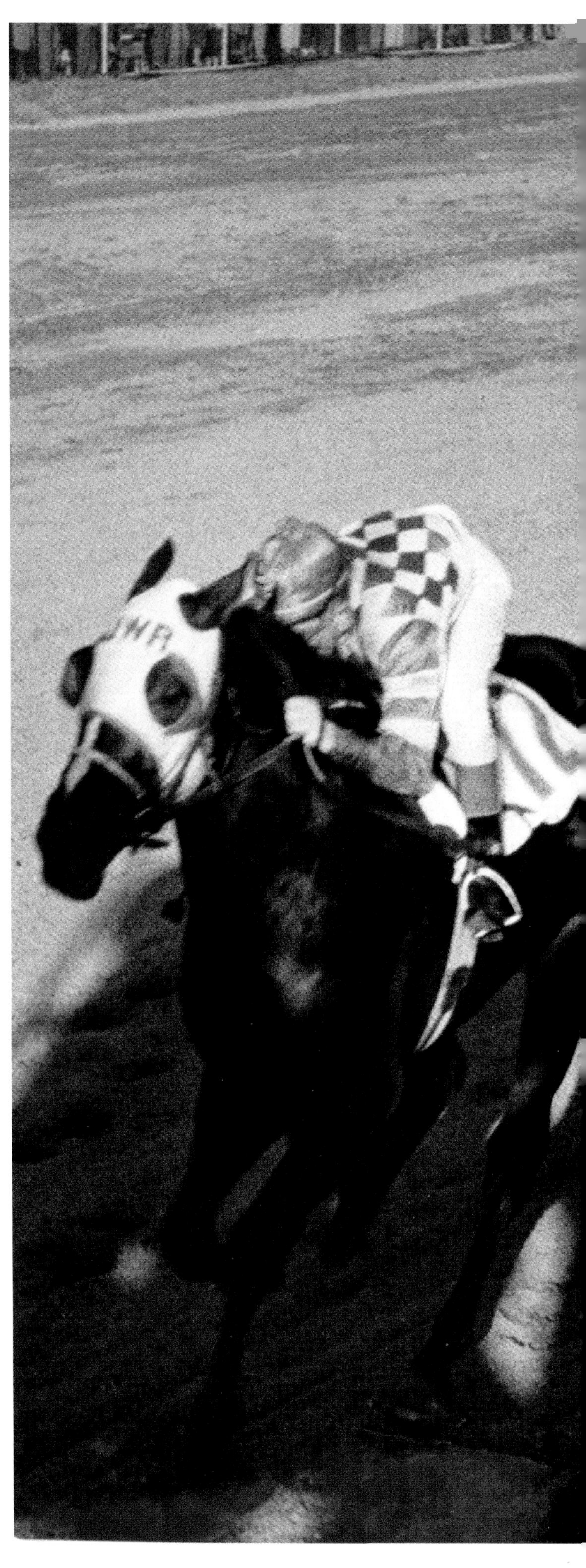

Belmont Park Race Track, Race
1956

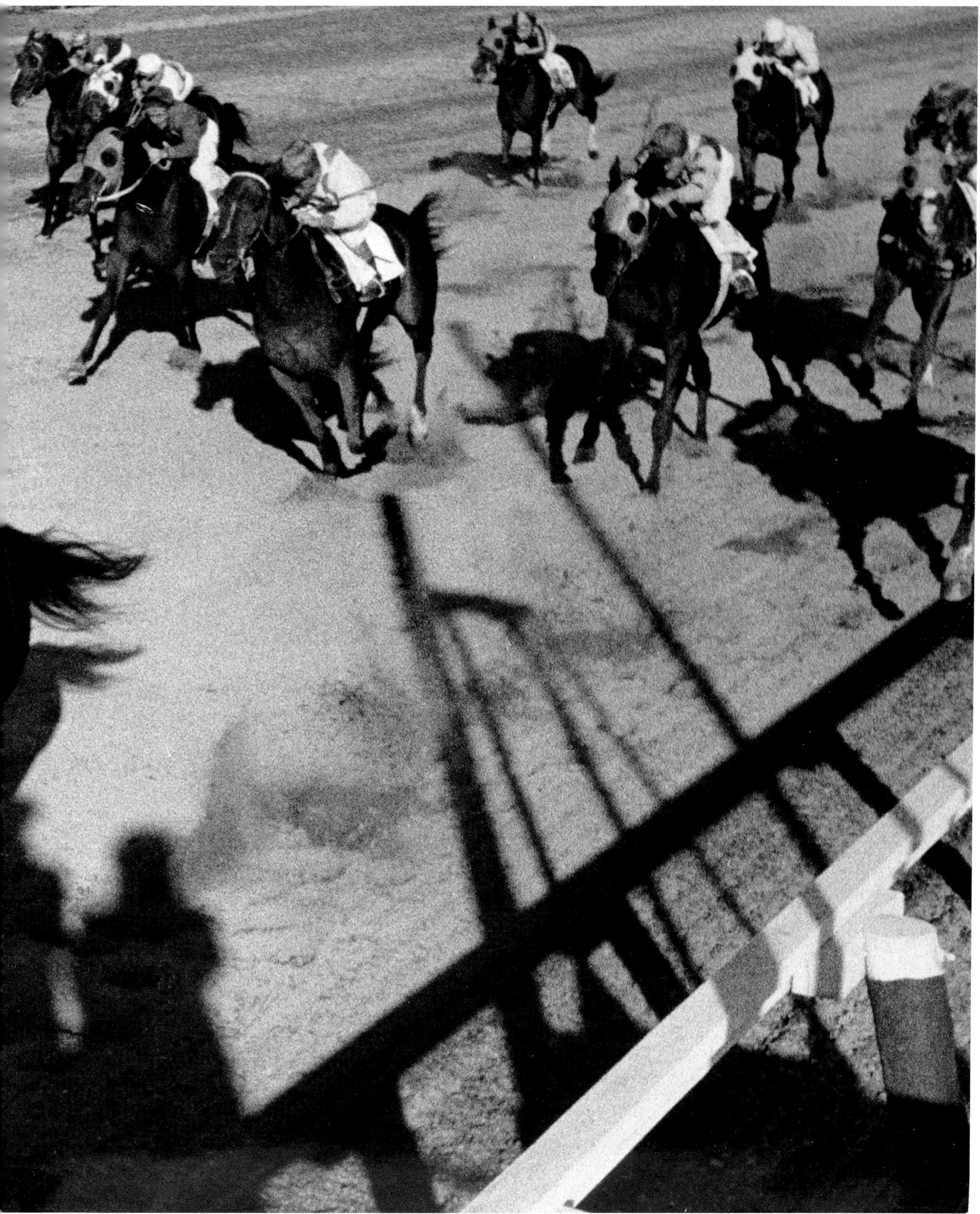

Sing, sing, sing

Nel 1952, Lisette Model si dedica alla realizzazione di un progetto sul jazz, riunendo in un unico lavoro le sue due grandi passioni: la fotografia e la musica, che aveva frequentato e praticato fin da giovanissima alla scuola di Arnold Schönberg. Questo suo interesse emerge chiaramente anche dagli scatti realizzati negli anni quaranta nei nightclub e dai ritratti che nel corso del tempo aveva fatto a musicisti come Harry James, Eddie Condon, Bunk Johnson e Gene Krupa. Il progetto in questione, tuttavia, è più ambizioso. Model vorrebbe, infatti, realizzare un libro dove abbinare le sue fotografie alle poesie di Langston Hughes e all'introduzione del critico musicale Rudi Blesh, entrambi entusiasti di collaborare con la fotografa. Nei sei anni successivi, Model cerca un editore disposto a pubblicare il suo libro, senza tuttavia riuscirci, nonostante il supporto di tanti amici dell'ambiente artistico. Contemporaneamente però scatta più di ottocento negativi, ritraendo i musicisti e il loro pubblico al Music Inn, al Festival di Jazz di New York e a quello di Newport, dove realizza un surreale reportage delle persone che ascoltano ipnotizzate i concerti sotto uno scrosciante acquazzone. Sono tanti i fotografi che negli stessi anni si dedicano a queste tematiche, anche per l'enorme popolarità che il genere aveva ormai raggiunto negli Stati Uniti e nel mondo, ma gli scatti di Model si distinguono per la loro forza evocativa. Le immagini sgranate e poco nitide – caratteristica che contraddistingue buona parte delle sue stampe, causata dell'uso di una macchina di piccolo formato e degli ingrandimenti che era solita fare in camera oscura – restituiscono un'atmosfera ovattata e densa. I musicisti emergono da un avvolgente sfondo in penombra, spesso colpiti solo da pochi raggi di luce che ne definiscono le silhouettes e ne accentuano la gestualità, trasmettendo sul piano visivo la sensazione del momento.

In 1952, Lisette Model is dedicated to realising a project on jazz, uniting into a single work two of her great passions: photography and music, which she had followed and practiced since her youth at Arnold Schönberg's school. This interest is also evident in the 1940s nightclub shots and the portraits of the musicians she took over time, such as Harry James, Eddie Condon, Bunk Johnson and Gene Krupa. The project in question, however, is more ambitious. In fact, Model wants to create a book in which to couple her photographs with Langston Hughes' poems, with an introduction by music critic Rudi Blesh, both of whom are excited to collaborate with the photographer. Over the next six years, Model seeks a publisher for her book, but to no avail, despite the support of many friends within the art scene. At the same time, however, she snaps over eight-hundred negatives portraying the musicians and their audiences at the Music Inn, the New York Jazz Festival and the Newport Jazz Festival, where he creates a surreal photo-reportage of the hypnotised concertgoers listening under a roaring downpour. Many are the photographers who in these years are dedicated to such themes due to the enormous popularity that, by now, the genre has garnered across the United States and the world; however, Model's shots stand out for their expressive power. The grainy and blurry pictures – a feature distinguishing most of her prints, resulting from the use of a small-format camera and the enlargements she used to make in the darkroom – result in a muffled and dense atmosphere. The musicians emerge from an enveloping dimly-lit background, often struck by just a few beams of light outlining their silhouettes and accentuating their body language, visually translating the sensation of the moment.

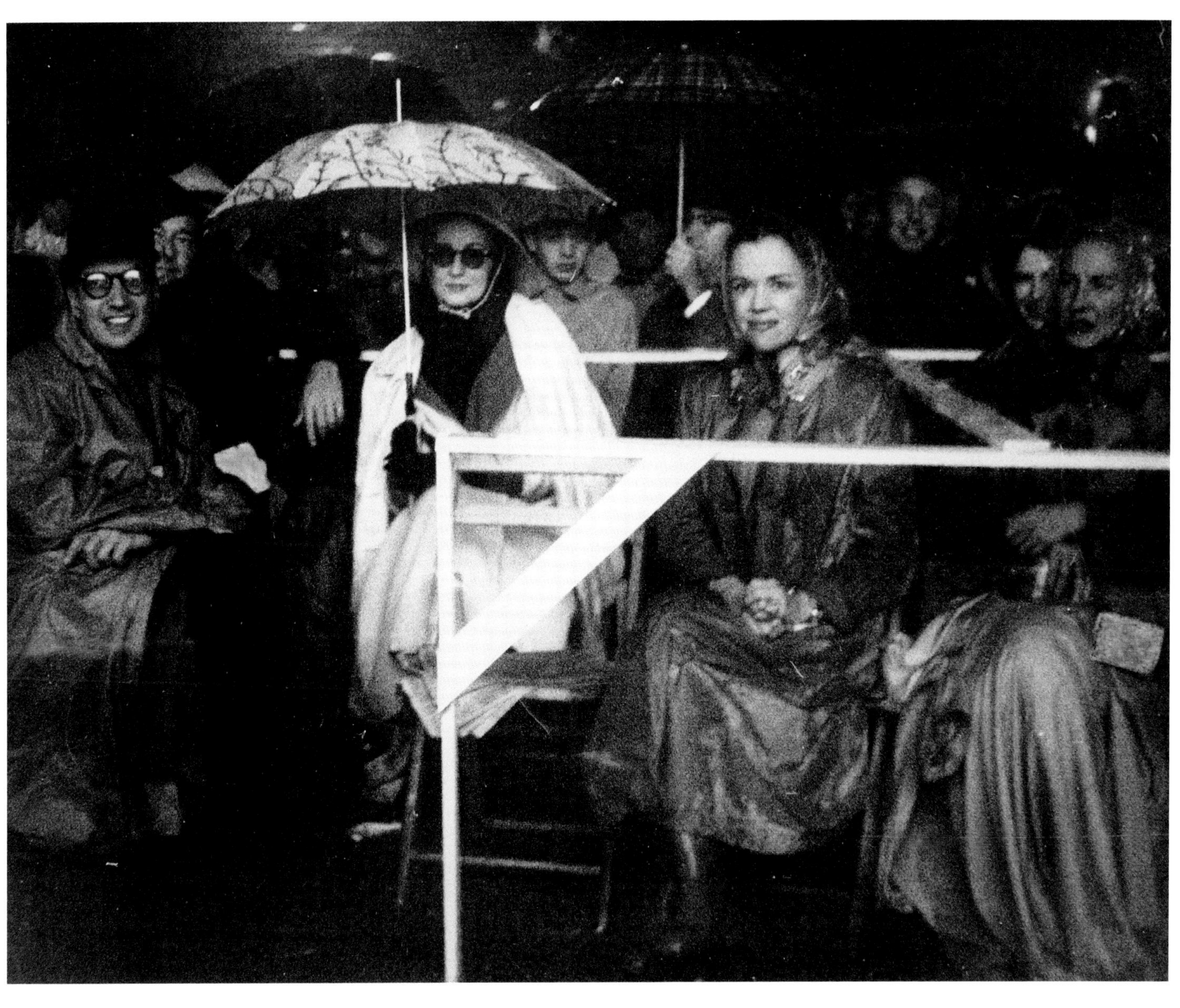

Newport Jazz Festival, Opening in Rain
c. 1954-1957

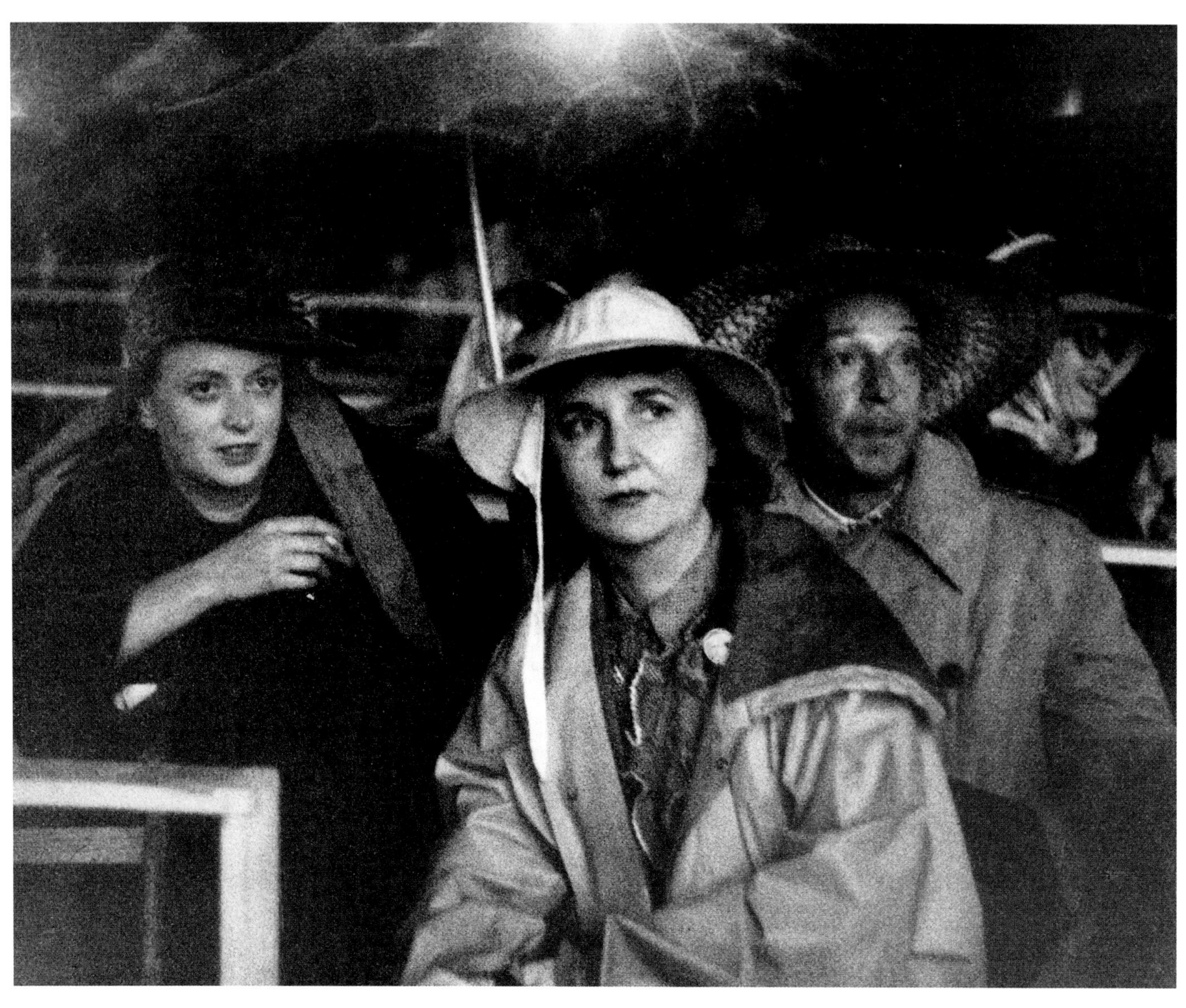

Newport Jazz Festival, Opening in Rain
c. 1954-1957

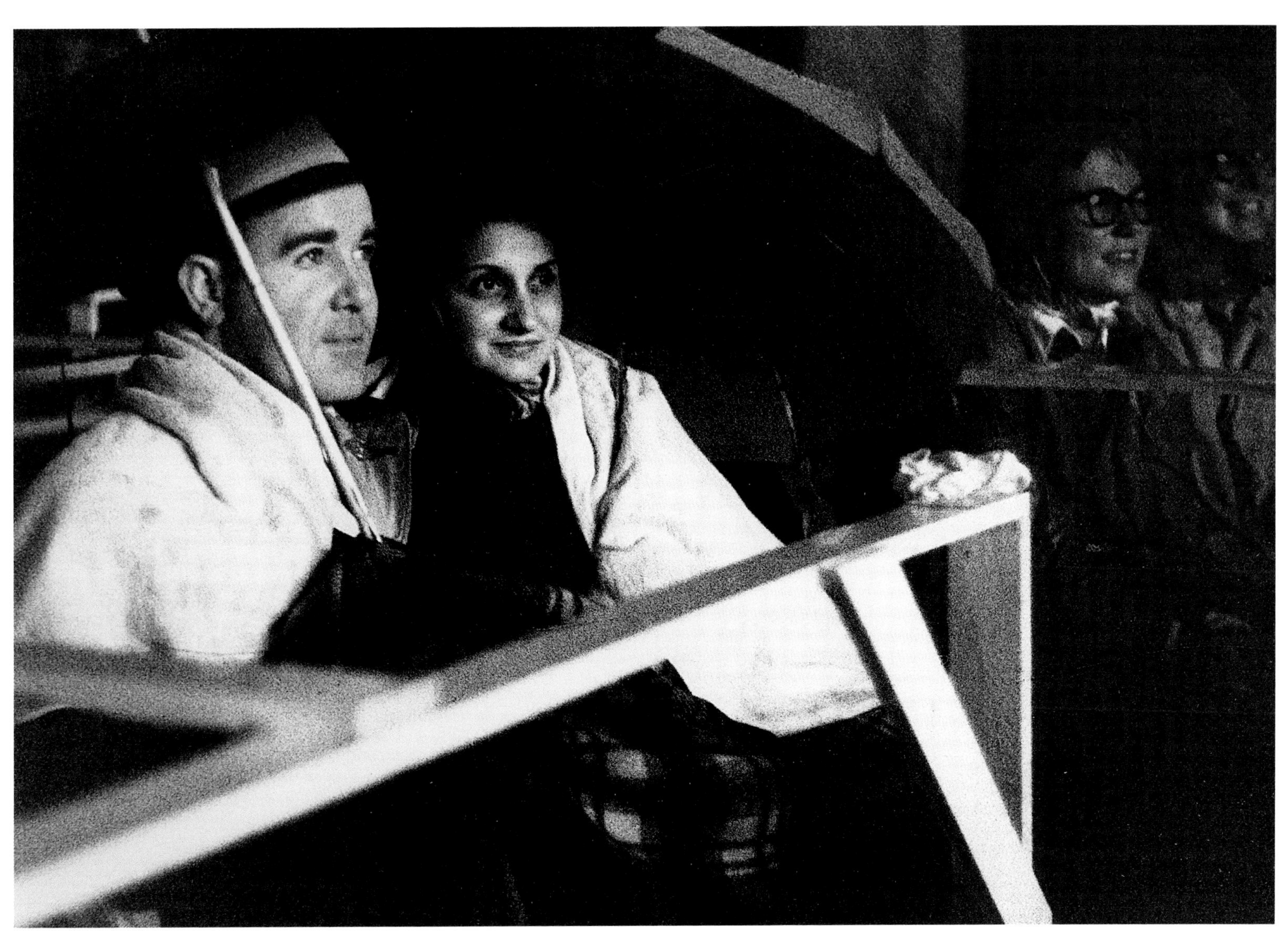

Newport Jazz Festival, Opening in Rain
c. 1954-1957

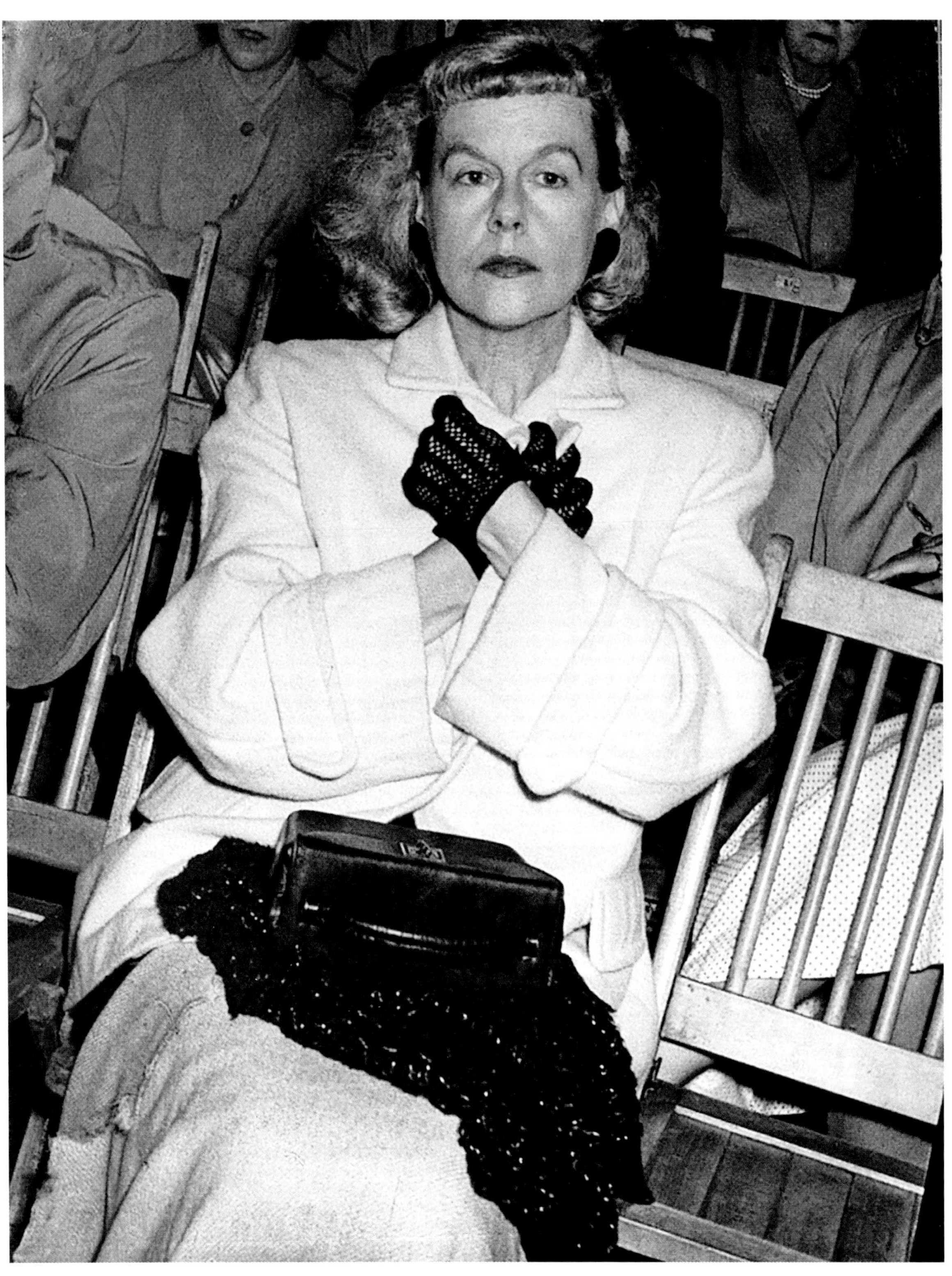

Newport Jazz festival, Public
c. 1954-1957

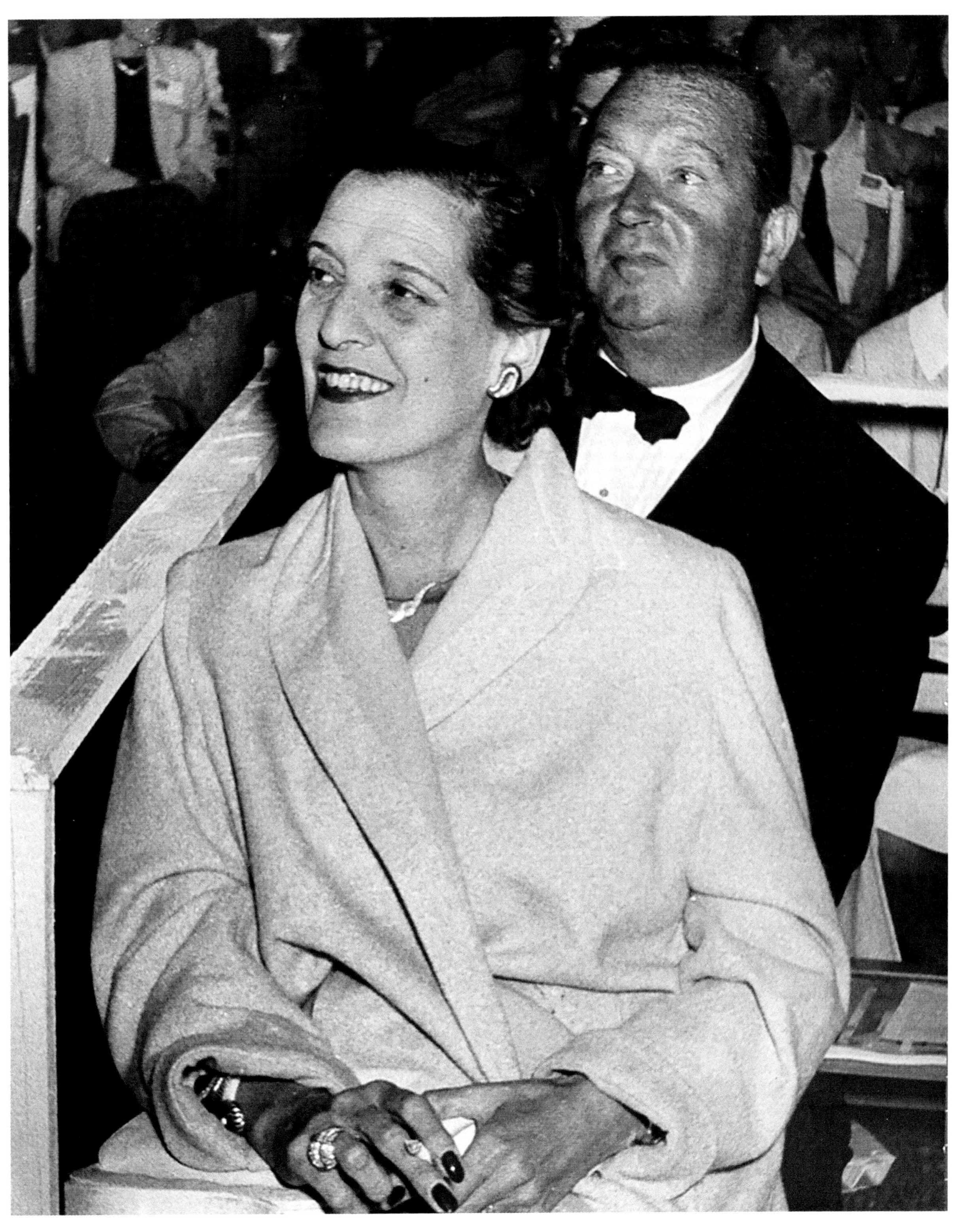

Newport Jazz Festival, Public
c. 1954-1957

Newport Jazz Festival, Public
c. 1954-1957

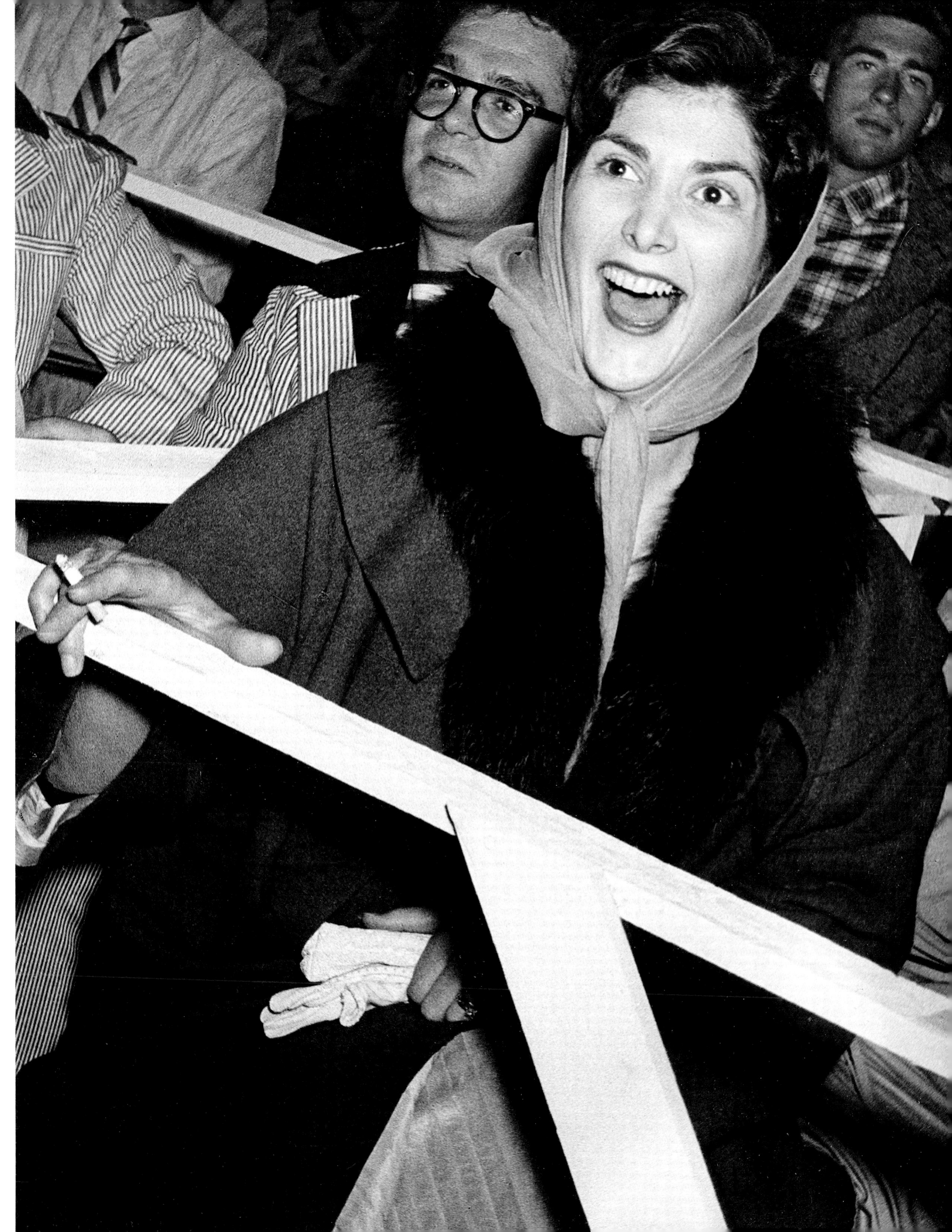

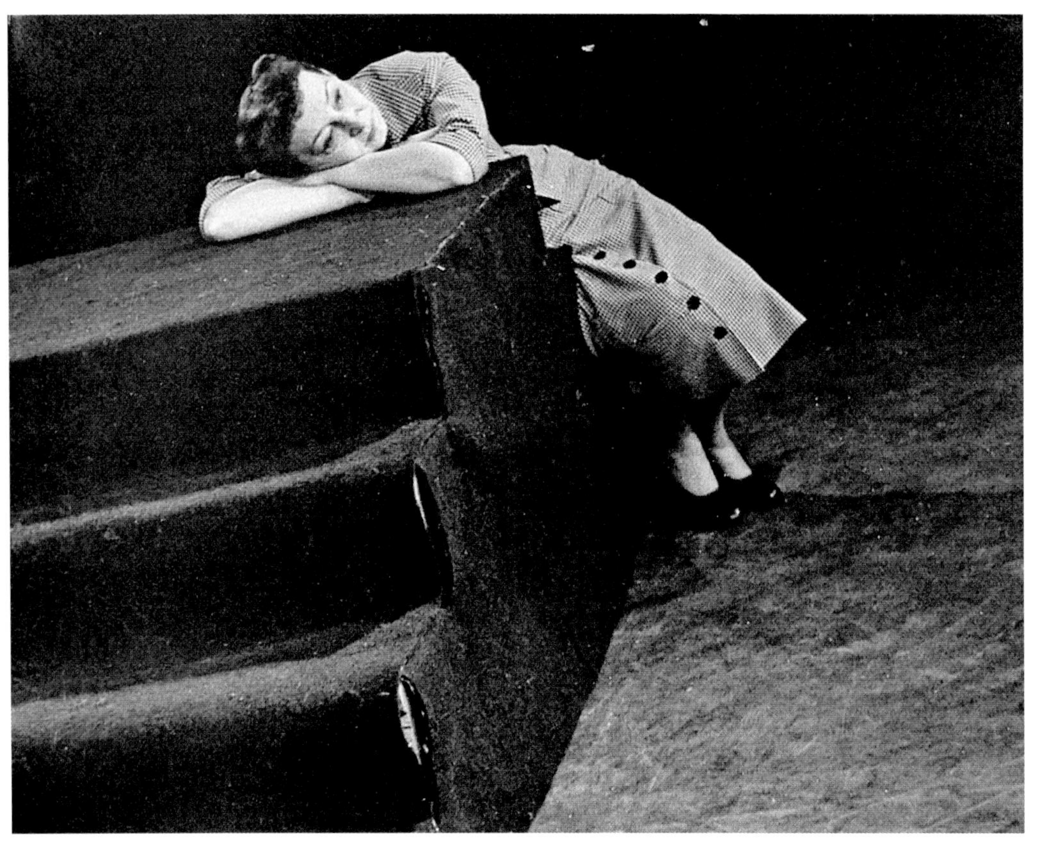

Jazz
s.d. / n.d.

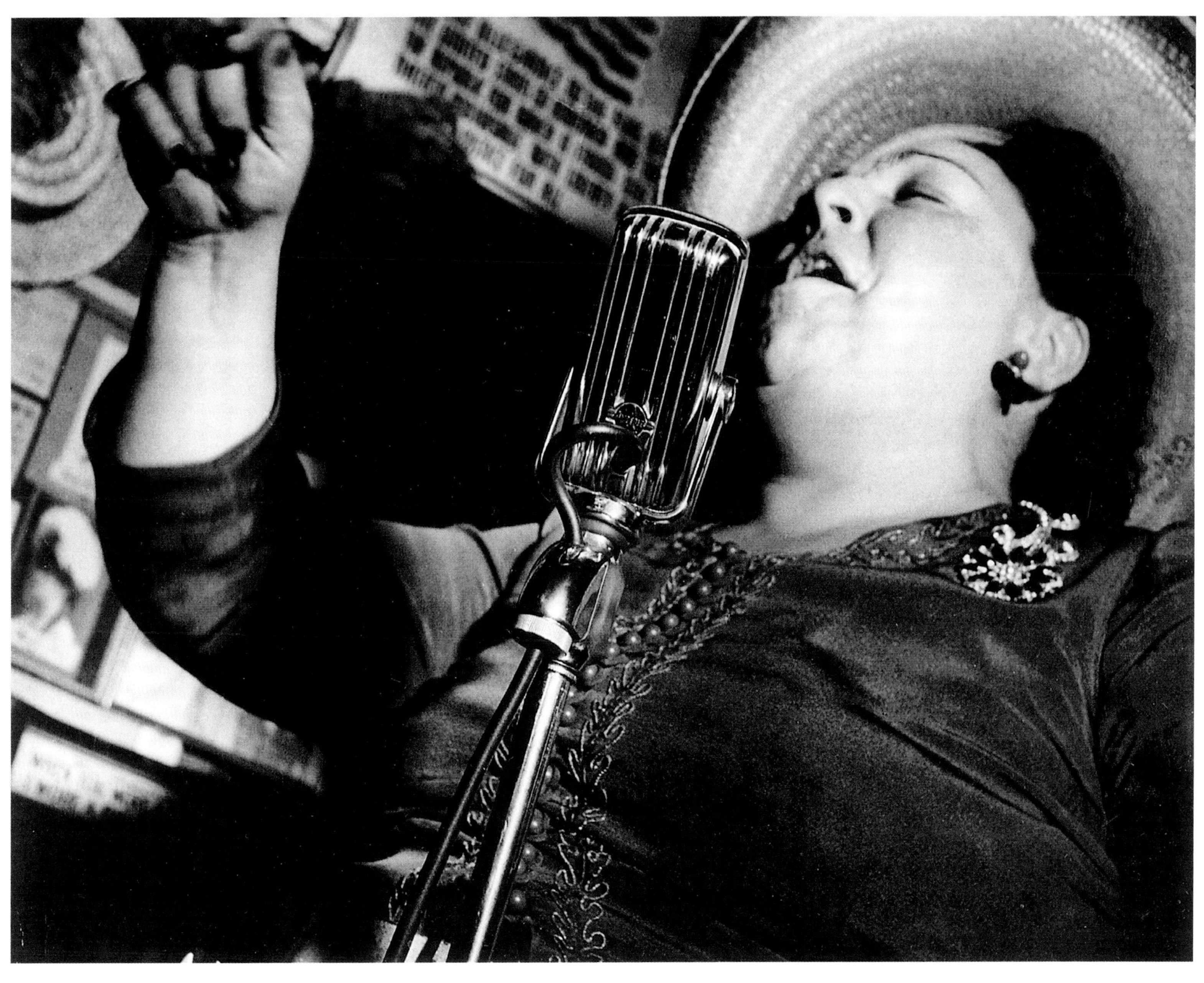

Sammy's, New York
c. 1940-1944

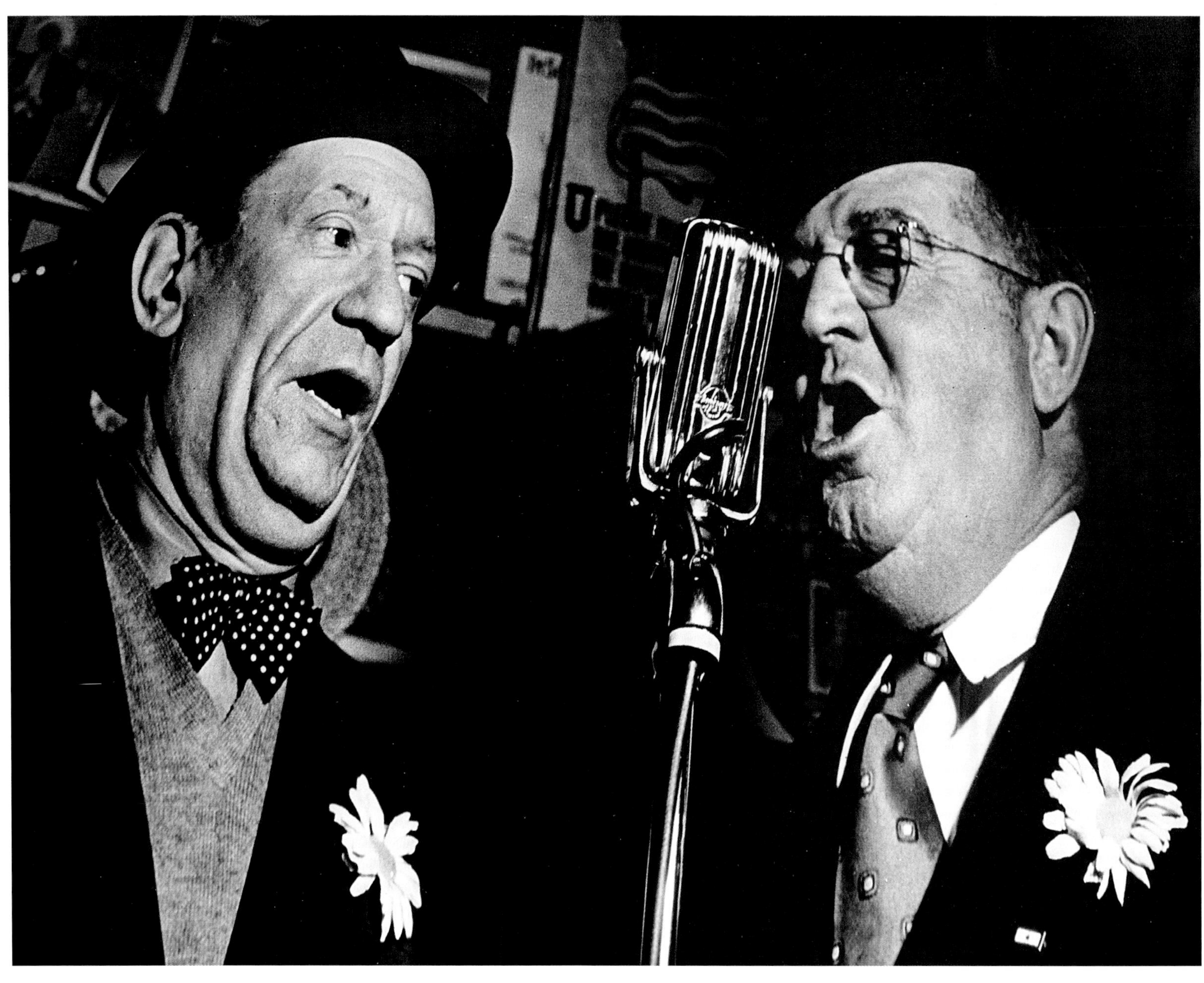

Sammy's, New York
c. 1940-1944

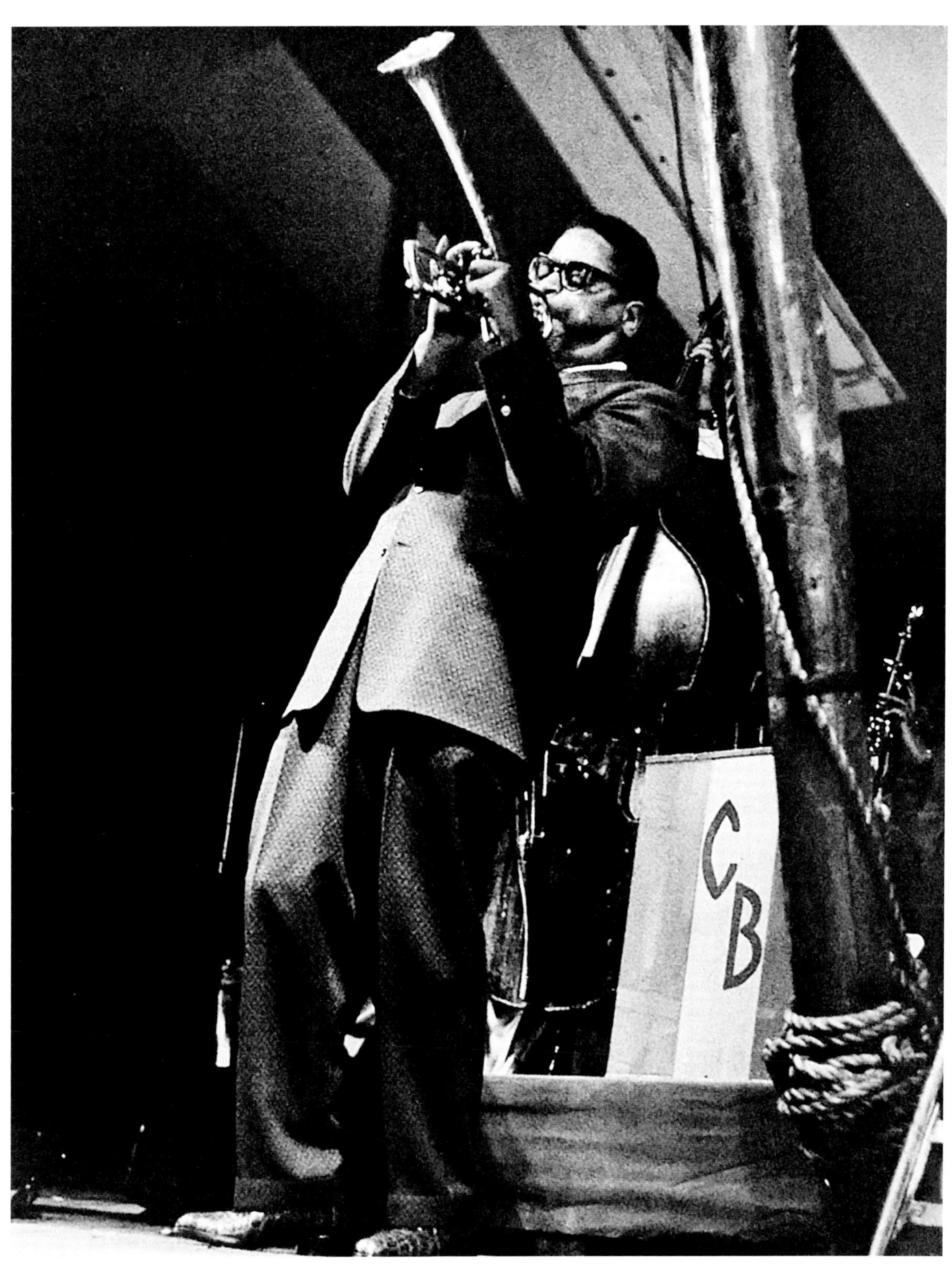

Dizzy Gillespie
c. 1956-1958

Pee Wee Russell
c. 1957

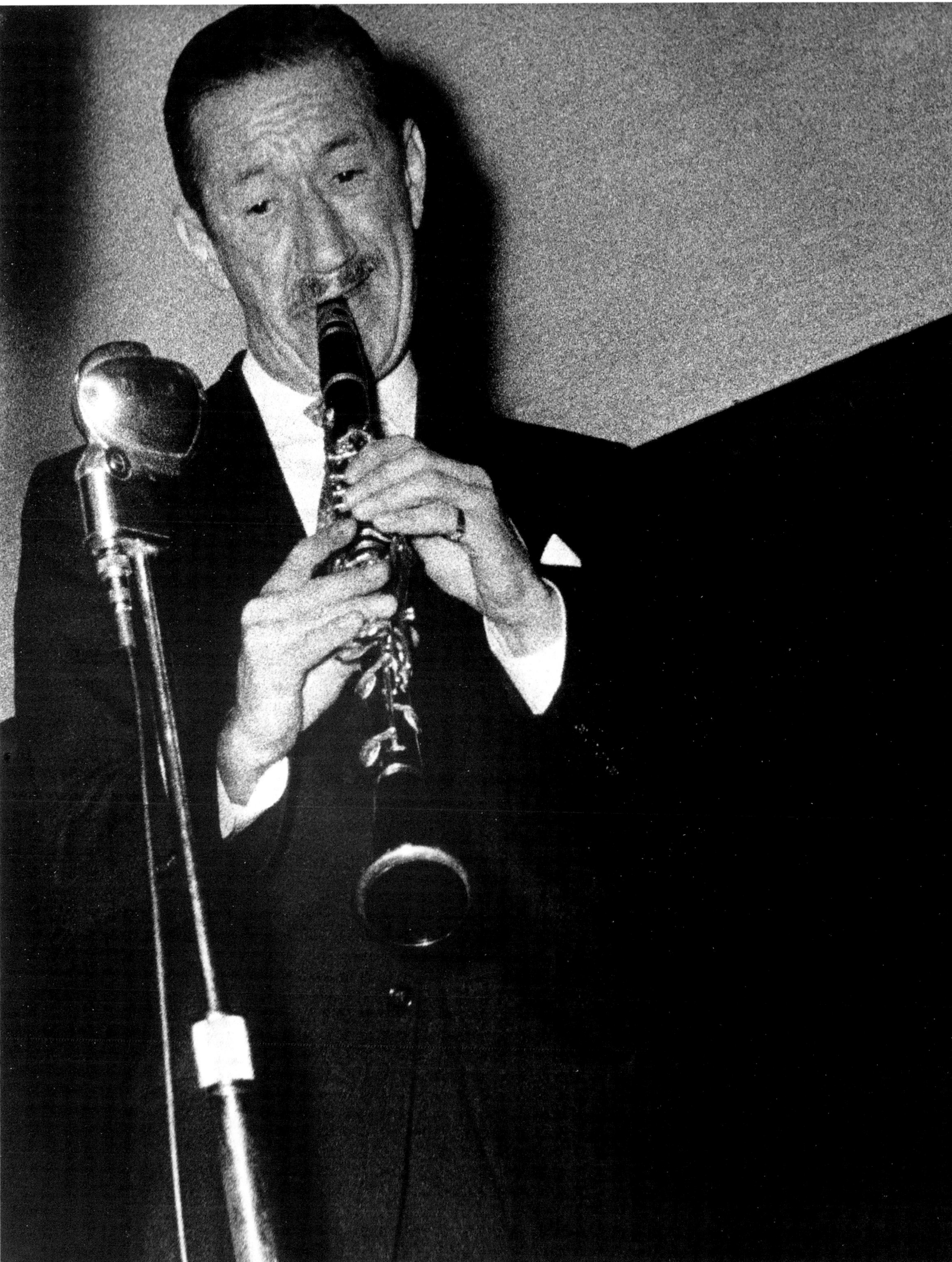

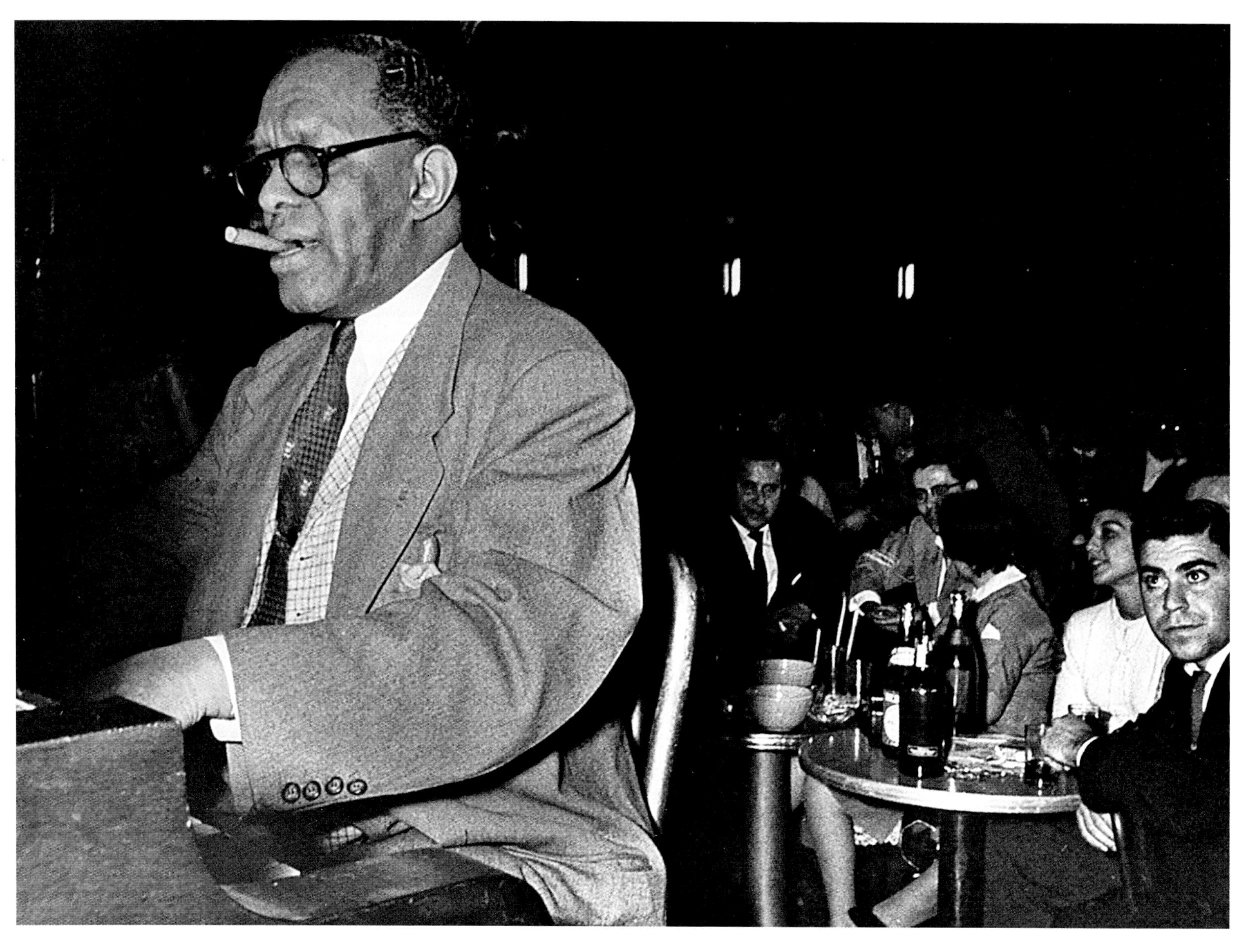

Willie Smith, "The Lion"
c. 1950

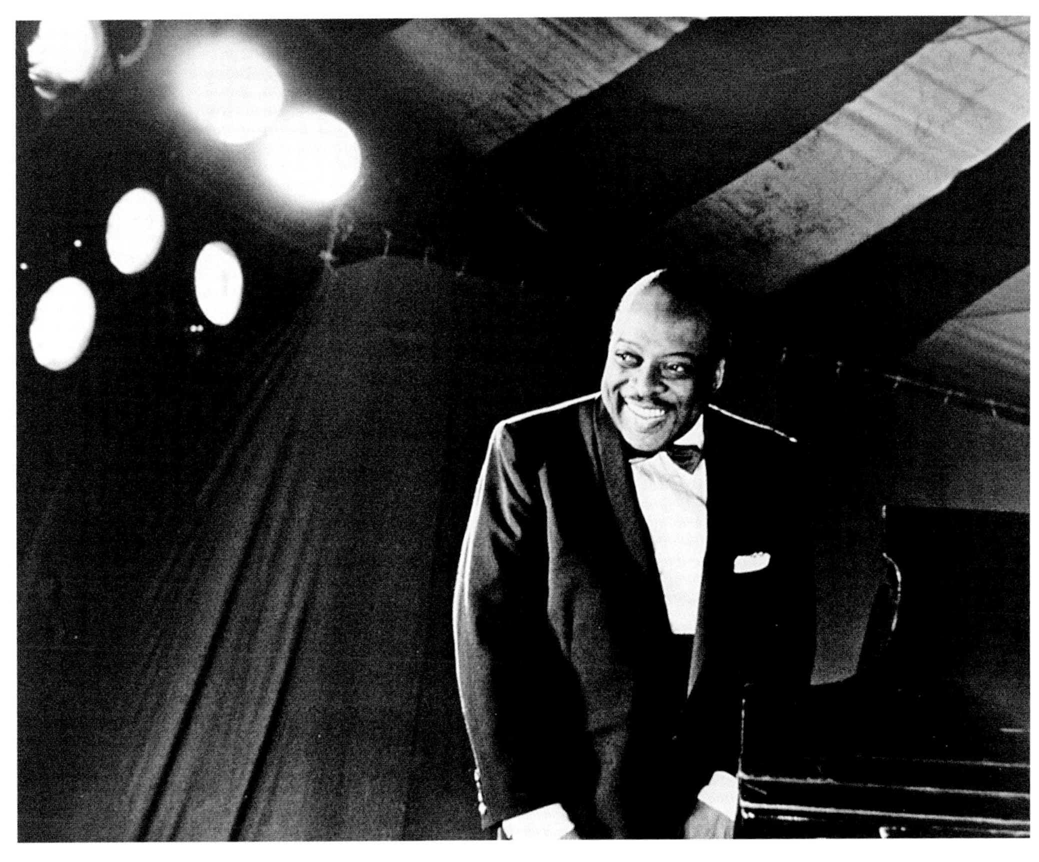

Count Basie
c. 1956-1958

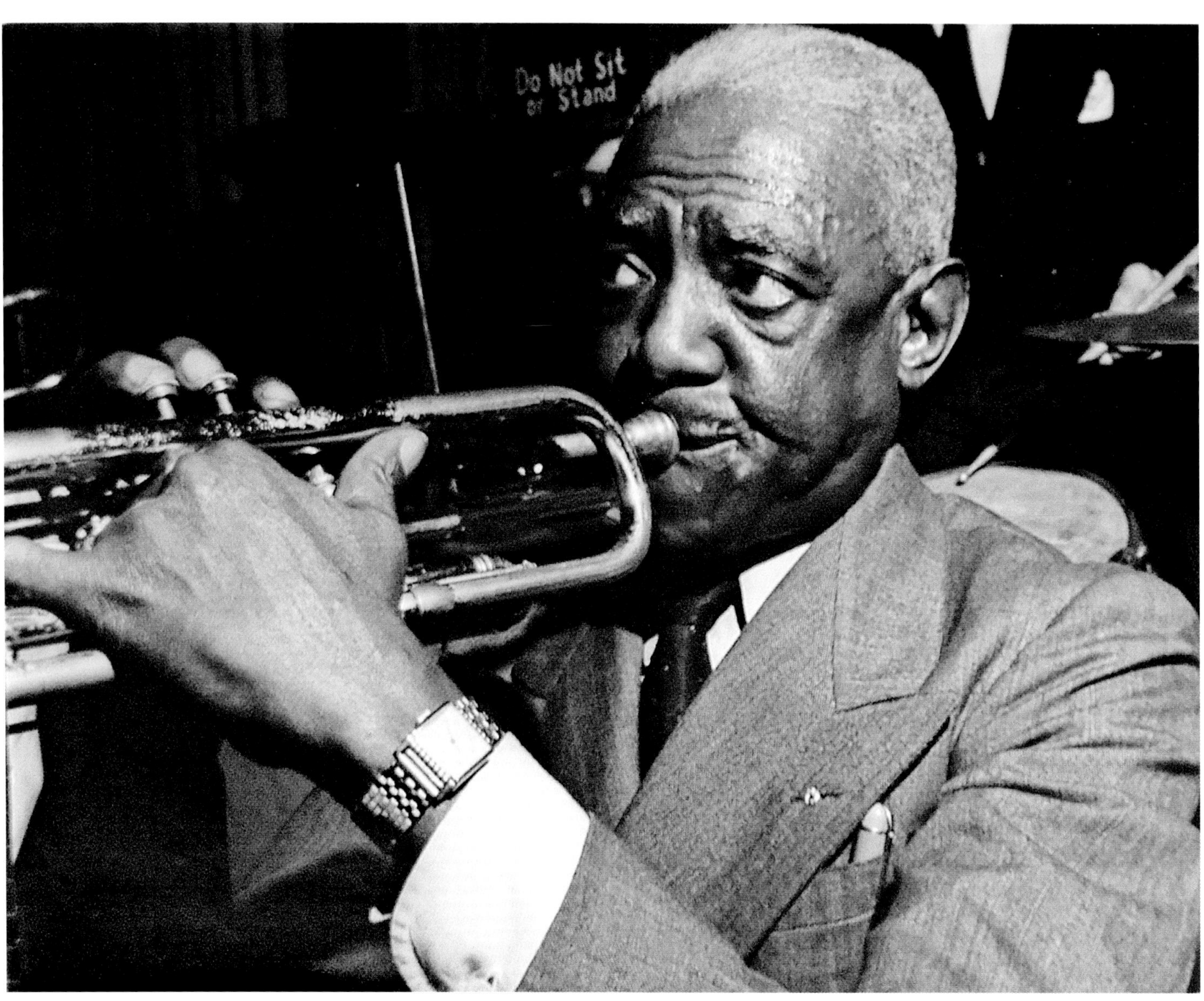

Bunk Johnson
c. 1945

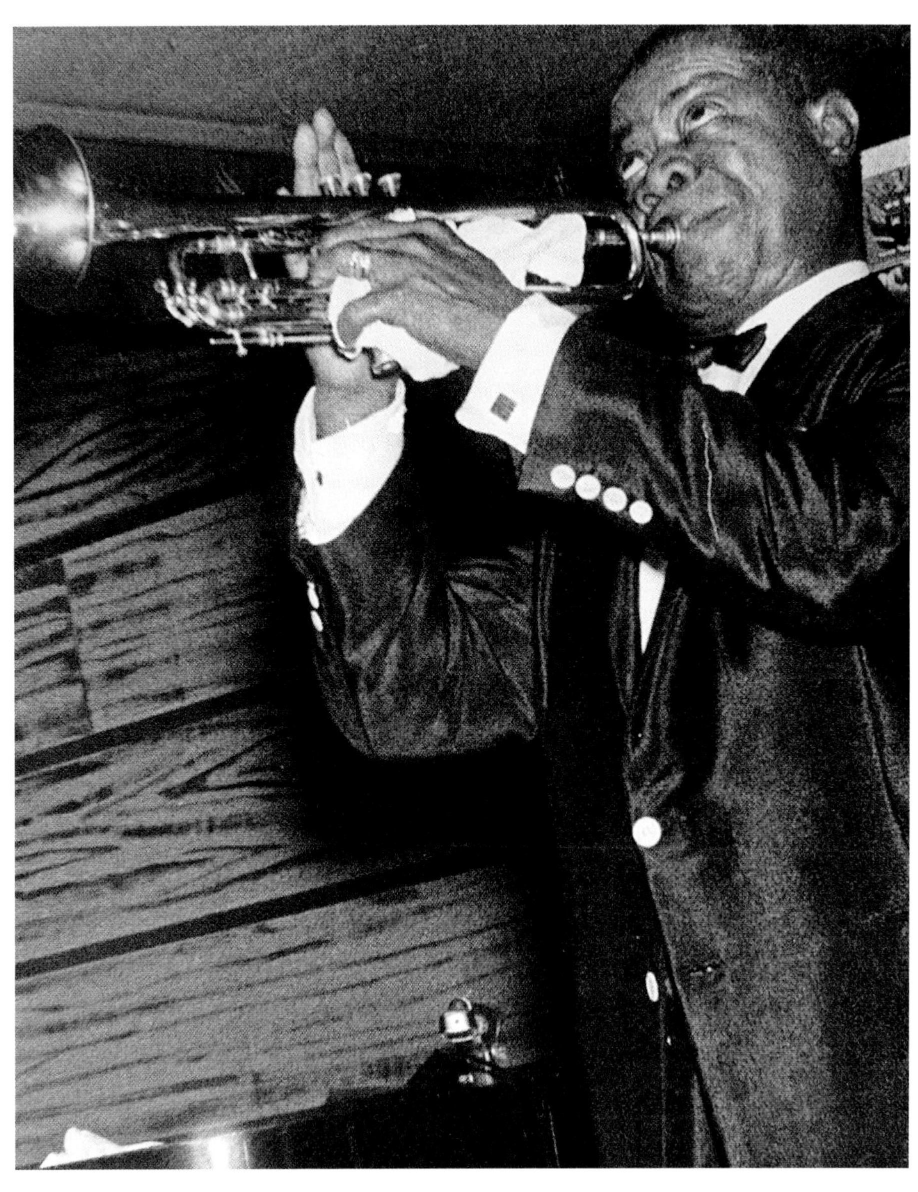

Louis Armstrong
c. 1948-1949

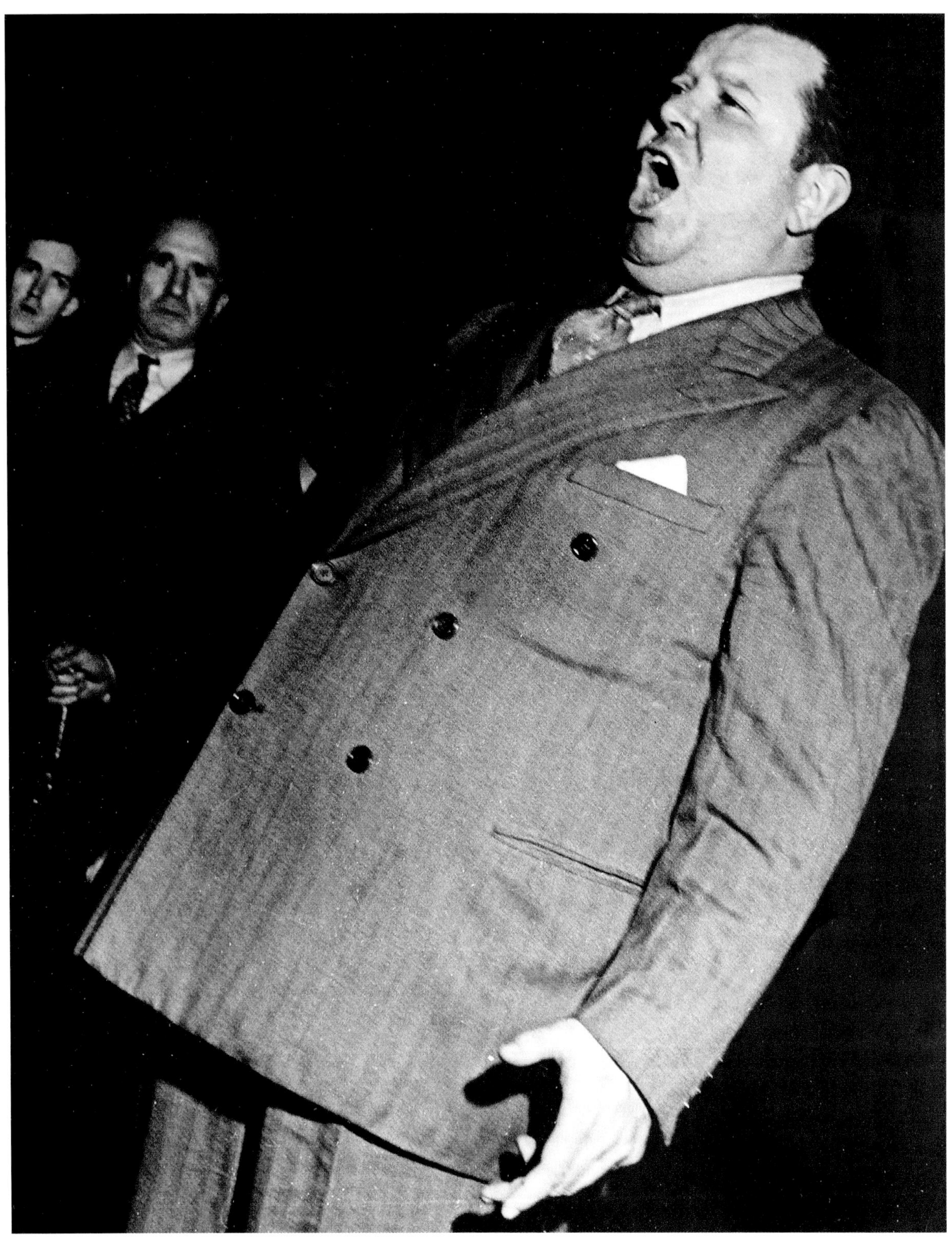

Lohengrin Himself
c. 1954-1961

Ella Fitzgerald
1954

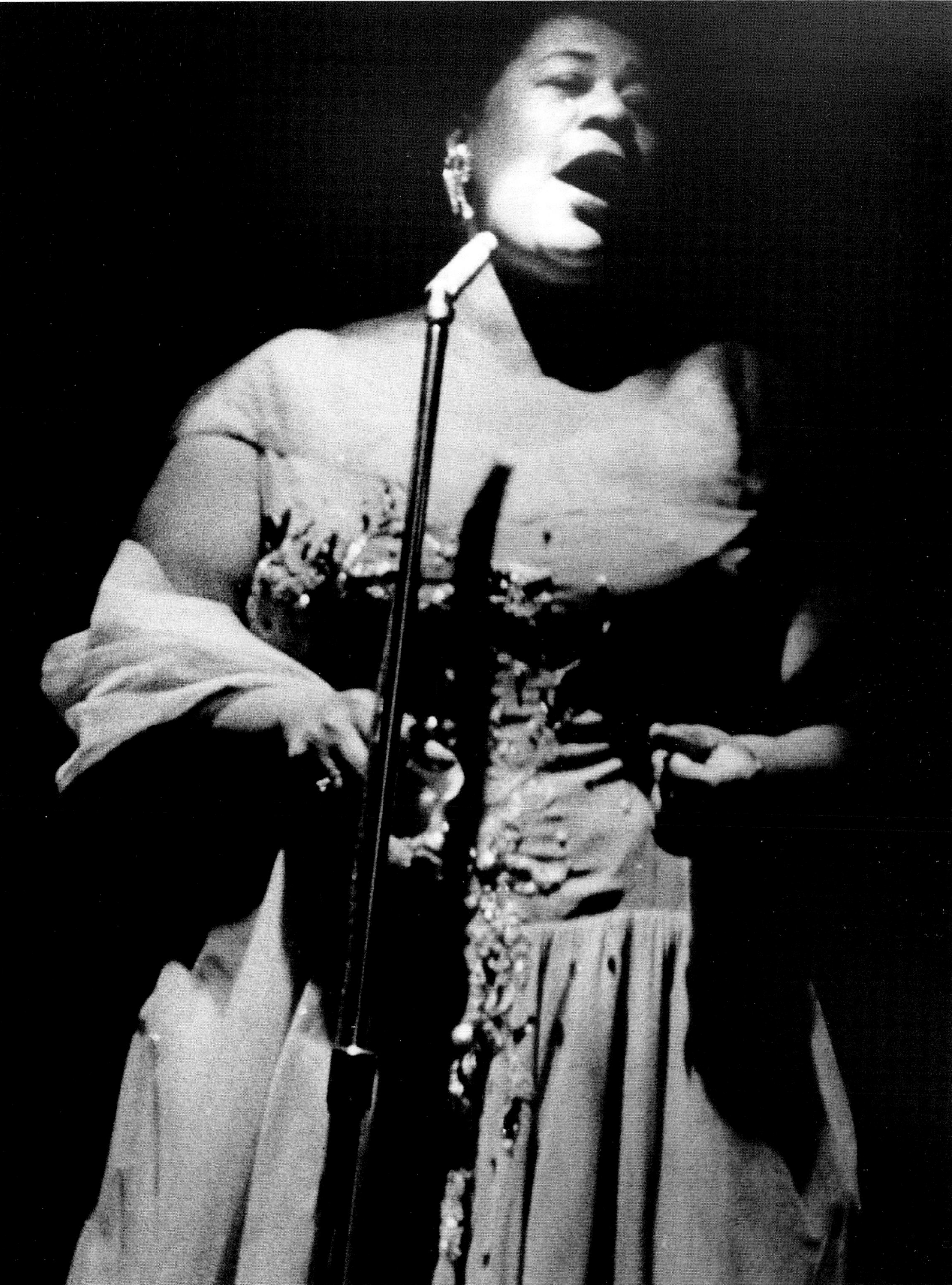

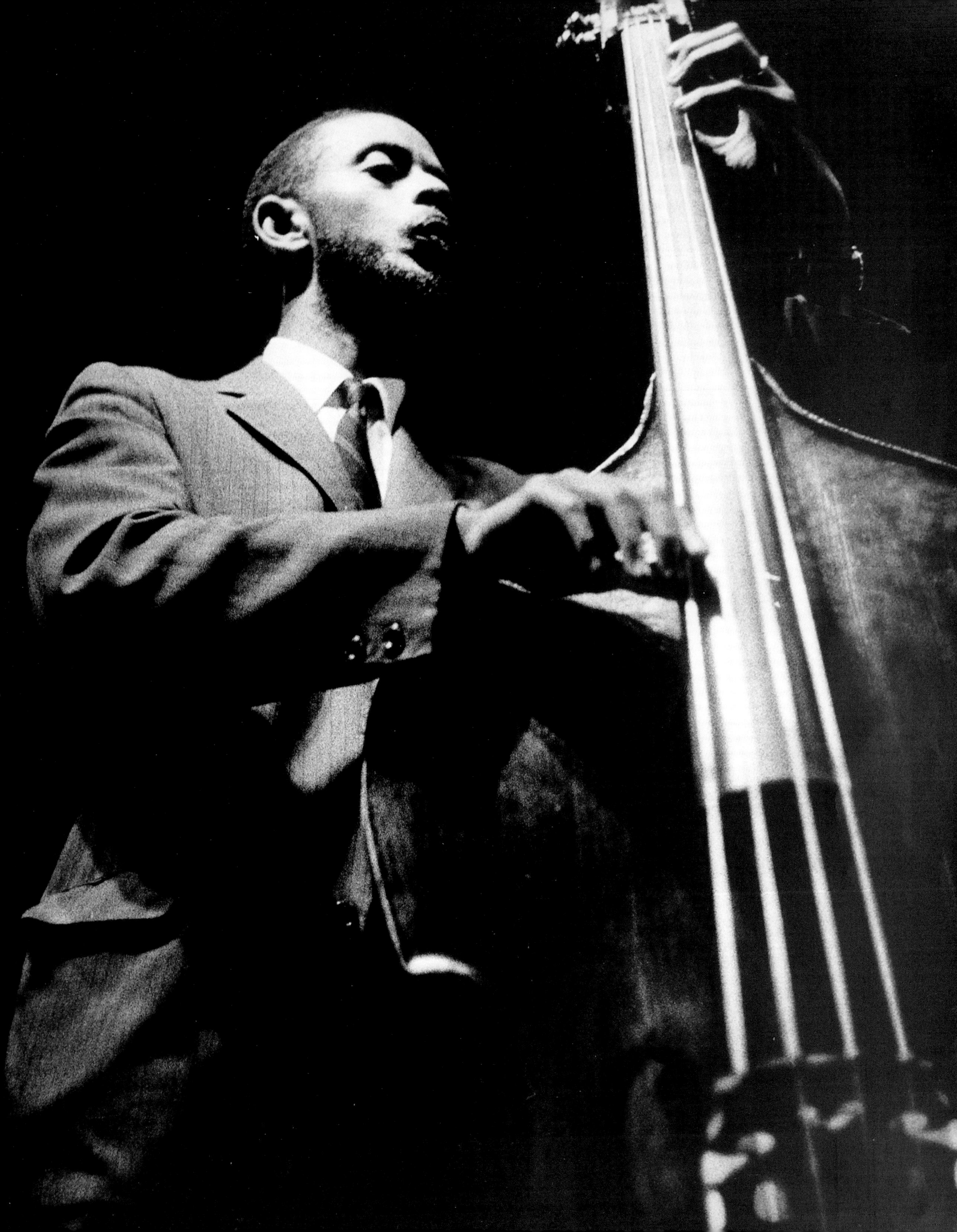

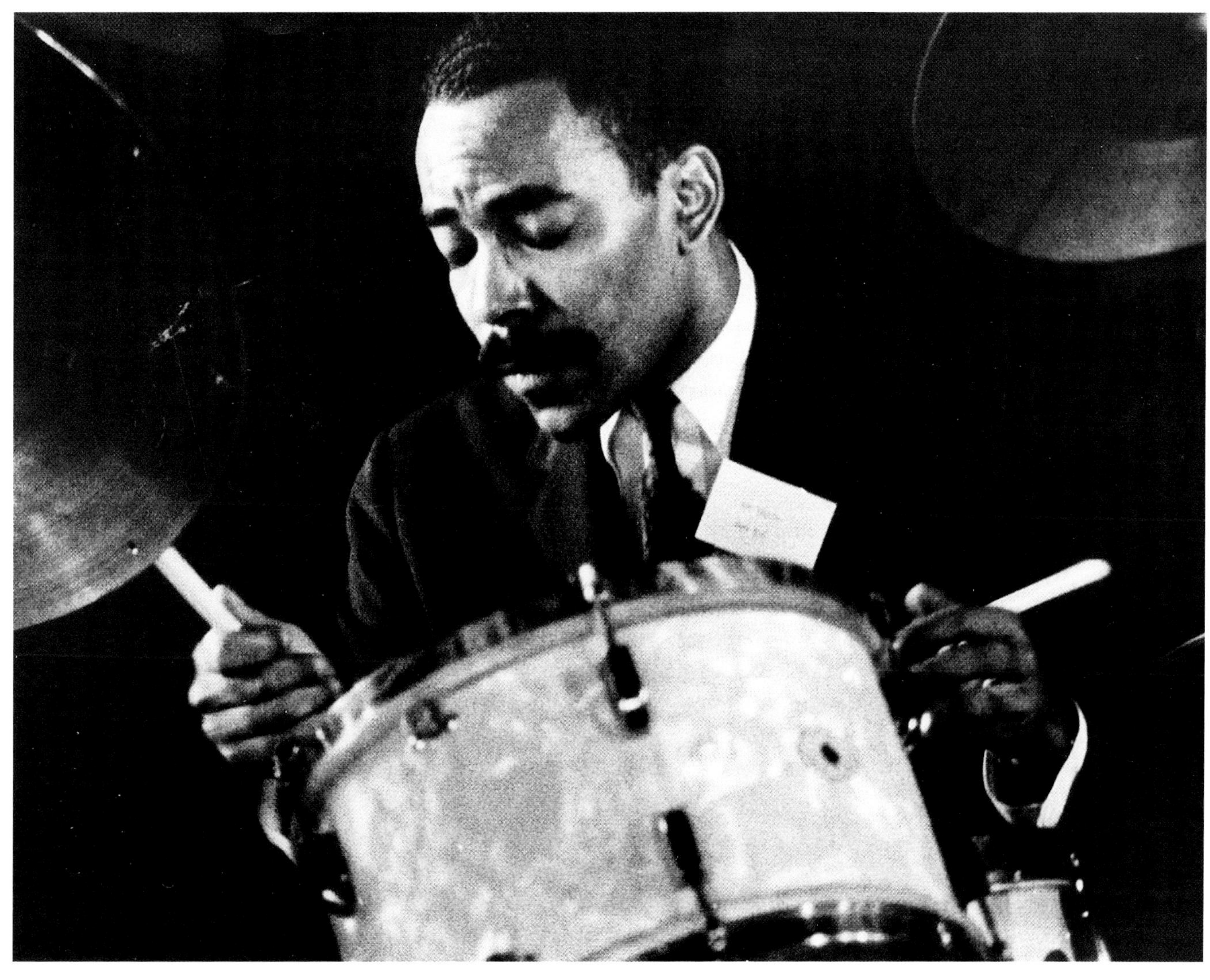

Percy Heath, New York Jazz Festival
c. 1956-1961

Chico Hamilton, Newport Jazz Festival
1956

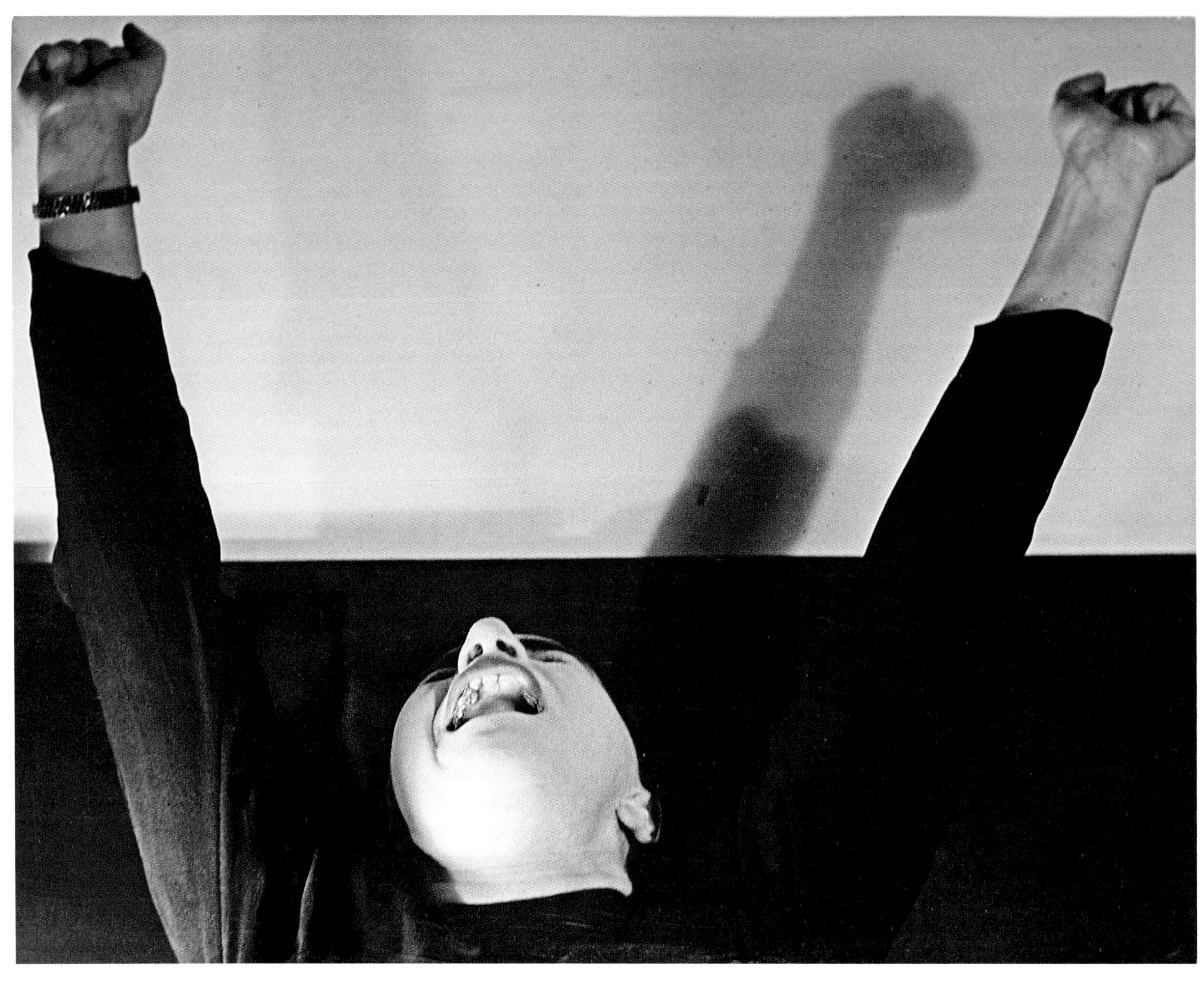

Valeska Gert, "Death"
c. 1947

Pearl Primus, "Hard Time Blues", New York
1943

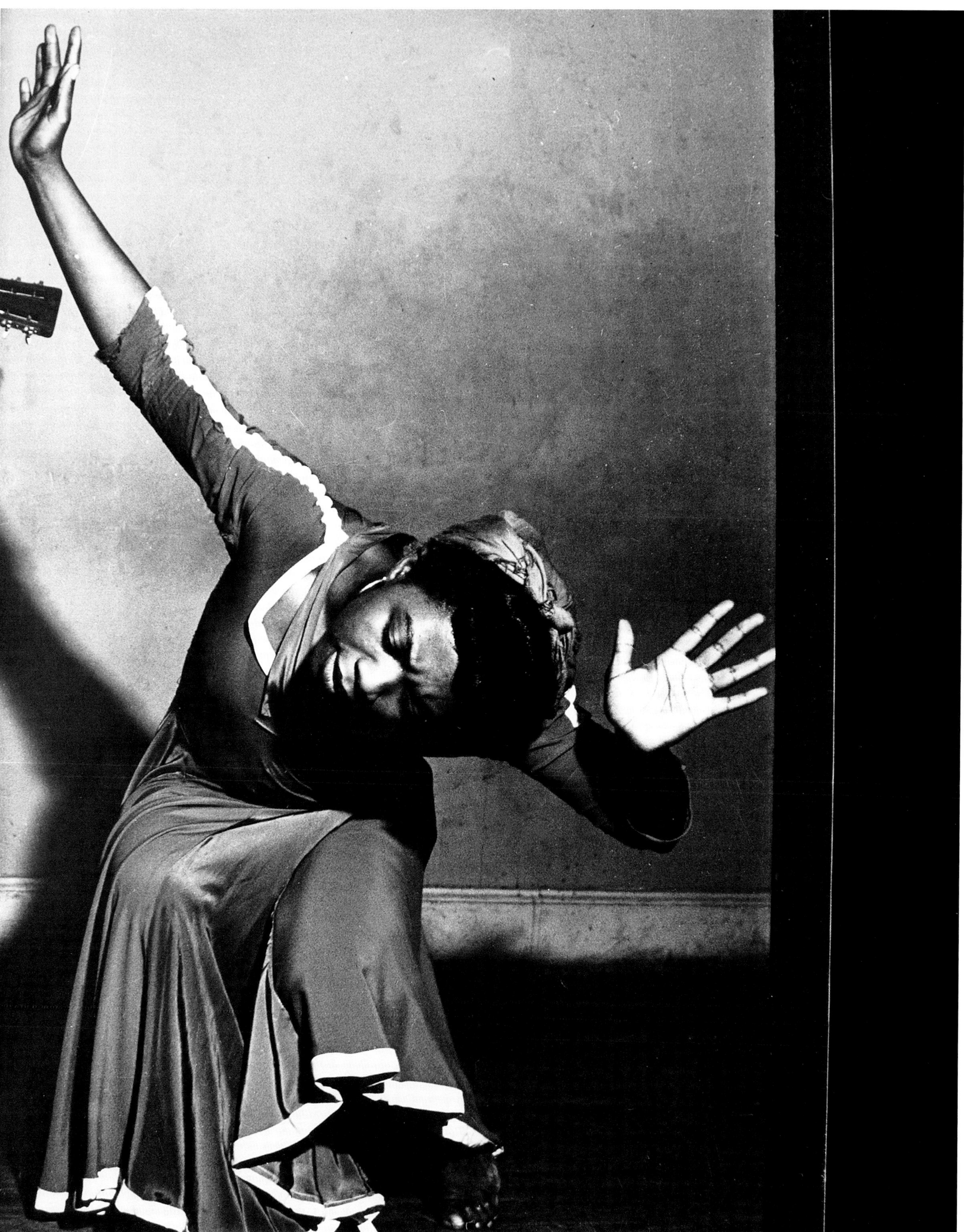

Apparati
Appendix

Cronologia
Chronology

1901
Il 10 novembre Élise (Lisette) Amélie Félicie Stern nasce a Vienna, seconda di tre figli. Il padre Victor è un medico austro-italiano di origine ebraica, grande appassionato di musica, la madre Felicité è francese. Nel 1903 la famiglia cambia il suo nome da Stern a Seybert.

1918
Con l'arrivo della Prima guerra mondiale non può continuare gli studi privati e inizia a seguire i corsi di musica di Arnold Schönberg alla Schwarzwaldschule. In questo periodo fa amicizia con Gertrude Schönberg, frequentando assiduamente la famiglia del suo mentore.

1926
Dopo la morte del padre la famiglia Seybert lascia Vienna. La madre e la sorella Olga si stabiliscono a Nizza, mentre Élise si trasferisce a Parigi per continuare a studiare musica e canto.

1932
Inizia a studiare pittura.

1933
Abbandona definitivamente il canto e la musica e, dopo una conversazione con il compositore Hanns Eisler, decide di diventare fotografa professionista.
Sua sorella Olga la introduce al lavoro in camera oscura e Rogi André, prima moglie di Andrè Kertész, le insegna a usare la Rolleiflex. A lei deve l'unica lezione di fotografia che ammette di aver mai ricevuto: "Non fotografare mai qualcosa che non ti interessa".

1901
On 10 November Élise (Lisette) Amélie Félicie Stern is born in Vienna, the second of three children. Her father, Victor, is an Austro-Italian doctor of Jewish descent, a great lover of music; her mother, Felicité, is French. In 1903 the family changes their name from Stern to Seybert.

1918
On account of World War I she cannot continue her private studies and starts following Arnold Schönberg's music courses at the Schwarzwaldschule. During this time, she befriends Gertrude Schönberg and regularly frequents her mentor's family.

1926
Following the father's death, the Seyberts leave Vienna. The mother and sister, Olga, settle in Nice while Élise moves to Paris to pursue music and singing.

1932
She begins to study painting.

1933
She gives up singing and music for good and, following a conversation with the composer Hanns Eisler, resolves to become a professional photographer. Her sister Olga introduces her to darkroom work and Rogi André, André Kertész's first wife, teaches her to use the Rolleiflex. She credits her with the only photography lesson she acknowledges to have ever had: "Never take a picture of anything you are not passionately interested in."

1934

Durante un viaggio a Nizza inizia la serie *Promenade des Anglais*, pubblicata poi nel 1935 sulla rivista comunista "Regards".

1935-1938

Viaggia spesso fra la Costa Azzurra e l'Italia dove la famiglia ha diverse proprietà, in particolare a Milano, Trento e Pamparato (Cuneo). Le fotografie realizzate in queste occasioni vanno perse durante il trasferimento negli Stati Uniti.

1937

A Parigi conosce Florence Henri e inizia a frequentare alcuni suoi corsi. Sposa il pittore russo Evsa Model e l'anno successivo partono per New York.

1939

Inizia le serie *Reflections* e *Running Legs*, e fotografa il Lower East Side.

1940

Prova a ottenere un posto come tecnica di laboratorio presso il settimanale "PM's Weekly", ma Ralph Steiner, photo editor della rivista, decide invece di pubblicarle alcune immagini di Nizza. Steiner mostra anche le sue fotografie a Alexey Brodovitch, celebre art director di "Harper's Bazaar", che a sua volta le fa vedere a Beaumont Newhall. Quest'ultimo decide di includerle all'interno di *Sixty Photographs: A Survey of Camera Esthetics*, mostra inaugurale del dipartimento di fotografia del Museum of Modern Art, e di acquistarne alcune per la collezione del museo. Beaumont e Nancy Newhall la presentano ad Ansel Adams, Berenice Abbott, Paul Strand, Edward Weston e Minor White. Nello stesso anno "Cue" pubblica diverse fotografie della serie *Reflections*.

1941

Si tiene la sua prima mostra personale alla Photo League di New York, dove espone quaranta scatti. Diventa fotografa di "Harper's Bazaar", rivista con la quale collaborerà fino al 1955. Nello stesso anno le sue fotografie compaiono anche su "PM's Weekly" e "U.S. Camera".

1934

During a trip to Nice the series *Promenade des Anglais* emerges; later published in 1935 in the communist magazine *Regards*.

1935–1938

She often travels between the French Riviera and Italy where the family owns several properties, specifically in Milan, Trento and Pamparato (Cuneo). The photographs taken on these occasions are lost during the move to the United States.

1937

In Paris, she meets Florence Henri and starts attending some of her courses. She marries the Russian painter Evsa Model and the following year they leave for New York.

1939

She starts the series *Reflections* and *Running Legs* and photographs the Lower East Side.

1940

She tries to get a job as a lab technician at the periodical *PM's Weekly*, but the magazine's photo editor, Ralph Steiner, decides instead to publish some of her pictures of Nice. Steiner also shows her photographs to *Harper's Bazaar*'s famous art director, Alexey Brodovitch, who in turn shows them to Beaumont Newhall. The latter decides to include them in *Sixty Photographs: A Survey of Camera Esthetics*, an inaugural exhibition for the Museum of Modern Art's photography department, also purchasing some for the museum's collection. Beaumont and Nancy Newhall introduce her to Ansel Adams, Berenice Abbott, Paul Strand, Edward Weston and Minor White. In the same year *Cue* publishes several photographs from the series *Reflections*.

1941

Her first solo exhibition is held at the Photo League in New York where she shows forty pictures. She becomes a photographer for *Harper's Bazaar*, a magazine for which she will collaborate until 1955. The same year, her photographs also appear in *PM's Weekly* and *US Camera*.

1942
"Look" le commissiona un reportage sui giovani delinquenti afroamericani. Le sue immagini non verranno mai pubblicate perché la rivista deciderà di realizzare nuovamente il servizio usando giovani bianchi.

1944
Continua a scattare, realizzando alcune delle sue immagini più iconiche all'interno dei nightclub di New York. I documenti di naturalizzazione vengono completati, il suo nome cambia definitivamente da Élise a Lisette. Nello stesso anno il fratello e la cognata vengono deportati in Germania; Lisette scoprirà della loro morte in campo di concentramento solo quattro anni più tardi.

1946
Si trasferisce momentaneamente col marito a San Francisco, dove frequenta e ritrae la comunità artistica locale. Fra le diverse personalità immortalate in questo periodo troviamo Robert Oppenheimer, Imogen Cunningham, Dorothea Lange, Darius Milhaud, Henry Miller, Roger Sessions, Edward Weston e Ansel Adams.

1951
Partecipa al symposium dal titolo *What Is Modern Photography?*, organizzato da Edward Steichen al MoMA e inizia a insegnare alla New School for Social Research, attività che porterà avanti fino al 1982. Nel corso dei decenni successivi terrà diversi corsi anche all'interno di altre università e istituzioni come il San Francisco Art Institute, l'University of California di Berkeley e l'International Center of Photography di New York.

1952
Si dedica per alcuni anni a un corposo lavoro sul jazz, con l'intento di pubblicarne un libro. Il progetto, tuttavia, non vedrà mai la luce per mancanza di sostegno finanziario.

1953
Torna in Europa per la prima volta dopo la sua partenza, trascorrendo diversi mesi fra la Francia e

1942
Look commissions a photo-reportage on African American juvenile delinquents. Her images are never published because the magazine will resolve to redo the piece using white youths.

1944
She continues to shoot creating some of her most iconic images inside New York nightclubs. The citizenship documentation is completed and her name permanently changes from Élise to Lisette. The same year, her brother and sister-in-law are deported to Germany; only four years later would Lisette learn of their deaths in a concentration camp.

1946
With her husband, she temporarily moves to San Francisco where she associates with and portrays the local arts community. Amongst the various personalities immortalised during this period are Robert Oppenheimer, Imogen Cunningham, Dorothea Lange, Darius Milhaud, Henry Miller, Roger Sessions, Edward Weston and Ansel Adams.

1951
She takes part in the symposium entitled *What Is Modern Photography?* organised by Edward Steichen, at the MoMA and begins teaching at the New School for Social Research, work that she will carry on until 1982. Over the following decades she will also hold several courses at other universities and institutions such as the San Francisco Art Institute, the University of California in Berkeley and the International Center of Photography in New York.

1952
She devotes herself for some years to a sizable project on jazz with the intention of publishing a book. The project, however, will never see the light of day due to a lack of funding.

1953
She returns to Europe for the first time since departing, spending several months between France and Italy.

l'Italia. Nel clima di caccia alle streghe portata avanti dal Senatore McCarthy, durante la sua assenza i vicini di casa vengono interrogati riguardo alle sue attività.

1954
Il governo venezuelano la invita a fotografare il Paese, rimarrà a Caracas per alcuni mesi. All'insegnamento presso la New School inizia ad affiancare diversi corsi privati con gruppi di studenti selezionati.

1955
Alcuni suoi scatti fanno parte dell'epocale mostra *The Family of Man* al MoMA. Non riesce a ottenere la Guggenheim Fellowship che le avrebbe permesso di lavorare con maggiore tranquillità economica.

1957
Diane Arbus diventa sua studentessa alla New School.

1965
Incoraggiata da Arbus, fa nuovamente richiesta per la Guggenheim Fellowship, ottenendo un premio di 5.000$ per una ricerca sul tema dell'*anti-glamour*.

1966-1967
Viaggia fra Los Angeles e l'Europa per realizzare il proprio progetto che, tuttavia, dovrà interrompere a causa del sopraggiungere di un tumore.

1968
Viene nominata membro onorario dell'American Society of Magazine Photographers.

1970 e **1973**
Ottiene una borsa di studio dalla Ingram Merrill Foundation e dal Creative Artists Public Service Program.

1976
Muore Evsa Model.

1978
Viene invitata come ospite d'onore ai *Rencontres Internationales de la Photographie* di Arles.

During her absence, in Senator McCarthy's witch-hunting era, her neighbours are questioned about her activities.

1954
The Venezuelan government invites her to photograph the country and she stays several months in Caracas. Alongside teaching at the New School, she starts holding several private courses for groups of select students.

1955
Some of her shots are included in the MoMA's epochal *The Family of Man* exhibition. She fails to obtain the Guggenheim Fellowship, which would have permitted her to work more comfortably.

1957
At the New School Diane Arbus becomes her student.

1965
Encouraged by Arbus, she again applies for the Guggenheim Fellowship obtaining a $5000 grant for research on the theme of anti-glamour.

1966–1967
To carry out her project, she travels between Los Angeles and Europe; however, she has to cut the trip short due to the onset of cancer.

1968
She is appointed honorary member of the American Society of Magazine Photographers.

1970 and **1973**
She obtains a scholarship from the Ingram Merrill Foundation and the Creative Artists Public Service Program.

1976
Evsa Model dies.

1978
She is invited as guest of honour at the *Rencontres Internationales de la Photographie* in Arles.

1979

Lanfranco Colombo la invita come *visiting photographer* al Salone Internazionale di Cine Foto Ottica e Audiovisivi di Milano, dove espone anche una selezione di quindici fotografie. Nello stesso anno a Venezia tiene un seminario chiamato "Incontri personali". "Aperture" pubblica la sua prima monografia.

1981

La New School le conferisce un dottorato honoris causa in Belle Arti.

1982

Riceve la medaglia della città di Parigi.

1983

Il 30 marzo Lisette Model muore all'età di 82 anni.

1979

Lanfranco Colombo invites her as a visiting photographer to the *Salone Internazionale di Cine Foto Ottica e Audiovisivi*, in Milan, where she also shows a selection of fifteen photographs. The same year in Venice, she holds a seminar entitled "Incontri Personali". *Aperture* publishes her first monograph.

1981

The New School awards her an honoris causa doctorate in Fine Arts.

1982

She is awarded the Medal of the City of Paris.

1983

On 30 March, Lisette Model dies at the age of 82.

Mostre
Exhibitions

1940
Sixty Photographs: A Survey of Camera Esthetics, The Museum of Modern Art, New York

1941
Lisette Model, Photo League, New York (mostra personale / solo exhibition)

1943
Action Photography, The Museum of Modern Art, New York
Photographs by Lisette Model, Art Institute, Chicago (mostra personale / solo exhibition)
Portraits, Art Institute, Chicago

1944
New Workers, The Museum of Modern Art, New York
Art in Progress: 15th Anniversary Exhibition, The Museum of Modern Art, New York
Photography Today, ACA Gallery, New York

1946
The Museum Collection of Photography, The Museum of Modern Art, New York
Photographs by Lisette Model, California Palace of The Legion of Honor, San Francisco (mostra personale / solo exhibition)

1948
In and Out of Focus: A Survey of Today's Photography, The Museum of Modern Art, New York
Fifty Photographs by Fifty Photographers, The Museum of Modern Art, New York
Four Photographers: Lisette Model, Ted Croner, Harry Callahan, and Bill Brandt, The Museum of Modern Art, New York

1949
Leading Photographers: Lisette Model, The Museum of Modern Art, New York (mostra personale / solo exhibition)

1951
Twelve Photographers, The Museum of Modern Art, New York

1953
Contemporary American Photography, The Museum of Modern Art, New York (poi al / then at The National Museum of Modern Art, Tokyo 1953)

1954
Great Photographers, Limelight Gallery, New York

1955
The Family of Man, The Museum of Modern Art, New York

1957
70 Photographers Look at New York, The Museum of Modern Art, New York

1958
Photographs from the Museum Collection, The Museum of Modern Art, New York

1960
Lisette Model, Carl Siembab Gallery, Boston (mostra personale / solo exhibition)
A Bid for Space (Number 2), The Museum of Modern Art, New York

1963
A Bid for Space (Number 3), The Museum of Modern Art, New York

1965

Invitational Exhibition, 10 American Photographers, University of Wisconsin, School of Fine Arts, Milwaukee

About New York, 1915-1965, Gallery of Modern Art, Columbus Circle, New York

1967

Photography in the 20th Century, National Gallery of Canada, Ottawa

1969

The Camera and the Human Façade, National Museum of History and Technology, Smithsonian Institution, Washington D.C.

The Best of the Seventies:1870 and 1970, Floating Foundation of Photography, New York

1970

The People Yes, Floating Foundation of Photography, New York

1972

Brodovitch and His Influence, Philadelphia College of Art, Philadelphia

1973

Threads and No Threads, Floating Foundation of Photography, New York

1974

American Masters, National Museum of History and Technology, Smithsonian Institution, Washington D.C.

Attitudes, Floating Foundation of Photography, New York

Collector's Choice, Floating Foundation of Photography, New York

1975

Women of Photography: An Historical Survey, San Francisco Museum of Modern Art, San Francisco

Photographs by Lisette Model, Focus Gallery, San Francisco (mostra personale / solo exhibition)

Christmas Group Show, Floating Foundation of Photography, New York

1976

The Photographer and the Artist, Sidney Janis Gallery, New York

A Celebration of Life below 14th Street, Floating Foundation of Photography, New York

Lisette Model Photographs, Sander Gallery, Washington D.C. (mostra personale / solo exhibition)

1977

New York: The City and Its People, A and A Gallery, Yale University School of Art, New Haven

Appearances, Marlborough Gallery, New York

The Photography of Lisette Model, Bucks County Community College, Newtown (mostra personale / solo exhibition)

Three Woman Show: Diane Arbus, Lisette Model, Rosalind Solomon, Galerie Zabriskie, Parigi

Photographs from the Collection #1: America, Philadelphia Museum of Art, Philadelphia

Photographs from the Collection of the Center for Creative Photography, Center for Creative Photography, Carmel

1978

New Standpoints: Photography 1940-1955, The Museum of Modern Art, New York

Carrefour Photographique: La Photo League, National Gallery of Canada, Ottawa

The Quality of Presence, Lunn Gallery, Washington D.C.

How Photography Clicked, Floating Foundation of Photography, New York

1979

Lisette Model: Photographs, Vision Gallery, Boston (mostra personale / solo exhibition)

August Sander, Lisette Model, Port Washington Public Library, Port Washington

1980

Lisette Model, Watari Gallery, Tokyo (mostra personale / solo exhibition)

Lisette Model, Photographers Gallery, South Yarra (mostra personale / solo exhibition)

Lisette Model, Ikona Gallery, Venezia (mostra personale / solo exhibition)

La photographie ou l'oeil magique, National Gallery of Canada, Ottawa
Photography of the Fifties: An American Perspective, Center for Creative Photography, Carmel
Lisette Model, Galerie Fiolet, Amsterdam (mostra personale / solo exhibition)

1981
Lisette Model, PPS Gallery, Hamburg (mostra personale / solo exhibition)
Carl Siembab: A Photographic Patron, Institute of Contemporary Art, Boston.
Lisette Model, Galerie Viviane Esders, Paris (mostra personale / solo exhibition)
Lisette Model: A Retrospective, New Orleans Museum of Art, New Orleans (poi al / then at Museum Folkwang, Essen 1982) (mostra personale / solo exhibition)

1982
Lisette Model, Berner-Photo Galerie, Bern (mostra personale / solo exhibition)

1983
Weegee, Lisette Model, Diane Arbus, Comfort Gallery, Haverford College, Haverford
Lisette Model, A Celebration of Genius, Parsons Exhibition Center, New York (mostra personale / solo exhibition)
Lisette Model, New York: New York, Sander Gallery, New York (mostra personale / solo exhibition)
Lisette Model Memorial, The Museum of Modern Art, New York (mostra personale / solo exhibition)

1984
Lisette Model / Evsa Model: New York City, Ikona Gallery, Venezia
Lisette Model, Jane Corkin Gallery, Toronto (mostra personale / solo exhibition)

1985
The New York School Photographs, Corcoran Gallery of Art, Washington
Masters of the Street II, Museum of Photographic Arts, San Diego

1987
Vintage Women, Photocollect, New York

1988
Lisette Model: Vintage Photographs, German Van Eck Gallery, New York (mostra personale / solo exhibition)

1989
Noted Women Photographers of the 20s and 30s, Jan Kesner Gallery, Los Angeles
New York: Photography Between the Wars, Metropolitan Museum of Art, New York

1990
Lisette Model, National Gallery of Canada, Ottawa (mostra personale / solo exhibition)

1991
Lisette Model, International Center of Photography, New York (mostra personale / solo exhibition)
Lisette Model: Daring to See, The J. Paul Getty Museum, Malibu (mostra personale / solo exhibition)

1992
Lisette Model: Photographien, 1933-1983, Museo Ludwig, Köln (mostra personale / solo exhibition)

1997
Lisette Model: Selections from the Collection of the International Center of Photography, Paine Webber Art Gallery, New York (mostra personale / solo exhibition)

2000
Lisette Model, Kunsthalle Wien, Vienna (poi al / then at Fotomuseum Winterthur, Zürich 2001; mostra personale / solo exhibition)

2002
Lisette Model, Paula Cooper Gallery, New York (mostra personale / solo exhibition)
Lisette Model, galerie baudoin lebon, Paris (mostra personale / solo exhibition)
Lisette Model, L'Espace 14-16 Verneuil, Paris (mostra personale / solo exhibition)

2003
Lisette Model, Maurice Keitelman, Bruxelles (mostra personale / solo exhibition)
A Clear Vision: Photographic Works from the F.C. Gundlach Collection, International House of Photography, Hamburg

2004
Lisette Model. Vintage Photographs, Fahey/Klein Gallery, Los Angeles (mostra personale / solo exhibition)

2006
The Streets of New York: American Photographs from the Collection, National Gallery of Art, Washington D.C.
Lisette Model, Dalhousie Art Gallery, Halifax (mostra personale / solo exhibition)

2007
Lisette Model and Her Successors, Aperture Gallery, New York (poi alla / then at Presentation House Gallery, North Vancouver 2008; Museo di Roma in Trastevere, Roma 2008; Galleria Carla Sozzani, Milano 2009; Mount Holyoke College Art Museum, South Hadley 2009)
Lisette Model, Musée d'Art de Joliette, Joliette (mostra personale / solo exhibition)

2008
Lisette Model: An Icon in the History of Photography, Macdonald Stewart Art Centre, Guelph (mostra personale / solo exhibition)
Lisette Model. 1901-1983, Zabriskie Gallery, New York (mostra personale / solo exhibition)

2009
Lisette Model, Fundación MAPFRE, Madrid (poi al / then at Jeu de Paume, Paris 2010; mostra personale / solo exhibition)

2011
Self Reflections, The expressionist Origins of Lisette Model, Bruce Silverstein Gallery, New York (mostra personale / solo exhibition)

2015
12 Photographs, Galerie Marcilhac, Paris

2017
Lisette Model, mc2 Gallery, Milano (mostra personale / solo exhibition)
Lisette Model (1901-1983), Galerie Berinson, Berlin (mostra personale / solo exhibition)

2018
Lisette Model: Photographs from the Canadian Photography Institute of the National Gallery of Canada, Boca Raton Museum of Art**,** Boca Raton (mostra personale / solo exhibition)

Bibliografia essenziale
Selected Bibliography

Si segnalano in questa sezione solo i volumi monografici o quelli che collocano il lavoro dell'autrice all'interno di un contesto che permette di approfondirne significativamente la ricerca. Per una bibliografia più esaustiva si rimanda agli apparati dei volumi di Berenice Abbott, *Lisette Model*, Aperture, New York 1979 e di Ann Thomas, *Lisette Model*, National Gallery of Canada, Ottawa 1990.
This section only covers monographs or books that place the author's work in a context that allows to significantly expand the study of the author. For a more exhaustive bibliography, please refer to the critical apparatus in Berenice Abbott's book, *Lisette Model*, Aperture, New York 1979; and that of Ann Thomas, *Lisette Model*, National Gallery of Canada, Ottawa 1990.

Abbott, Berenice, *Lisette Model*, "Aperture", New York 1979

Gee, Helen, *Photography of the Fifties*, Center for Creative Photography, University of Arizona, Tucson 1980.

Faber, Monika e Matt, Gerald, *Lisette Model: Fotografien, 1934-1960*, Kunsthalle *Zürich* e / and Fotomuseum Winterthur, Zurigo/Winterthur 2000

Five Great Street Photographers: Manuel Alvarez Bravo, Eugène Atget, Jacob Riis, Lisette Model and Ed Van der Elsken, Phaidon, London 2006

Freeman, Tina (a cura di / edited by), *Lisette Model: A Retrospective*, New Orleans Museum of Art e Museum Folkwang, Essen, New Orleans/Essen 1981

Gallant Dooley, Joan (introduzione / introduction), *Lisette Model: Daring to See*, J.Paul Getty Museum, Santa Monica 1991

Kraus, Živa, Lisette Model, *Evsa Model. New York City*, Ikona Gallery, Venezia 1988

Mißelbeck, Reinhold (a cura di / edited by), *Lisette Model, Photographien, 1933-1983*, Museum Ludwig, Köln 1992

Model Photographs, Sander Gallery, Washington D.C. 1976

Parry, Eugenia, *Lisette Model: Shooting Off my Mouth. A Narrative Autobiography*, Steidl, Goettingen 2010

Stourdzé, Sam, Thomas, Ann, *Lisette Model*, Galerie Baudoin Lebon, Editions Leo Scheer, Paris 2002

Sussman, Elisabeth, *55: Lisette Model*, Phaidon, London 2001

Tellgren, Anna, *Portraits: Arbus, Model. Strômholm*, Steidl, London 2005

Thomas, Ann, *Lisette Model*, National Gallery of Canada, Ottawa 1990

Thomas, Ann, Zelich, Cristina, *Lisette Model*, Fundación Mapfre, Barcelona e Jeu de Paume, Paris, Barcelona/ Paris 2009

In copertina / Cover
Lisette Model, *San Francisco, Woman with veil*, 1949
Collezione Ettore Molinario
Courtesy galerie baudoin lebon / Keitelman Gallery / mc2 Gallery

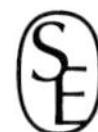

Silvana Editoriale

Direzione editoriale / Direction
Dario Cimorelli

Art Director
Giacomo Merli

Coordinamento editoriale / Editorial Coordinator
Sergio Di Stefano

Redazione / Copy Editor
Lorena Ansani

Impaginazione / Layout
Daniela Meda

Traduzioni / Translations
Contextus (Christine Guthry, Karen Tomatis, Valentina Vignoli)

Coordinamento di produzione / Production Coordinator
Antonio Micelli

Segreteria di redazione / Editorial Assistant
Giulia Mercanti

Ufficio iconografico / Photo Editor
Alessandra Olivari, Silvia Sala

Ufficio stampa / Press Office
Lidia Masolini, press@silvanaeditoriale.it

Silvana Editoriale S.p.A.
via dei Lavoratori, 78
20092 Cinisello Balsamo, Milano
tel. 02 453 951 01
fax 02 453 951 51
www.silvanaeditoriale.it

Le riproduzioni, la stampa e la rilegatura
sono state eseguite in Italia
Reproductions, printing and binding in Italy
Stampato da / Printed by Grafiche Lang, Genova
Finito di stampare nel mese di aprile 2021
Printed April 2021

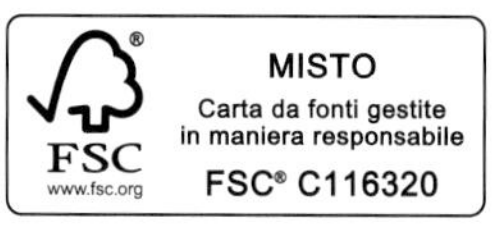